J'ai choisi
la liberté

Nadia Volf

# J'AI CHOISI
# LA LIBERTÉ

En collaboration avec Lionel Duroy

Document

ÉDITIONS FRANCE LOISIRS

Édition du Club France Loisirs,
avec l'autorisation de XO Éditions

Éditions France Loisirs,
123, boulevard de Grenelle, Paris.
www.franceloisirs.com

Le Code de la propriété intellectuelle n'autorisant, aux termes des paragraphes 2 et 3 de l'article L. 122-5, d'une part, que les « copies ou reproductions strictement réservées à l'usage privé du copiste et non destinées à une utilisation collective » et, d'autre part, sous réserve du nom de l'auteur et de la source, que les « analyses et les courtes citations justifiées par le caractère critique, polémique, pédagogique, scientifique ou d'information », toute représentation ou reproduction intégrale ou partielle, faite sans le consentement de l'auteur ou de ses ayants droit ou ayants cause, est illicite (article L. 122-4). Cette représentation ou reproduction, par quelque procédé que ce soit, constituerait donc une contrefaçon sanctionnée par les articles L. 335-2 et suivants du Code de la propriété intellectuelle.

© XO Éditions, Paris, 2006.
ISBN : 978-2-298-00415-1

*Pour Artyom.*

*À Leonid,
à Jeanna et Leonard Volf.*

*À mes patients,
à Monique et Elie Storper,
au docteur Heidi Thorer.*

*À la mémoire de Sarah.*

*Ils te demanderont comment traverser la vie.
Réponds : Comme on franchit l'abîme, sur un fil tendu,
en beauté, avec vigilance et impétuosité.*

Nicolas Roerich,
1924.

Je m'appelle Nadia Volf, j'ai quarante-quatre ans, je suis originaire de Leningrad (redevenue Saint-Pétersbourg), j'exerce la médecine en France depuis une douzaine d'années.

En 1990, mon mari et moi nous sommes enfuis de Russie avec notre petit garçon. L'un et l'autre juifs, nous étions l'objet de menaces permanentes, et il m'était devenu impossible aussi bien de soigner que de poursuivre les recherches scientifiques qui me passionnaient.

Je suis sortie major de la faculté de médecine de Leningrad en 1984 (*diplôme rouge*, selon la terminologie soviétique). Après avoir fait une spécialisation en neurologie, j'ai été reçue à l'agrégation en 1987, et nommée professeur. C'est cette année-là qu'ont réellement commencé nos problèmes. On m'aurait sans doute tolérée comme médecin de quartier, mais il n'était pas envisageable pour les autorités qu'une Juive enseigne la médecine et dirige un laboratoire de recherche.

Convoquée au KGB, suivie, menacée, insultée, j'ai compris que nous n'avions plus de place parmi les nôtres. Et qu'au-delà de nous, notre enfant n'avait pas d'avenir en Russie. C'est pourquoi mon mari et moi avons décidé de fuir, une nuit de décembre 1990, dans des circonstances dramatiques que je raconterai.

Parvenus en France après de douloureuses péripéties, nous avons très vite obtenu le statut de réfugiés politiques. Nous avons alors parcouru le long chemin de tous les exilés, de l'apprentissage de la langue à l'obtention des diplômes nationaux.

Quand, à l'âge de seize ans, mon baccalauréat en poche, je me suis présentée au concours d'entrée à la faculté de médecine de Leningrad, je savais que sur les six cents places disponibles, six seulement étaient réservées aux Juifs. Un pour cent, c'est infiniment peu, n'est-ce pas ? Et cependant, je me disais que je ne survivrais pas à un échec. Par bonheur, j'ai été admise, avec cinq autres Juifs dont Leonid Ferdman, mon futur mari.

Quand, à l'âge de trente-deux ans, je me suis rendue à l'université Pierre-et-Marie-Curie, à Paris, pour y repasser mes examens de médecine, et obtenir ainsi le droit d'exercer en France, je me disais de la même façon que si on me refusait ce droit, je n'y survivrais pas. On ne me l'a pas refusé, j'ai été reçue, et le lendemain même j'accueillais mes premiers patients.

D'où vient que je ne me sens plus de place sur cette terre si on ne me laisse pas *soigner* ? D'où vient que je ne respire qu'à travers l'exercice de la médecine, comme si un doigt céleste m'avait très tôt dicté mon destin ? J'ai dû gagner beaucoup de batailles pour être reconnue, surmonter l'antisémitisme, être toujours la meilleure, ne pas perdre pied quand on a menacé de s'en prendre à notre fils, risquer la prison, accepter de tout abandonner là-bas pour tout reconstruire ici, supporter la faim et l'humiliation... Et cependant, tout cela ne me paraît pas cher payé au regard du sentiment de plénitude que j'éprouve à soulager les malades, à les guérir quand je le peux.

Si j'étais religieuse, j'écrirais sûrement que Dieu m'a confié *la mission de soigner*. J'aimerais croire en Dieu, et il m'est arrivé de l'invoquer en constatant mon impuissance face à la maladie, face au cancer en particulier. *Mais je ne suis pas Dieu !* ai-je crié tout bas à un homme qui me suppliait de le sauver. J'étais en larmes, c'était un cri de désespoir, de colère. Pendant des mois, j'étais parvenue à le soulager, je lui avais permis de vivre normalement, de rire, d'aimer, de voyager, mais au seuil de la mort je ne pouvais plus rien pour lui. Cette nuit-là, j'aurais tellement voulu être Dieu !

Ce livre, j'ai commencé à l'écrire le 24 octobre 1999, au lendemain de la mort de Sarah, mon amie. Nous avions presque le même âge, nous disions que nous étions sœurs, et je n'ai rien pu faire contre son cancer. Mon impuissance m'était soudain devenue insupportable. Pourquoi le destin avait-il voulu que je sois médecin ? Pourquoi le destin m'avait-il poussée à prendre tant de risques, à relever tant de défis, si c'était pour assister, muette de chagrin, à la mort de Sarah ? Qu'est-ce que j'avais fait, ou plutôt, qu'est-ce que je n'avais *pas* fait pour mériter ça ?

Abasourdie, je me suis surprise à revenir sur mes pas, à refaire à l'envers tout le chemin de ma vie.

*Nadia Volf*

Qu'est-ce que j'espérais de ce retour à Leningrad, sur les lieux glacés de mon enfance ? Je l'ai su très vite. Je voulais retrouver les racines de ma *vocation*, les racines de ce désir de soigner qui me semble faire partie de moi depuis toujours, au même titre que mes yeux, mes oreilles, ou mon cœur.

# 1.

## *Petite Lisa*

Il n'y avait pas de place pour un enfant dans la vie de mes parents. Je n'étais pas voulue, et je dois la vie à la gynécologue de ma mère qui l'a volontairement induite en erreur. Maman était venue la voir pour interrompre sa grossesse, et cette femme, qui était son amie, lui a fait croire qu'elle avait dépassé le délai légal de neuf semaines. Ma mère avait déjà trente-cinq ans cette année-là, et, comme elle le lui avouera par la suite, son amie a pensé que j'étais sans doute sa dernière chance d'enfanter un jour.

Jusqu'à quel point un enfant pressent-il qu'il n'a pas été attendu, espéré ? Je ne sais pas. Mais aussi loin que je remonte, il me semble que je vis dans la hantise de décevoir mes parents, dans la nécessité de relever tous les défis possibles, comme si je devais sans cesse justifier ma présence.

Vingt-huit ans plus tard, quand nous connaîtrons l'exil et que nous nous retrouverons durant quelques mois à la charge de familles françaises, j'aurai le sentiment de retraverser les brumes de mon enfance, me surprenant à supplier tout bas qu'on veuille bien me pardonner d'exister, et cherchant désespérément le moyen d'acquitter ma dette.

Je peux me figurer le bouleversement qu'a dû représenter mon arrivée pour mes parents. Cette année 1961, ils partagent une pièce de neuf mètres carrés dans un appartement communautaire de la perspective Nevski où habitent quatorze autres familles. On fait la queue pour la cuisine, pour les toilettes, pour la salle de bains... Maman est médecin, elle dirige un laboratoire de recherche. Papa termine un doctorat de chimie. Ce sont deux intellectuels, et ils n'ont pour travailler que cette cellule minuscule où tiennent un lit, une armoire et un petit bureau qu'ils se partagent.

Je viens au monde le 1$^{er}$ décembre 1961, avec quelques semaines d'avance sur la date prévue, de sorte que je ne pèse pas plus de deux kilos. Mon père a présenté sa thèse de doctorat la veille, le jury l'a chaudement félicité, si bien qu'ensuite tout le monde a bu, mangé, chanté, jusque tard dans la nuit. Je ne sais pas si ma mère a dansé, mais elle a participé à la fête, ça oui, cachant son gros ventre sous une ample robe et un pull de laine. Le lendemain matin, elle s'est sentie très mal, elle a cru que c'était la soirée, mais c'était moi.

Je dors dans une corbeille à fruits qu'on pose sur le lit le jour, et la nuit sur le bureau. Mes parents travaillent beaucoup, ils ont dû embaucher une vieille nounou pour me nourrir et me promener. Mais comme notre appartement est au cinquième étage sans ascenseur, mon père doit revenir du travail dans la journée pour descendre mon landau, puis le remonter. Par chance, l'Institut de chimie n'est qu'à deux cents mètres de la maison.

De mes trois premières années perspective Nevski, je ne conserve que le souvenir de ces promenades. Très vaguement avec ma nounou, beaucoup plus nettement avec mon père. C'est lui qui me conduit jusqu'au jardin d'Été, le dimanche, et toujours nous empruntons le même itinéraire. Nous descendons la perspective Nevski, puis nous passons sous l'arc de triomphe de l'État-Major pour découvrir la colonne Alexandre, au centre de la place du Palais. Alors je veux encore regarder l'ange, au sommet de la colonne, et papa penche un peu le landau pour que je puisse l'admirer. Je le trouve magnifique, il me semble qu'il est si haut qu'il doit pouvoir toucher le ciel. Ensuite, nous contournons l'Ermitage pour atteindre les quais de la Neva, et nous longeons le fleuve jusqu'aux grilles du jardin d'Été. À la belle saison, mon père me raconte chacune des statues du jardin, il veut que je connaisse leurs noms, que je partage son éblouissement pour Amour et Psyché, pour la déesse de la Justice ou pour Diane, celle de la chasse. L'hiver, les statues sont coffrées pour les protéger du gel, et nous jouons à deviner laquelle se cache ici, puis là, sous le manteau neigeux.

Autour de mes trois ans, mes parents parviennent enfin à obtenir un petit appartement dans les faubourgs nord de Leningrad. Un de ces petits trois pièces au plafond bas dont Nikita Khrouchtchev a lancé la construction à grande échelle dix ans plus tôt. Nous quittons le centre historique pour une cité aux cages d'escalier toutes semblables, mais je devine le bonheur de mes parents qui passent ainsi d'une cellule à quarante mètres carrés.

On me donne une chambre pour moi toute seule, maman prend l'autre, et mon père sépare le salon en deux pour se faire une pièce bien à lui. Très vite, les deux chambres de mes parents – je devrais plutôt dire leurs *bureaux* – expriment leurs différences. Celle de mon père est ordonnée et sévère, celle de ma mère est dans un désordre inextricable. Si je ferme les yeux, je la revois penchée sous sa lampe de travail, à demi cachée derrière une pile de livres, annotant fébrilement la thèse de l'un de ses étudiants. La pièce est pratiquement inaccessible tant les livres, dossiers et manuscrits s'y entassent, il y en a sous le lit, sur le lit, par terre, au-dessus de l'armoire... Il me semble que maman travaille sans arrêt, et, quand par hasard je me réveille au milieu de la nuit, je vois toujours un rai de lumière sous sa porte.

Papa aussi travaille énormément, il a de plus en plus de responsabilités à l'Institut de chimie. Il rentre tard le soir, va saluer maman, parfois je les entends bavarder derrière la porte close, et puis il la laisse à ses manuscrits et va à la cuisine manger quelque chose. Durant la semaine, nous ne prenons jamais un repas en famille. Maman me prépare une assiette pour dîner sur un coin de table, et elle patiente, debout à côté de moi, en attendant que j'aie fini. *Qui mange vite, travaille vite*, dit-elle.

Le dimanche, nous déjeunons tous les trois. C'est le seul moment où je vois mes parents ensemble. Ils se parlent avec fièvre et gravité, ne se sourient pas beaucoup, je ne comprends pratiquement rien de ce qu'ils se disent, et pourtant j'aime être là, à les écouter. Je crois que je mesure combien ils tiennent l'un à l'autre, combien ils se respectent. Je n'ose pas écrire *combien ils s'aiment*, parce que, en Russie, ça ne se fait pas de parler ouvertement d'amour. Mes parents n'ont jamais un geste de tendresse en ma présence, et c'est pourquoi sans doute je m'accroche à ces discussions comme à la seule preuve du lien qui les unit, qui *nous* unit. Parfois, nous allons nous promener après le déjeuner, et papa me fait signe de courir devant. Il ne veut pas que j'entende ce qu'il va dire à maman, parce que je pourrais le répéter. *Nadejda, si tu entends quelque chose un jour à la maison, ne le répète jamais aux voisins. Tu m'entends, n'est-ce pas ? Ne répète jamais à personne ce que tu entends à la maison. C'est très dangereux !* Alors je devine qu'ils vont parler de Brejnev, et de tout ce qui leur fait honte en Union soviétique.

J'ai cinq ans l'année de la fermeture du laboratoire de maman. J'ai le souvenir qu'une tristesse muette, indicible, s'abat du jour au lendemain sur notre maison. Comme on ne m'en donne pas la raison, j'épie silencieusement mes parents. Je cherche sans doute à comprendre d'où peut bien provenir un tel désespoir. Je ne reconnais plus maman, elle semble hébétée, inaccessible, comme si on l'avait tuée à l'intérieur. Son corps est là, je peux la toucher, l'appeler, mais on dirait qu'elle ne me voit plus, qu'elle ne m'entend plus. Elle, si active, si économe de son temps, peut maintenant rester figée près de la fenêtre, le regard vide comme une statue de pierre. Papa travaille toujours autant, lui, mais, aussitôt rentré, il s'enferme avec maman et je l'entends lui dire sourdement des mots dont je ne saisis pas le sens.

C'est bien plus tard, étudiante en médecine déjà, que je découvrirai le malheur qui a frappé ma mère cette année 1966. Les autorités s'avisèrent soudain qu'une femme médecin juive dirigeait un laboratoire de recherche, du jour au lendemain elles réquisitionnèrent les locaux et dispersèrent les étudiants. Mon père obtint un rendez-vous avec le maire de Leningrad, auquel mes parents se rendirent ensemble. Les choses se passèrent très mal. Maman, qui retenait sa colère et son chagrin depuis des jours, demanda au maire de lui expliquer pourquoi dans notre pays, si justement épris d'égalité et de progrès, un Juif valait moins qu'un Russe. Le maire menaça de la faire emprisonner si elle ajoutait un mot de plus, alors elle pensa à moi, me dit-elle, fit signe à mon père de se taire, et ils sortirent.

Sur le moment, mes parents ne me racontent rien. Je ne sais même pas que je suis juive, je veux dire *de nationalité juive*, puisqu'en Union soviétique être juif est une nationalité, au même titre qu'être russe, ou ukrainien. C'est écrit sur notre passeport, à la cinquième ligne : *Evrey (Juif)*. Je le découvre en entrant à l'école, cette année justement où la vie de maman est brisée parce qu'elle est juive. Je le découvre dans les yeux des autres enfants qui me regardent avec embarras, ou dégoût, si je m'approche d'eux. Je l'entends pour la première fois dans leurs bouches : *Volf, la youpine... Sale Juive ! ... Dégage, tu sens mauvais...* On me bouscule, on me tape dessus, alors que je suis toute seule dans un coin de la cour. Je comprends peu à peu que je suis différente des autres. On se moque de mon nez, de mes yeux, et je m'aperçois subitement que mon nez est plus allongé que les leurs, en effet. Est-ce cela être juive ? Je ne sais pas. Je voudrais bien être *normale*, et je rêve secrètement d'un nez en patate comme ils en ont tous, et de petits yeux bien enfoncés dans les orbites. J'apprends à détester mon nom qui me dénonce, je donnerais tout pour qu'il se termine en « ov » comme les leurs, Ivanov, Filonov, Gortchakov...

Un jour, je me défends, je dis que c'est impossible que je sente mauvais puisque je me lave matin et soir, puisqu'il y a plein de savons à la maison. Subitement, je sens monter la colère, et les enfants accourent. Je voudrais les convaincre que je suis propre, que je peux très bien jouer avec eux, mais ils se moquent, ils ricanent, et bientôt un garçon me pousse, et tous les autres se mettent aussitôt à me donner des coups de pied. Pour la première fois, ce soir-là, je rentre en pleurant à la maison. Et, pour la première fois, mon père m'explique que je dois être fière d'être juive.

Maman semble catastrophée, elle cherche des mots pour me consoler, mais papa est furieux. Non pas contre les enfants qui m'ont battue, mais contre moi qui sanglote. *Retiens-toi, tu devrais avoir honte !* Il n'a pas un geste de tendresse, il va et vient nerveusement dans son bureau, je ne l'ai jamais trouvé si grand, si impressionnant, et soudain il me parle de prix Nobel, de poètes, de héros de l'Union soviétique, et j'entends des noms que je ne connais pas, et après chaque nom je l'entends me répéter gravement : *Lui aussi était juif, Nadejda, tu m'entends ? Juif, comme toi !* Il ne me parle pas de lui, ce soir-là, c'est bien plus tard, devenue femme, que je découvrirai qu'il a été décoré de la médaille des Héros de la guerre, devant Berlin, en 1945. L'une des plus hautes distinctions du pays. J'entends pour la première fois ce nom de prix Nobel qui va rester pour moi comme le critère absolu de l'excellence. Combien de fois, par la suite, devenue médecin, puis chercheur, je me répéterai secrètement, songeant à mon père : *Alors on me donnera le prix Nobel, et il sera fier de moi !*

Est-ce ce soir-là, ou un autre jour, que je l'écoute édicter pour la première fois la *règle des trois fois dix* qui va m'accompagner ma vie durant ? *Parce que tu es juive, Nadejda, il va te falloir travailler dix fois plus que les autres si tu veux réussir, apprendre dix fois plus que les autres, et être dix fois plus forte.*

Il me semble que c'est la semaine suivante que je ramène mon premier 5 sur 5 à la maison, l'équivalent d'un 20 sur 20 en France. Et mon père m'assoit sur ses genoux, ce qu'il ne fait jamais, il me serre contre sa poitrine, et je l'entends me murmurer à l'oreille : *Bravo, Naidenish ! Bravo !* Ce diminutif de *Naidenish*, c'est comme un cadeau précieux dans sa bouche, ça veut dire *trouvaille...* Je suis donc *sa* trouvaille, *sa* découverte, *sa* perle, et ce soir-là je m'endors pleine de confiance en la vie.

Cependant, des forces obscures nous menacent, elles menacent notre vie, notre bonheur, et chaque jour j'en fais l'expérience. Après une longue période d'accablement dont je garde un souvenir transi, maman retrouve du travail dans un laboratoire de recherche sur les aliments. Est-ce qu'elle me le dit ? Est-ce que je le comprends toute seule ? En tout cas, je vois qu'elle n'est plus tout à fait la même, comme si elle devait maintenant porter sur son dos un fardeau invisible mais terriblement lourd. Parfois, elle n'en peut plus, et je l'entends crier, comme si elle était en colère contre mon père. J'ai la mémoire de certains de ses mots dont je ressens la force et la violence, même si je n'en comprends pas encore le sens : *impuissance, castration...*

Il me semble que mes parents se disputent de plus en plus souvent, et aujourd'hui je devine que ma mère en veut sans doute à mon père d'avoir su préserver sa carrière scientifique, tandis qu'elle ne se voit plus d'avenir. Les orages se multiplient à la maison, et petit à petit l'idée me gagne que mes parents pourraient se séparer. Je m'en souviens comme d'une frayeur insupportable qui me hante à certaines périodes au point de me réveiller la nuit. Je cherche sans cesse le moyen de les réconcilier, de les réunir, et je me rappelle ce jour où j'ai compris que je ne pesais pas grand-chose au regard de la colère, ou du désespoir, qui les dressait l'un contre l'autre. Nous étions pour quelques jours en vacances à Jurmala, près de Riga. Soudain, le ton a monté, et là, au milieu du trottoir, ils se sont mis à s'engueuler. J'ai pris leurs mains, j'ai essayé de les rapprocher, mais mon père s'est brutalement libéré et il est parti devant nous à grandes enjambées. Alors j'ai lâché la main de maman et, sans pouvoir me retenir de pleurer, je me suis mise à courir derrière lui. Je l'appelais, tout en essayant de ravaler mes sanglots pour ne pas aggraver sa colère, et comme il venait de traverser l'avenue, j'ai traversé à mon tour. Sans regarder, naturellement. En entendant le hurlement des freins, papa s'est enfin retourné. La voiture était contre moi, un mètre de plus et je mourais. Il est revenu sur ses pas, il m'a ramenée sur le trottoir, mais il n'a pas voulu pour autant prendre la main de maman.

Je crois que c'est cet été-là que je leur ai écrit ma première lettre. Oui, l'été de mes six ans, puisque je savais lire et écrire. Je leur ai dit que s'ils se sépareraient, je me couperais en deux, comme la voiture avait failli le faire, et qu'ils n'auraient plus chacun qu'une moitié de moi.

Je ne savais rien de mes parents, petite. C'est bien plus tard que j'ai appris dans quelles circonstances ils s'étaient rencontrés, et découvert ce qu'ils avaient traversé ensemble. Si j'avais connu leur histoire, je n'aurais sans doute pas imaginé qu'ils puissent un jour se séparer.

Ils se rencontrèrent à l'école, peut-être deux ou trois ans avant qu'éclate la guerre. Leonard Abramovich Volf et Jeanna Isaakovna Abramova, les deux Juifs de la classe. En 1940, ils avaient seulement quatorze ans l'un et l'autre, mais ils partageaient déjà de lourds secrets. Jeanna savait que le père de Leonard, ancien lieutenant-général de l'armée Rouge, avait été arrêté en 1936 et envoyé pour quinze ans en Sibérie. Leonard savait que le père de Jeanna, commerçant de première classe, avait été lui aussi arrêté, puis finalement relâché. On cachait autant que possible ces arrestations qui faisaient de vous le fils, ou la fille, d'un *ennemi du peuple,* et Leonard parvint à le dissimuler pendant toute sa scolarité. Depuis l'arrestation de son père (mon grand-père Abraham), la famille vivait misérablement. Lisa (ma grand-mère), qui avait connu un certain luxe, qui jouait du piano et raffolait du ballet, s'était mise à vendre des glaces dans une allée du jardin d'Été pour élever ses deux enfants, Leonard et sa petite sœur Lialia (Paola). Depuis la condamnation de son mari, on ne la saluait plus, elle ne comptait plus aucun ami, et elle craignait que ses enfants ne deviennent à leur tour des pestiférés. C'est pourquoi sans doute elle était touchée des visites fréquentes de Jeanna, de sa fidélité. Jeanna, qui avait perdu sa mère à l'âge de dix ans et qui voyait peut-être en Lisa un modèle de femme.

Et puis la guerre rattrapa l'URSS de Staline, et quelques semaines avant le début du siège de Leningrad, en août 1941, Jeanna et sa famille furent évacuées dans l'Oural (son frère aîné était ingénieur à l'usine Kirovski, qui produisait les chars de l'armée soviétique), tandis que Lisa et ses enfants se retrouvèrent piégés dans Leningrad. Jamais mon père ne voulut dire ce que furent leurs souffrances durant les neuf cents jours du siège. Lisa mourut d'épuisement en allant chercher de l'eau dans la Fontanka, et l'on retrouva son corps sur le trottoir enneigé. Elle repose aujourd'hui parmi les six cent mille victimes civiles du siège, dans la fosse commune. Ses deux enfants survécurent, la plupart du temps couchés l'un contre l'autre pour ne pas mourir de froid. Tante Lialia : *Ton père me lisait Pouchkine de sa belle voix... Pendant des mois, il m'a lu Pouchkine... C'est peut-être grâce à lui que nous avons survécu.* À la levée du blocus, Leonard s'engagea dans l'armée, il marcha jusqu'à Berlin, y fut blessé, décoré, puis, devenu officier, il fut envoyé aux îles Kouriles poursuivre la guerre contre le Japon.

Entre-temps, revenue à Leningrad, Jeanna ne trouva plus trace de Leonard et de sa famille. Elle devait me raconter qu'elle avait été si malheureuse de son absence, dans l'Oural, qu'il lui était arrivé à plusieurs reprises de suivre des jeunes hommes à la silhouette élancée, semblable à la sienne, en espérant follement que l'un d'eux serait lui. Je devine qu'elle en suivit d'autres à Leningrad, chaque fois déçue, jusqu'au jour où c'est Leonard qui vint sonner à sa porte. Il était en permission, revêtu de l'uniforme de parade, le long manteau aux épaulettes écarlates et la prestigieuse casquette à l'étoile rouge. Le regard était devenu plus sombre, les traits s'étaient émaciés et durcis, mais elle le reconnut immédiatement. Elle l'avait quitté six ans plus tôt adolescent, à présent il était un homme. Je ne sais pas ce qu'ils se dirent, ce qu'ils se promirent, mais ils s'arrangèrent pour ne plus jamais se perdre, en dépit de routes qui divergeaient profondément.

Leonard ne songeait pas à quitter l'armée où il avait noué des liens solides, où ses différentes campagnes lui valaient considération et respect, malgré la relégation de son père qui ne devait être réhabilité qu'après la mort de Staline, en 1953. Leonard vivait donc au gré de ses affectations aux quatre coins de l'immense URSS. Quant à Jeanna, elle terminait alors ses études de médecine sous l'autorité d'un vieux professeur, Nicolaï Vasilievich Lajarev, qui allait compter dans sa vie bien plus que son propre père, et que j'appellerai d'ailleurs *deda Kola* (grand-père Kola).

Nicolaï Vasilievich Lajarev avait de l'estime pour Jeanna, pour ses qualités de chercheur, mais il savait qu'étant juive elle n'avait aucun avenir à Leningrad. C'est pourquoi il s'arrangea pour la faire nommer à l'autre bout du pays, à Vladivostok, où ses découvertes, et ses premières publications sur les antioxydants, lui permirent d'être nommée assez vite directrice de son laboratoire. C'est en se rendant à Vladivostok que mon père fit la connaissance de Nicolaï Lajarev. Par un de ces hasards extraordinaires, tous les deux allaient voir ma mère, et tous les deux se retrouvèrent dans le même train. Le voyage durait à l'époque près de dix jours, et Leonard et le vieux professeur passèrent une grande partie de ces longs jours à discuter du sens de la vie. Des années plus tard, mon père devait me raconter à sa façon, brève et pudique, combien ce voyage bouleversa son existence. En débarquant à Vladivostok, sa décision était prise : il allait quitter l'armée, où il ne monterait jamais très haut du fait de sa nationalité juive, et reprendre ses études.

Au début de l'année scolaire 1954, il fut donc accepté à la faculté de chimie de Leningrad. Il avait vingt-huit ans, les autres étudiants en avaient dix de moins. Entre-temps, Jeanna était revenue à Leningrad et ils s'étaient mariés. Pendant que Leonard rattrapait le temps perdu à la guerre, sa jeune épouse brûlait les étapes d'une carrière scientifique prometteuse. Contre toute attente, on lui avait confié la direction d'un laboratoire de recherche où elle poursuivait ses travaux sur les antioxydants. Ce même laboratoire qu'on devait lui retirer dix ans plus tard, parce qu'elle était juive...

Leonard avait trente-cinq ans, il préparait son doctorat de chimie, et Jeanna, trente-cinq ans également, était écrasée sous les responsabilités, entre ses étudiants et ses propres recherches, lorsqu'ils découvrirent qu'elle était enceinte. Je vois bien, racontant leur histoire pour la première fois, me mettant à leur place, à quel point ça n'était pas le moment d'avoir un enfant. Et en même temps, un peu plus et il serait trop tard. Je crois que par la suite, maman remercia son amie gynécologue de l'avoir trompée. Quant à papa, il me fit un jour cet aveu, en forme de déclaration d'amour : *Tu sais, Naidenish, j'ai commencé d'avoir peur dans la vie quand je t'ai eue. Avant, j'étais invincible, je n'avais peur de rien.*

Et moi aussi, je me serais sans doute sentie invincible si j'avais su tout ça, petite, combien ils s'étaient cherchés, attendus, espérés, combien ils étaient attachés l'un à l'autre. Je n'aurais pas eu peur qu'ils se séparent. Mais je ne sais rien, et chaque coup reçu, chaque épreuve, me donne au contraire le sentiment grandissant de leur fragilité. Cependant, cette fragilité, par une ironie cruelle, c'est moi qui en suis la cause. Je comprends ce qu'avait voulu me dire mon père : s'il a peur, s'ils ont tous les deux peur, s'ils se sentent tout à coup vulnérables, c'est évidemment parce que je suis là, dans leur vie. Si maman n'ose pas riposter au maire de Leningrad quand on lui ferme son laboratoire, et entrer en dissidence, c'est parce qu'elle a peur pour moi. Si papa se met en colère quand je rentre de l'école en larmes, les jambes pleines de bleus, c'est qu'il se sait impuissant à me protéger de l'antisémitisme et que cette idée lui est insupportable, intolérable. En vérité, c'est contre lui-même qu'il est en colère. Il est terriblement malheureux, blessé, humilié de ne pouvoir rien faire, et il me donne la seule chose qui soit en son pouvoir : il m'enseigne que, Juive, je dois être dix fois plus forte que les autres si je veux réussir ma vie. Comment mes parents ne se déchireraient-ils pas dans de tels dilemmes ?

Je devine leur colère, et leur accablement, ce jour où la concierge de notre cité, qu'ils pensaient bienveillante, m'insulte subitement. C'est encore l'année de mes six ans, je joue au ballon avec d'autres enfants au pied de notre immeuble. Notre nom n'est pas sur la boîte aux lettres, ici nous ne sommes qu'un numéro d'appartement, le 45, de sorte que les enfants ne savent pas que je suis juive et veulent bien jouer avec moi. Soudain, sans le faire exprès, un garçon envoie le ballon dans une des fenêtres de la loge. La vitre vole en éclats, et je crois qu'aussitôt la plupart des enfants s'enfuient en courant. Je suis peut-être la seule encore sur les lieux quand surgit la concierge. Elle est ivre de colère, je m'attends à prendre une gifle, à de gros ennuis, mais je ne m'attends pas à ces phrases ahurissantes : *Sale petite youpine, c'est toi qui as lancé ce ballon ? Tu vas voir, tiens, vermine, saleté... Vous, les Juifs, c'est dommage que les nazis ne vous aient pas tous tués, on serait bien débarrassés !*

Je me revois répétant ces mots-là à mes parents, sans mesurer sur le moment leur violence insoutenable pour mon père qui a perdu sa mère durant le blocus, qui a combattu les nazis jusque dans les ruines de Berlin... Y songer aujourd'hui me brise le cœur. Et mon père veut aussitôt descendre *parler* à la concierge, et ma mère le supplie de ne pas y aller, et lui, si courageux, si fier, se résout finalement à ne rien dire, pour moi, pour que sa petite fille conserve malgré tout une chance de grandir dans ce pays où certains regrettent ouvertement qu'on ne nous ait pas exterminés. Comment fait-il pour dormir cette nuit-là avec ce poids sur le cœur ? *Comment as-tu fait, papa ?*

Par bonheur, je lui apporte cette même année une raison d'aimer la vie, de sourire. Des étages supérieurs de notre immeuble tombent parfois comme des étoiles les notes d'un instrument qui me touche profondément. Il m'arrive, en rentrant de jouer au ballon, de m'asseoir silencieusement dans la cage d'escalier pour écouter la mélodie. Nous habitons au deuxième, je n'ose pas trop grimper au-dessus, mais un jour je m'enhardis et je découvre que cet instrument est au cinquième étage, chez Ala, une fille un peu plus grande que moi avec laquelle j'échange parfois quelques mots.

Où est-ce que je trouve l'audace de l'aborder ?

— C'est quoi la musique qui vient de chez toi ?

— Elle te dérange ?

— Non, au contraire, je la trouve très jolie...

— C'est mon père qui joue du piano... Ou moi ! Mais lui joue beaucoup mieux que moi.

— Et c'est difficile, le piano ?

— Pour mon père, c'est pas difficile... Tu veux essayer ?

— Je veux bien, oui.

Elle me fait entrer, et pour la première fois je touche un clavier. C'est une sensation inattendue qui me fait presque tourner la tête.

Lorsque je lui en parle pour la première fois, je vois le visage de mon père s'éclairer, s'adoucir, comme si je lui donnais enfin une bonne nouvelle.

— Et tu as vu ce piano, Naidenish ?

— J'aimerais tellement apprendre à en jouer...

— Pourquoi nous n'irions pas demander conseil au père de ton amie ?

Quelques années plus tard, en tombant sur une photo de mes grands-parents paternels, je comprendrai l'émotion de mon père. Lisa est au piano, et Abraham, accoudé au-dessus d'elle, l'observe avec une expression d'émerveillement. La photo date du début des années 1930. Lisa, à qui je ressemble aujourd'hui de façon stupéfiante, porte une robe longue et des bottines soignées. Abraham est en costume civil. Il supervise alors la construction de la ligne ferroviaire Baïkal-Amour, déclarée par Staline « objectif militaire prioritaire ». Mon père a cinq ou six ans (il est né en 1926), peut-être est-il caché derrière la porte en train d'écouter jouer sa mère... Quelques mois encore et Abraham sera arrêté, traîné en prison, torturé, puis envoyé en Sibérie. Il ne reverra plus sa belle et tendre Lisa dont on ramassera la dépouille gelée, au milieu de l'hiver 1943, tout près des eaux de la Fontanka.

Parfois, mon père m'appelle *petite Lisa,* dans un de ces moments où le chagrin le rattrape. Et voilà que sa *petite Lisa* découvre le piano, comme si Lisa, l'unique, la vraie, avait soufflé quelques notes à l'oreille de sa petite-fille...

Nous montons en famille sonner au cinquième étage. Les parents d'Ala sont accueillants, très gentils. Son père est pianiste professionnel, sa mère dit à la mienne combien elle m'a sentie attirée par le piano. Très vite, la décision est prise d'en acheter un, seulement mes parents n'ont pas d'argent. Alors le père d'Ala dit qu'il existe des magasins où l'on trouve des occasions, et il propose même de nous y accompagner.

Nous allons tous ensemble dans l'un de ces magasins. Le père d'Ala joue de tous les vieux pianos qui s'alignent ici, et je pressens tout de suite que celui-ci va être le mien. Et je le trouve aussitôt bien plus beau que les autres. Mais il est un peu trop cher, aussi le marchand propose-t-il de retirer les bougeoirs de bronze qu'il vendra séparément. Je pense tout bas que c'est vraiment dommage, que je l'aime avec ses bougeoirs, mais ça n'est rien en comparaison du bonheur que j'éprouve à imaginer ce piano dans ma chambre.

## 2.

*Tu n'es pas digne d'être une Volf !*

Est-ce encore l'âme de ma grand-mère Lisa qui m'inspire mes premiers pas de danse ? Elle adorait le ballet et on la croisait souvent au bras d'Abraham, dans le grand escalier du théâtre Mariinski, retournant à une énième représentation de *Casse-Noisette* ou de *La Dame de pique*. À peine ai-je dit que j'aimerais apprendre la danse que je vois briller les yeux de mon père. Apprendre la danse ? Dans son esprit, ça ne peut être qu'entrer à l'académie Vaganova qui forme les futures ballerines du théâtre Mariinski. Autant dire l'école de danse la plus prestigieuse au monde.

Maman est opposée à cette idée. Elle me rêve médecin, chercheur, à son image. Je devine que danser ne doit pas être un métier dans son esprit. Elle le dit un peu trop haut au goût de mon père, qui place l'art au-dessus de tout le reste. Je les entends se disputer violemment sur mon avenir, et comme aucun des deux ne veut céder, mon père tranche le débat : *C'est à Nadejda de décider, elle fera comme elle voudra !*

Je n'ai que huit ans. L'avenir, je m'en fiche, je ne sais pas ce que ça veut dire. La seule chose qui me préoccupe, c'est le regard de mon père, avoir son estime, l'entendre me dire : *Bravo, Naidenish, c'est bien, tu as été courageuse !* Je n'ai pas peur de blesser maman, ou de la décevoir, parce que son amour m'est acquis, quoi que je fasse. Mais je sens bien que celui de mon père est plus exigeant. Alors je décide ce qu'il veut m'entendre décider, et je dis : *Oui, je veux entrer à l'académie Vaganova !*

Les enfants sont sélectionnés sur concours, en trois étapes. Ils viennent de toute l'URSS pour tenter leur chance. Comment est-ce que je fais pour franchir ces trois barrages successifs et me retrouver dans le petit groupe des élus ? Je ne sais pas. Je suis souple, c'est une chance, je veux plaire à mon père, et je veux quitter l'école de mon quartier où personne ne m'aime. En voulant me frapper, un garçon s'est blessé la main sur mes dents, ou peut-être l'ai-je mordu pour me défendre. Un moment plus tard, il s'est évanoui. Depuis, on dit que *Volf, la Juive, a du venin dans les dents.* C'est la dernière humiliation dont je suis l'objet, la direction a convoqué mes parents, les professeurs laissent les élèves se moquer de moi et me frapper, je ne veux pas retourner une année de plus dans cette école.

Le 15 septembre 1969, j'entre donc officiellement à l'académie de danse Agrippina Vaganova[1], située rue de l'Architecte-Rossi, à quelques pas de la perspective

---

1. Agrippina Vaganova (1879-1951), ex-danseuse étoile du théâtre Mariinski, régna durant trente années sur l'école de danse de Leningrad, qui prit son nom en 1957. Elle a laissé un ouvrage traduit dans le monde entier : *Les Fondements de la danse classique* (1934).

Nevski et des quais de la Fontanka, en plein centre de Leningrad. C'est une nouvelle vie qui commence, pleine d'inconnu, de défis, et ce jour-là je quitte la maison le ventre noué.

Je dois prendre le trolleybus, puis le métro et, sur la fin, marcher un peu. Trois quarts d'heure de transport, mais j'arrive tout de même parmi les premières. Tout m'impressionne, la beauté de la rue Rossi, toute en symétrie, la majesté du bâtiment dévolu à l'école, le sérieux des quelques adultes qui nous aiguillent, les mines défaites des autres élèves... Nous sommes toutes là, silencieuses et pétrifiées, quand entre notre professeur, Ludmilla Fedorovna Tronova. Elle est à peine plus haute que nous, souple et tendue comme la corde d'un arc, les cheveux blonds ramassés dans un chignon serré sur le haut du crâne. Et elle ne sourit pas. Elle nous fait aligner, elle inspecte ses nouvelles recrues, l'œil métallique, impénétrable. Dès ce premier matin, je comprends que c'est un petit général, et que nous serons ses soldats.

En quelques jours, peut-être même dès le lendemain, la révolution est accomplie : j'ai quitté le monde pour entrer à Vaganova, comme on entre en religion. Ludmilla Tronova est mon ciel, mon étoile, l'objet de toutes mes pensées, celle vers laquelle je tends et dont la lumière m'est devenue indispensable. Qu'elle se détourne de moi, et je sens aussitôt le froid m'enserrer le cœur.

Il faut cela, cet engagement et cette dévotion, pour supporter les souffrances quotidiennes. Il n'y a plus d'heures sans souffrance, plus un instant de la journée où mon corps n'éprouve pas, ici ou là, la brûlure insupportable d'une plaie à vif. Mais peu m'importe la souffrance si Ludmilla Tronova acquiesce, si je peux lire dans son regard impitoyable, non pas l'admiration, mais simplement la satisfaction. C'est pour elle que je me bats désormais, pour elle que je veux devenir la meilleure.

Je souffre depuis ma naissance d'un petit problème à la hanche droite, une légère dysplasie qui m'a valu, bébé, de porter une attelle, et qui à présent m'empêche d'effectuer parfaitement le grand écart. Ludmilla Tronova se fiche bien de mes explications. *Tu te mets en position d'écart devant un livre posé sur un tabouret,* me dit-elle, *et tu n'as pas le droit de bouger avant d'avoir fini de lire le livre.* Tous les soirs, à la maison, je m'adonne à cet exercice en forme de torture. Cela peut durer deux heures, trois heures, mais petit à petit, sous le poids de mon corps, et au prix de souffrances à hurler, mes hanches se plient à la volonté de ma maîtresse.

À la fin de la première année, j'ai la satisfaction d'être parmi les meilleures. De souffre-douleur à l'école de mon quartier, je suis devenue élève modèle à Vaganova. Ici, on dirait curieusement que m'appeler Volf, être juive, ne compte pas. En tout cas, personne n'y fait jamais allusion devant moi et, jusqu'à mon agrégation de médecine, je garderai de ces années de danse le sentiment trompeur que l'excellence permet malgré tout aux Juifs de réussir en URSS.

Ma deuxième année à l'académie se termine pour moi par un triomphe. Nous allons danser *Casse-Noisette,* et Ludmilla Tronova me choisit pour interpréter Macha ! C'est un honneur considérable,

Macha, la petite héroïne, partage en effet la vedette du ballet de Tchaïkovski avec Casse-Noisette, le prince charmant qui l'emporte à la fin vers Konfiturenburg, le merveilleux pays des friandises... Il me semble que dès cette nomination, toutes les autres élèves veulent être mes amies. D'autant plus que mon rôle fait de moi la mascotte des grands. Celui qui doit interpréter le prince charmant est un garçon de seize ans, et tous ses camarades nous observent avec envie.

Il était écrit pourtant que je ne serais pas ballerine, en dépit de ce premier succès. À la rentrée de ma troisième année à Vaganova, je me sens subitement sans force, épuisée. Les premières semaines me paraissent insurmontables, et bientôt je suis prise de nausées, puis de fortes fièvres. Maman ne parvient pas à diagnostiquer de quoi je souffre, et cependant elle refuse de me confier à l'hôpital, sachant que les hôpitaux sont de véritables prisons en URSS, interdits aux visites, et terriblement durs pour les malades. Puis, soudain, une jaunisse se déclare, et il s'avère que je souffre depuis des semaines d'une hépatite virale, arrivée à un stade qui menace ma vie.

On ne me le dit pas, mais je le devine au visage de ma mère qui se creuse du jour au lendemain. Je l'entends appeler d'une voix brisée tous ses collègues médecins, et je comprends qu'elle cherche le meilleur hôpital pour les enfants. Sa faiblesse m'inquiète, et c'est vers mon père que je me tourne. Un soir, je quitte mon lit, j'entre dans son bureau, je viens me blottir contre lui et je pose ma tête sur sa poitrine. Il travaille, penché sur ses papiers, et sans s'interrompre il m'entoure les épaules de son bras. J'essaie de ne pas pleurer, parce que je sais bien qu'il méprise les larmes.

— Papa, est-ce que je vais mourir ?
— Nadejda, ne dis pas de bêtises !
— Est-ce que je vais mourir ?

Alors j'éclate en sanglots et il me repousse violemment.

— Je t'interdis de penser ça ! Tu m'entends ? Tais-toi ! Je t'interdis !

Je m'enfuis, je vais me réfugier sous ma couverture, mais je crois qu'au fond de moi je suis un peu rassurée. Je suis encore trop petite pour comprendre que sa colère soudaine cache une angoisse épouvantable. Dans l'état où est mon foie, il sait que je peux mourir, oui, il me l'avouera à demi-mot des années plus tard, mais m'entendre le dire lui est insupportable.

Le 1er décembre 1972, jour de mes onze ans, je suis admise à l'hôpital des enfants de l'île Vassilievski. Je vais y passer cinq ou six semaines en quarantaine, sans nouvelles de mes parents, enfermée dans une cabine vitrée d'où je n'ai pas le droit de sortir. Médecins et infirmières entrent et sortent masqués, sans jamais m'adresser la parole, personne ne m'explique avec quoi on me soigne, mais je constate après trois semaines que j'ai grossi de façon terrifiante. Alors je cesse de manger, petit à petit je me recroqueville sur moi-même, et c'est comme si tout me devenait indifférent. Aujourd'hui, naturellement, je peux dire que je m'enfonce sans doute dans une dépression, mais sur le moment j'ai le sentiment presque confortable de me noyer. Et quand un groupe de petits malades, qui a repéré que je m'appelle Volf, vient écrire en grosses lettres *Mort aux Juifs* sur l'une des vitres de ma cage, je les regarde faire sans protester. Je m'en fiche, je pense que je suis *justement* en train de mourir.

Et puis non. Un matin, on m'annonce que je suis guérie, que mes parents m'attendent dans le hall d'entrée. Je ne rentre plus dans mes vêtements, la cortisone associée au glucose m'a fait prendre quinze kilos. Je ne sais pas ce que pensent mes parents en me découvrant dans ce corps gonflé, informe, mais très vite mon père évoque mon retour à l'académie Vaganova. Je ne le contredis pas, je tiens trop à sa confiance, à son estime, *Un Volf ne baisse pas les bras, Nadejda*, mais je sais que je n'ai plus la force de danser. Même me tenir en équilibre sur une jambe, je n'y arrive plus. En trois mois, j'ai tout perdu.

Je me rappelle comme d'un cauchemar ce jour de janvier glacial et gris où je pousse la porte de ma prestigieuse école. À peine m'aperçoit-on que mon nom résonne à travers le grand escalier et que je vois surgir au-dessus de moi Sonia Osarina, ma rivale de toujours, celle qui a failli avoir le rôle de Macha. Elle m'aperçoit et, dans l'instant, je lis une forme de jubilation dans son regard. J'imagine que me sachant malade, elle a craint que je revienne encore plus tendue et légère qu'auparavant, or je lui offre le spectacle de ma déchéance…

Puis Ludmilla Tronova nous fait mettre au garde-à-vous, comme tous les matins. Elle fait l'appel et, quand vient mon nom, elle me prie de sortir du rang et d'approcher. Alors je l'entends me parler, et c'est comme une sentence de mort qui me tombe sur les épaules : *Volf, pourquoi es-tu revenue ? Tu ne peux plus danser. Retourne chez toi, tu es exclue.*

Je ne sais pas comment je trouve la force de rentrer chez moi, ce matin-là. Je ne me vois plus d'avenir, je ne comprends pas pourquoi le destin a voulu que je naisse. De la vie, je n'ai reçu que des coups et des insultes. Je me souviens qu'en descendant du trolleybus et en marchant vers les immeubles blêmes de ma cité, sous ce ciel bas, entre les talus de neige souillés de boue, je me fis ce jour-là la réflexion que j'avais finalement bien plus peur de vivre que de mourir.

— Je suis renvoyée, papa.
— Mais comment ça ? Pourquoi ?
— Je ne peux plus danser. Tronova…
— Je vais l'appeler, c'est impossible !
— Non, je t'en supplie, ne l'appelle pas. Je ne veux plus y aller de toute façon.

Il a compris, il se tait, part s'enfermer dans son bureau. Cette nuit-là, je les entends parler tous les deux. Maman a eu si peur de me perdre qu'aucun problème scolaire ne peut plus la toucher. Je suis vivante, c'est tout ce qui compte. Papa, lui, est très soucieux.

Deux jours plus tard, il m'a trouvé une solution de rechange. Il est allé voir l'unique école anglaise de Leningrad, et il a obtenu qu'on m'y prenne en pleine année. C'est encore un défi dans son style : apprendre l'anglais, alors même que le pratiquer est considéré dans ces années-là comme une marque d'anticommunisme, un pas de côté vers l'Occident haï. Ni lui ni ma mère ne parlent anglais, ils en souffrent, ils ne peuvent pas communiquer avec les chercheurs étrangers, aussi mon père pense-t-il m'ouvrir un nouvel horizon.

L'école est à une demi-heure à pied de la maison, et j'y vais sans illusions, je n'en attends rien. Mon exclusion de Vaganova, cet effondrement d'un rêve qui m'a portée durant deux ans, a cassé pour longtemps les ressorts secrets de mon âme. Je ne m'enthousiasme plus, je ne quête plus l'admiration de personne, et quand je croise ma silhouette dans une glace je me dégoûte, je me déteste. Pourtant, la veille de ma rentrée, nous sommes allés m'acheter l'uniforme de tous les écoliers soviétiques : la robe de laine marron avec le petit col blanc détachable en Celluloïd, le foulard rouge, et les deux tabliers, le noir pour tous les jours, le blanc pour les jours de fête. Une autre se plairait sans doute dans ces habits neufs, moi, je me fais honte. Et pour comble de malheur, mon père refuse qu'on me coupe les cheveux. Ils me pendent sur la nuque en une longue tresse jaunâtre qui me tombe sur les reins. Qui pourrait avoir envie d'approcher cette grosse fille au regard éteint ?

Je n'ai rien pour plaire, je débarque en cours d'année dans un groupe constitué et, comme si ça ne suffisait pas, je suis la seule Juive de la classe. Dès le premier jour, ça se passe mal. Je redeviens le souffre-douleur, la *youpine*. Il n'y a plus d'eau au robinet – *ce sont les Juifs qui l'ont bue* ; ça sent mauvais quelque part – *c'est Volf qui pue...* On me tire ma tresse, on me donne des coups de pied, on me fait tomber, et si je cherche à me défendre on forme une ronde hurlante autour de moi comme si j'étais un chien enragé.

Et de nouveau, c'est avec les enfants de ma cité que je suis le moins malheureuse. Je vais vers les plus âgés, les plus voyous, sans doute parce qu'ils ont d'autres soucis que de se moquer de moi. Ils ont quinze ou seize ans, ils fument et ils boivent, et je me détends en leur compagnie. Avec l'un d'eux, qui habite mon immeuble, nous prenons l'habitude de nous réfugier sur le toit avec une bouteille de vodka. C'est comme si nous avions découvert une petite place au ciel, inaccessible à la cruauté des hommes, mais suffisamment près d'eux, cependant, pour pouvoir les observer tranquillement, rire, s'amuser, et trouver le monde étrangement beau en dépit du peu de place qu'il nous fait. On y grimpe par l'échelle des pompiers qui conduit à une trappe que l'on referme derrière nous. La nuit, tout Leningrad est à nos pieds, on en a le souffle coupé. On s'assoit sur le faîte, les jambes dans le sens de la pente, et on se retient l'un à l'autre pour ne pas glisser. Parfois, le toit est couvert d'une neige molle et poudreuse dans laquelle se réfléchit la lune, parfois il repose sous une croûte de glace terriblement hostile. S'il a un peu trop bu, Iouri joue à me pousser, et j'aime ce jeu, je hurle et je ris, il me donne le sentiment subit de ressusciter, d'être encore bien vivante dans un coin reculé de mon ventre.

Ou encore nous marchons sur les voies ferrées, derrière la cité, et quand le train surgit nous nous aplatissons le long du talus, le front tout près du rail, de telle façon que le vacarme des wagons nous explose la tête. Et nous hurlons, nous hurlons à nous arracher la gorge, jusqu'à ce que le train ait disparu. D'autres fois, le jeu consiste à poser un clou sur le rail, et à observer de tout près ce qui va lui arriver. Un centième de seconde il roule, puis il se fige, rougit, s'aplatit, et quand le train l'abandonne c'est un petit sabre brûlant que nous récupérons.

Mais un après-midi, la concierge lève le nez par hasard et nous aperçoit perchés sur le toit. Cette même concierge qui avait regretté que les nazis n'aient pas exterminé tous les *youpins*. Elle guette le retour de ma mère, le soir, et je crois que maman fait un malaise dans sa loge en entendant son récit. En tout cas, elle a le teint gris et elle n'a plus de voix en poussant notre porte.

— Nadejda, j'ai vu la concierge...

— Tu sais, maman, je ne l'ai fait qu'une fois.

— Oh ! Tu te rends compte si...

Elle se tient le cœur, se laisse tomber sur une chaise.

— Je vais mourir, tu vas me tuer...

— Non, je t'en supplie, maman, je ne le ferai plus !

— Mais tu te rends compte...

— Je ne le ferai plus, je te promets.

Je cours lui chercher un verre d'eau, je lui prends la main, ne la quitte pas des yeux. Ce qui m'impressionne le plus, c'est son abattement, elle si prompt à hurler, à lever la main sur moi.

Il me semble qu'à partir de ce jour, maman évoque sans cesse la fragilité de son cœur. Est-elle réellement malade ? En tout cas s'installe en moi l'idée que je peux la tuer par mon irresponsabilité. Et petit à petit, cette idée horrifiante, que je ne peux partager avec personne, prend une place grandissante dans mes pensées. Au lieu d'être un soutien, maman devient insensiblement une charge. Je me sens coupable de sa fatigue, des difficultés de sa vie, et j'apprends à lui cacher mes propres difficultés pour la protéger.

Je ne sais pas ce que pense mon père de mes excursions sur le toit, mais c'est aussitôt après cet événement que nous partons ensemble pour le club d'échecs. Un enfant occupé ne fait pas de bêtises, doit-il se dire. En URSS, l'école se termine vers quatorze heures, et les écoliers se retrouvent généralement l'après-midi dans les stades. Seulement moi, je n'ai plus droit au sport depuis mon hépatite, il m'est interdit de courir, de sauter. Les échecs, j'y joue depuis toute petite avec mon père. Le club où il veut m'inscrire, m'explique-t-il, est dirigé par l'un de ses amis, un maître international, Michel Noah, Juif comme nous.

La rencontre se passe bien et, après quelques semaines, Noah propose de venir deux fois par semaine à la maison me donner des cours particuliers, en plus des après-midi que je passe au club à disputer des tournois. Je comprends confusément que Noah est impressionné par mes progrès, mais au fond je m'en fiche. La seule chose qui compte à mes yeux est le nouvel intérêt que me porte mon père. Il a tourné la page du ballet, il ne me rêve plus première danseuse au théâtre Mariinski, mais il me rêve championne d'échecs ! Je m'en aperçois à l'éclair de fierté qui traverse son regard lorsque Michel Noah lui parle de moi, ou lorsqu'il m'observe jouer. *Un jour, tu joueras comme Irina Levitina,* me dit-il, et, à la façon dont il l'énonce, je saisis que ça doit être mon objectif. Alors je m'entends répéter à tout bout de champ : *Un jour, je jouerai comme Irina Levitina*. Et j'ai la surprise de constater que mon professeur ne me contredit pas. Irina Levitina, également Juive d'URSS, est alors championne du monde.

Commencée dramatiquement, l'année scolaire se termine à peu près bien. Je suis parmi les meilleures élèves de ma classe à l'école anglaise, et mes bons résultats, s'ils ne mettent pas fin aux brimades, me valent au moins l'estime de certains professeurs. Et puis mes petits succès aux échecs m'aident à relever secrètement la tête, à reprendre confiance en la vie.

Cet été-là, pour les grandes vacances, nous partons dans une petite ville d'eaux du Caucase, Zheleznovodsk, soigner les séquelles de mon hépatite. Mes parents emportent chacun une valise de livres, et ma mère, qui a retrouvé des fonctions de professeur, a invité une de ses étudiantes en doctorat, plus fauchée que les autres, Valentina Kim, une Coréenne. Nous louons deux petites chambres chez l'habitant, et en voyant mes parents se détendre, prendre plaisir à se promener sur des sentiers de montagne, à se raconter des anecdotes avec Valentina, je mesure combien notre vie à Leningrad est lourde, pleine de sourdes tensions, de silences à hurler. Il me faudra des années pour approcher peu à peu la mémoire de mes parents, rassembler les quelques photos qu'ils ont pu sauver, et découvrir une partie des cauchemars et des deuils sur lesquels ils se sont construits.

Chaque matin, nous avons une heure de marche pour grimper jusqu'aux fameuses sources. On dit que cette eau minérale a des propriétés salvatrices pour le système digestif. En tout cas, parvenus là-haut, mes parents veillent à ce que leur petite Nadejda boive rigoureusement ses trois ou quatre tasses. En redescendant, nous passons par la bibliothèque me choisir des livres, puis mon père s'arrête au kiosque prendre les journaux, et parfois nous buvons un verre au soleil. Je sais que mon père aime bien se moquer des discours de Brejnev publiés en première page, et s'il croit que je ne peux pas entendre, il chuchote à maman des blagues qui la font sourire. Alors je fais semblant de lire, et parfois j'en attrape une. Celle-ci par exemple : Quelqu'un appelle le cabinet de Brejnev...

— Je voudrais parler à Leonid Ilitch.

— Qui êtes-vous pour déranger notre glorieux Premier secrétaire ?

— Je suis un de ses vieux copains, on a fait nos études ensemble...

— Vous mentez, camarade, notre Leonid Ilitch n'a jamais fait d'études nulle part !

À la rentrée scolaire, je retrouve ma place à l'école anglaise. Et je fais une rencontre : Sacha. J'ai cru comprendre qu'il était juif, et, vérification faite dans le cahier de classe, il l'est en effet. Je l'approche doucement, je rêve qu'il devienne mon ami. Je vais fêter mes douze ans et, à part les mauvais garçons de ma cité, je n'ai jamais eu un, ni une, ami(e). Le problème est que Sacha est d'une gentillesse déconcertante avec tout le monde. Comme il est l'élève le plus doué de la classe, chacun lui demande une explication, du secours, et jamais il ne refuse, même aux plus antisémites qui l'ont insulté la veille. Moi aussi, il m'aide en maths, mais comment en déduire qu'il est mon ami ?

C'est finalement sa mère qui va nous réunir, à l'occasion d'une fête, à l'école. Elle fait partie du collectif des parents d'élèves, et c'est sans doute pourquoi elle est là, parmi les professeurs. La plupart des enfants dansent, ce jour-là, mais moi je fais tapisserie, aucun garçon ne m'invite. Alors je vois venir vers moi la maman de Sacha, qui est lumineuse.

— C'est toi Nadejda ? Nadejda Volf ?
— Oui, madame.
— Sacha m'a parlé de toi. Tu ne veux pas passer à la maison un de ces jours ?
— Oh si ! Bien sûr ! Ça me ferait très plaisir.
— Alors je vais organiser ça, tu viendras goûter. D'accord ?
— Oui, merci beaucoup.

Je me souviens de son sourire, de sa petite caresse sur ma joue, et du flot brûlant qui m'a aussitôt submergé le cœur. C'était un pan de ciel bleu qui s'entrouvrait.

L'invitation m'arrive quelques jours plus tard. Et c'est bien mieux qu'un goûter, c'est une invitation à passer toute la journée, ou peut-être même un weekend, je ne sais plus, dans la datcha des grands-parents de Sacha, à Razliv, sur la mer Baltique. Je peux y aller toute seule, le train qui dessert la côte baltique s'arrête tout près de chez nous.

Ce premier séjour à Razliv est à marquer d'une pierre blanche dans ma vie. Je découvre que l'existence peut être faite de douceur, d'une tendre tranquillité, ce dont mes parents ne m'avaient pas donné l'idée. Tout de suite, les grands-parents de Sacha me regardent comme si j'incarnais la lumière, ils m'appellent *trésor*, ils me disent que j'ai les plus beaux yeux du monde, des cheveux magnifiques, et bientôt ils m'avoueront qu'ils auraient tellement aimé avoir une petite-fille comme moi... Jamais je n'ai entendu de tels compliments, et je me les répète tout bas, je m'en nourris, en même temps incrédule et trop heureuse.

Et commence avec Sacha une amitié précieuse qui va m'accompagner longtemps, et me permettre enfin de parler. De la cruauté du monde, des secrets que je devine derrière les silences de mes parents, de ma solitude, de mes rêves, de nos rêves à tous les deux.

Je dois à Sacha mon initiation à la politique, et la révélation que nous vivons dans un système totalitaire. Je ne le savais pas, par crainte que je le répète mes parents me l'avaient soigneusement caché.

— Moi, quand je serai grand, je m'enfuirai, me confie-t-il un jour. Ce pays, c'est une prison.

— Pourquoi tu dis ça ? On n'est pas en prison...

— Mais t'es bête ou quoi ? Tu ne vois pas qu'on n'a pas le droit de sortir des frontières, pas le droit de dire ce qu'on pense !

— Parce que dans les autres pays on peut sortir quand on veut ?

— Évidemment ! Mais t'es complètement aveugle ! Ils ne te racontent rien, tes parents ?

— Non, je crois qu'ils se moquent un peu de Brejnev, mais ils ne veulent pas que j'entende...

— Et tu ne comprends pas toute seule que Brejnev est un crétin ? On doit être le seul pays au monde dirigé par un débile qui bave sur sa cravate en lisant des discours dont il ne saisit pas un mot sur deux...

J'apprends à rire à mon tour de Brejnev, de sa fascination pour les décorations qu'il s'autodécerne, de ses gaffes, et petit à petit j'apprends à démystifier son discours, celui des autres dirigeants aussi, à entrevoir les mensonges sous les prétendus idéaux.

Ma révolution à l'égard d'Israël m'ouvre brutalement les yeux sur le monde tel qu'il est, et non plus tel qu'on nous l'enseigne.

Je crois que la discussion démarre le jour où Sacha me laisse entendre qu'il voudrait partir pour l'État hébreu.

— Mais ce sont nos ennemis, Sacha, ils nous détestent !

— Nadejda, Israël est le pays des Juifs, comment pourraient-ils nous détester ?

— Ils sont alliés avec les Américains, ils veulent nous faire la guerre.

— C'est nous qui voulons les détruire, idiote ! C'est l'URSS qui ne veut pas d'un État juif... Et toi, tu es juive, et tu répètes comme un petit perroquet ce que dit la *Pravda*.

Au contraire de mes parents qui ne sont pas du tout religieux, les grands-parents de Sacha sont très croyants. J'apprends qu'ils vont à la synagogue en cachette, et je découvre que dans *mon* pays aller à la synagogue peut valoir de gros ennuis. On peut perdre son travail, être convoqué par ce qu'on appelle tout bas « les organes », c'est-à-dire le KGB, être accusé d'anticommunisme, d'actes de sabotage, de trahison, et finalement se retrouver en prison.

Quand j'invitais des amis pour mon anniversaire, personne ne venait. Les Russes ne vont pas chez les Juifs. Sacha vient, lui. Et tout de suite, je vois combien mon père le trouve sympathique. Il est vrai que Sacha inspire confiance et amitié, avec ce regard droit et rieur perché sur ce grand corps un peu maladroit. Papa, si réservé, se détend en sa présence. Et je les entends parler tous les deux comme jamais mes parents n'ont osé parler devant moi.

Ils discutent politique. Sacha est d'une franchise déconcertante, et mon père acquiesce, sourit. Il est heureux, il n'en croit pas ses oreilles. À un moment, il se lève, revient avec un cahier, et lit à Sacha quelques-uns des poèmes qu'il écrit la nuit. Papa est fou de littérature, parfois je l'entends déclamer devant maman, et voilà qu'il a trouvé en Sacha un passionné de poésie.

Un jour, il lui montre son petit poste de radio clandestin, celui avec lequel il écoute la BBC, la nuit. Je connais ce poste, j'ai déjà surpris mon père dans son bureau en train d'essayer de déchiffrer ce que dit le speaker, et chaque fois il m'a mise à la porte comme si je risquais de le dénoncer. Il n'a pas la même appréhension à l'égard de Sacha, et j'en éprouve un petit pincement au cœur. Je devine qu'il regrette de n'avoir pas eu un fils pour partager certains secrets.

Cependant, l'amitié de Sacha contribue à me rapprocher de mon père. C'est grâce à lui que progressivement nous nous mettons à parler de tous ces sujets *dangereux*. Pour la première fois, je peux demander à mon père ce que ça signifie d'être juif. Lui demander de m'expliquer tout ce qui se cache derrière cette prétendue nationalité qui nous vaut d'être traités chez nous comme des sous-hommes. Il me raconte un peu l'histoire du peuple juif, il me prête quelques livres. Je découvre dans quel contexte a été créé l'État d'Israël, je constate que l'antisémitisme remonte à la nuit des temps même si personne n'est capable d'expliquer pourquoi nous, les Juifs, suscitons tellement de haine. Je comprends qu'on peut être juifs athées, comme nous le sommes, ou juifs religieux et pratiquants, comme le sont les grands-parents de Sacha.

Et c'est étrange comme toutes ces explications me font du bien. Je prends conscience que je n'ai rien fait de mal, que mes ancêtres non plus n'ont rien fait de mal, que ça n'est pas ma faute si on me traite de *sale youpine*, et que finalement c'est une injustice, au même titre qu'être condamné pour un acte qu'on n'aurait pas commis. Une injustice, voilà. Et de le savoir, de me le répéter, fait que j'ai moins de dégoût pour moi-même, moins de mépris quand je croise mon reflet dans un miroir. Je ne dis pas que je m'aime, juste que je commence à moins me détester.

— Mais alors, pourquoi ne partons-nous pas pour Israël ? Pourquoi restons-nous dans ce pays qui ne nous veut que du mal ?

Je me rappelle l'embarras de mon père, le jour où je suis entrée dans son bureau avec cette question, comme seule conclusion possible à tout ce qu'il m'expliquait depuis des mois.

— Nadejda, ne parle pas si fort, et ferme la porte, s'il te plaît.

— Pourquoi ne partons-nous pas en Israël, papa ?

— Parce que je ne veux pas te voir mourir de faim.

— Sacha m'a dit qu'en Israël on mangeait très bien.

— Je ne parle pas d'Israël, je parle d'ici. Beaucoup de Juifs ont déjà demandé à partir, Nadejda. Et tu sais ce qui leur est arrivé ? Ils ont perdu leur travail, leur maison, leurs amis, ils ont tout perdu, et aujourd'hui ils meurent de faim dans les sous-sols de Leningrad. On les appelle les *refuzniks*.

Dix-sept ans plus tard, quand mes parents s'envoleront pour Israël, perdant d'un seul coup tout ce qu'ils avaient aimé et construit en URSS, je repenserai à cette scène et au chagrin de mon père. La Russie, à laquelle il avait tout donné, ne lui laissait finalement le choix qu'entre l'humiliation ou la fuite.

La fierté de mon père le jour où je suis consacrée championne d'échecs de Leningrad en catégorie junior ! J'ai treize ans. Michel Noah, mon professeur, se félicite d'avoir misé sur moi. Grâce à mon succès, lui et son club sortent de l'ombre. On parle de nous dans les journaux et, quand on m'interroge, je réponds ce que m'a appris à répéter mon père : *Un jour, je jouerai comme Irina Levitina.*

À quatorze ans, on me fait passer en catégorie adulte. Et, inévitablement, je me retrouve invitée à Moscou pour y disputer un tournoi organisé entre mon club et celui d'un maître réputé, Michel Botvinnic. Je vais découvrir Moscou, jouer contre des adversaires que je ne connais pas, tout me plaît, tout m'amuse. Michel Noah m'accompagne, mais en dépit de son attente, de sa nervosité qu'il ne parvient pas vraiment à me cacher, je me sens légère. Pour moi, ça reste un jeu, une gymnastique qui colle étonnamment bien à la forme de mon esprit. Comme si les échecs avaient été inventés pour moi. Ils sont comme ma langue maternelle, j'ai l'intuition des coups, le sentiment qu'une voix mystérieuse décrypte la stratégie de mon adversaire et me donne chaque fois une bonne longueur d'avance sur lui.

Lors de ce premier voyage à Moscou, je rencontre Garry Kasparov parmi d'autres adversaires. Lui n'a que douze ans, mais Botvinnic le présente déjà comme un phénomène. Dix ans plus tard, il sera champion du monde. Ce tournoi se solde pour moi par un succès, je gagne toutes les parties, et Noah décide de me présenter au championnat d'URSS.

Quelques mois plus tard, nous repartons donc pour Moscou. Mais l'ambiance n'est plus la même. Michel Noah et mon père se sont longuement entretenus avant le départ. Je sens monter la pression, et je crois qu'inconsciemment je leur en veux de me faire porter leurs attentes. Comme s'ils me replaçaient dans un défi de même ampleur qu'à l'académie de danse. Je veux bien disputer des tournois, mais je voudrais rester dans le plaisir, qu'il n'y ait pas d'autres enjeux que la satisfaction immédiate de piéger l'adversaire.

Je passe les quarts de finale, les demi-finales, et j'arrive en finale. Alors l'inimaginable se produit : je vais rencontrer Irina Levitina. Je n'ai que quatorze ans, mais je vais jouer contre Irina Levitina, mon modèle, mon idole ! Je l'ai croisée la veille dans une des salles de l'immense maison de la culture où se déroule le tournoi, et je suis restée interdite devant sa beauté. Elle est fine et très brune, un regard profond, intelligent et tourmenté. Je sais qu'elle est juive, comme moi, et invincible. La nuit qui précède ma première partie contre elle, je n'arrive pas à trouver le sommeil. Je voudrais qu'elle s'intéresse à moi, l'étonner, l'impressionner.

Enfin, nous voilà face à face. Elle répond distraitement à mon sourire. J'aperçois Michel Noah parmi les supporters, mais je l'oublie aussitôt. Il n'y a qu'Irina Levitina qui me passionne. C'est elle, mon défi. J'ai conscience à ce moment que mon destin peut basculer. Je dois accrocher son regard, forcer son intérêt, je veux qu'elle m'ouvre son cœur. Très vite, je monte un complot, j'ai entendu Noah dire à mon père que je suis *une remarquable tacticienne*, eh bien oui, là, je me surpasse. De son côté, à quoi pense-t-elle ? Sans doute qu'elle ne court aucun risque à jouer en face d'une malheureuse gamine. En tout cas, elle ne voit pas venir le coup, et je lui prends un cheval. À cet instant, je suis certaine de gagner la partie, je ne l'ai pas *battue*, il reste neuf autres parties à disputer, mais j'ai tout de même gagné une petite bataille contre la première joueuse du monde : avec un cheval, même si je ne tente plus rien, je suis sûre de l'emporter.

Alors, pour la première fois depuis le début de la partie, je lève les yeux sur elle. Je m'attends à rencontrer son sourire, que j'imagine plein d'admiration, comme celui de mon père quand je viens de lui jouer un tour. Peut-être même va-t-elle me souffler : *Joli coup !* Je lève les yeux, et ce que je vois me bouleverse : les pupilles d'Irina Levitina se sont embuées. Elle ne pleure pas, mais elle est sous le choc. Non pas heureuse de me connaître, mais blessée par ma faute, humiliée.

Je crois que durant quelques secondes j'en reste abasourdie. Et puis me revient tout le dégoût que m'inspire Noah quand je l'entends me pousser, vouloir faire de moi *une tueuse,* comme il dit. Me revient aussi ma tristesse quand je surprends un garçon ou une fille que je viens de battre en train de pleurer dans les toilettes. Et ma décision est aussitôt prise : je ne passerai pas ma vie à faire du mal aux autres. Soudain, je renverse mon roi, et je m'entends dire : *Je ne peux plus jouer... J'ai mal au ventre...* Je me lève, et je quitte la pièce en courant.

J'entends l'exclamation stupéfaite de Noah, et bientôt ses pas derrière moi. Pourquoi est-ce que je sanglote ? Il me rattrape, me saisit par les épaules, me supplie d'aller reprendre ma place, Irina Levitina n'a pas bougé, paraît-il, et le juge m'attend. *Nadejda, tu n'as pas le droit de partir, tu étais en train de gagner. Retourne immédiatement à ta place...* Je fais non de la tête, obstinément, noyée dans les larmes. Alors Noah s'énerve, il menace d'appeler mon père à Leningrad, me secoue, me supplie. Mais c'est non. *Non, monsieur Noah, jamais je n'y retournerai.*

Mon père débarque du train le lendemain matin. Il est ulcéré. *Je ne te reconnais pas, tu n'es pas digne d'être une Volf, une Volf n'aurait pas baissé les bras...* Et à la fin, tout bas, comme s'il soupçonnait soudain quelque chose :

— Mais si tu veux arrêter, Nadejda, si tu veux *vraiment* arrêter, c'est une décision qui t'appartient.
— Je veux arrêter, oui. Et maintenant, retournons à la maison, s'il te plaît.

Je ne devais plus toucher un échiquier jusqu'à mon entrée en faculté de médecine.

# 3.

## *Maria Sergéevna*

Alors le destin m'envoie Maria Sergéevna, et enfin ma vie prend un sens. J'ai failli être danseuse, j'ai failli être championne d'échecs, je vais choisir de devenir médecin grâce à Maria Sergéevna.

Notre rencontre est une longue histoire, et aujourd'hui que mon père n'est plus là, il me plaît d'imaginer que sans lui nos chemins ne se seraient sans doute jamais croisés. Comme si Maria, autant qu'un cadeau du destin, était un cadeau de mon père.

Le 30 décembre 1975, nous partons en famille fêter le nouvel an chez des amis. C'est une première. D'habitude, nous le fêtons entre nous, sobrement, dans notre petit appartement. Cette fois, mes parents ont accepté de se déplacer parce que l'invitation émane d'un couple de comédiens âgés qui leur est très cher, Vassili Mercuriev, étoile du cinéma russe, et Irina Meyerhold, femme de théâtre et fille de l'inoubliable metteur en scène Vsevolod Meyerhold, arrêté et assassiné en 1940 sur l'ordre de Staline.

Irina et Vassili habitent loin de Leningrad, sur le lac Vooxa, en Carélie. Nous devons prendre le train, et en début d'après-midi nous nous installons dans un wagon glacial aux sièges de bois inconfortables. Manifestement, le chauffage doit être en panne, mais c'est l'unique train dans notre direction.

Nous franchissons d'immenses étendues silencieuses et blanches, nous longeons des lacs dont le gel a figé les eaux, nous traversons des forêts, et on dirait parfois que les arbres, brusquement réveillés par le passage du train, nous saluent gentiment en nous bombardant de neige. Le voyage pourrait être féerique si la température n'était pas de – 30 °C à l'intérieur du wagon.

Arrivés à Gromovo, le village le plus proche de chez nos amis, nous quittons le train pour emprunter le sentier qui grimpe jusqu'à leur jolie maison. Il nous reste cinq kilomètres à parcourir dans la neige tandis que la nuit tombe.

Le lendemain, 31 décembre, nous devons préparer la fête tous ensemble, mais mon père se réveille brûlant de fièvre. Et puis il tousse d'une façon qui inquiète aussitôt maman. Blessé aux poumons pendant la guerre, il a gardé une fragilité respiratoire chronique qui se manifeste en particulier par des crises d'asthme.

Ou trouver des antibiotiques ? La maison est loin de tout, et Vassili décide de demander du secours à la base militaire où il est évidemment connu, comme dans tout le pays. Parce que c'est lui, le médecin militaire accepte de se déplacer. Il examine mon père, diagnostique une pneumopathie, et décide de lui injecter *un nouvel antibiotique,* dit-il, dont les résultats seraient très encourageants.

Quelques minutes après le départ du médecin, mon père commence à s'étouffer. Il faut l'asseoir, il suffoque, son visage devient bleu. On rappelle aussitôt le médecin qui revient d'urgence. Il conclut à une allergie à l'antibiotique et, comme il n'a pas l'antidote, il propose de nous faire rapatrier immédiatement à Leningrad à bord d'une ambulance militaire.

Ce voyage de retour est très angoissant. Papa ne parvient à prendre qu'un tout petit filet d'air, et il lutte pour ne pas suffoquer. Il est gris, les narines dilatées, les yeux voilés par la fièvre. Au silence de maman, qui ne lui lâche pas la main et dont le regard est complètement altéré, comme figé par l'effroi, je comprends que nous vivons des moments dramatiques, et je compte les minutes.

Maman refuse de le laisser conduire à l'hôpital, une nuit de nouvel an où il n'y aura personne pour le soigner, et les militaires nous déposent à la maison. Là, ma mère appelle le meilleur ami de papa, patron d'un service de chirurgie, le professeur Félix Baluzek. Et Félix arrive aussitôt, accompagné d'un pneumologue, professeur de médecine. Il confirme la pneumopathie, aggravée par une violente crise d'asthme, et installe une perfusion. Selon lui, l'état de mon père va sensiblement s'améliorer dans la nuit. Maman reste à côté de lui et, un peu rassurée, je m'endors.

Mais au milieu de la nuit, ça va de plus en plus mal. Maman me réveille, et je cours jusqu'au dispensaire, à l'autre extrémité de la cité. Le médecin de garde me suit jusqu'à la maison, il fait une nouvelle injection, et nous laisse sur un diagnostic réservé.

La journée du lendemain s'engage de façon affolante. Papa n'a pas dormi de la nuit et, à présent, il ne supporte plus que la position assise. Il suffoque, son cou est gonflé, l'épuisement et la mauvaise oxygénation semblent petit à petit venir à bout de ses forces. Dans ce genre de situation, maman s'enferme dans le silence. Elle n'a pas l'idée de venir vers moi, d'essayer de m'expliquer, de dire peut-être quelques mots rassurants. Non, comme à la veille de ma propre hospitalisation, je l'entends appeler fébrilement tous ses amis médecins, et le fidèle Félix Baluzek revient à la maison flanqué d'un nouveau pneumologue.

Je ne sais pas combien de spécialistes défilent à la maison en deux ou trois jours. C'est moi qui leur ouvre notre porte, et chaque fois je les accompagne, pleine d'espoir, jusqu'au chevet de mon père. Ils prennent tout le temps de l'examiner, rédigent une ordonnance, et je cours à la pharmacie. La pièce est encombrée de médicaments, mais aucun ne semble capable de soulager mon père. Il passe ses nuits assis, ne dort plus, ne parle presque plus. Sa main, que je garde dans la mienne comme si je pouvais lui transmettre ma chaleur, est maintenant grise et froide, et ses doigts raidis ressemblent à des pousses de bambou.

Maman ne le quitte plus et, très lentement, sans que j'y prenne garde, l'idée que papa pourrait mourir m'entre dans le cœur. Je vois bien que tous ces grands professeurs sont impuissants à le sauver. Je vois surtout l'inquiétude de Félix Baluzek, en dépit de sa jovialité. Au début, il arrivait en plaisantant : *Alors, Liocha, tu respires encore ?* (Liocha, c'était le surnom de mon père pendant la guerre.) À présent, il feint de ne pas perdre sa bonne humeur, mais il est évident qu'il est de plus en plus soucieux. *Je repasse ce soir*, me souffle-t-il en partant, et aussitôt la porte refermée je ressens combien nous sommes seuls, perdus.

Et ce soir-là, en effet, on sonne à notre porte. Je m'en souviens, c'était un samedi, vers huit heures. J'ouvre : c'est encore Félix avec son beau sourire. Mais, cette fois, il est accompagné d'une femme menue au regard triste. Sans doute me la présente-t-il, je n'écoute pas, parce que je sens l'urgence de conduire Félix auprès de mon père.

— Liocha, dit-il, arrivé dans la chambre, je t'amène quelqu'un qui va te faire respirer. Tiens, je te présente Maria Sergéevna Shamshina, elle travaille dans le même hôpital que moi...

Papa fait un pauvre sourire à cette femme qui semble presque confuse d'être là. Elle s'approche, s'assoit sur le bord de son lit, et lui prend le pouls. Félix est retourné dans le fond de la pièce, maman et moi nous taisons. Est-ce qu'elle aussi va rédiger une énième ordonnance après avoir constaté que papa souffre d'une pneumopathie, aggravée de diverses complications aux noms imprononçables ? Mais non, voilà que sans lâcher le pouls, elle se met à parler comme si elle connaissait papa depuis toujours. Elle dit : *Vous avez eu la malaria, n'est-ce pas ?* et mon père confirme qu'il a eu la malaria pendant la guerre. Elle dit : *Et le scorbut, également,* et papa confirme qu'il a bien eu le scorbut pendant le siège de Leningrad.

— Et qu'est-ce qui est arrivé à votre estomac ? demande-t-elle doucement.

— Pourquoi me parlez-vous de mon estomac ? s'étonne mon père. Ce sont les poumons qui me tuent.

— Oui, mais votre estomac ne va pas bien non plus.

Alors papa se rappelle qu'il a eu un ulcère à l'estomac, l'année de ma naissance.

— Mais comment savez-vous tout ça ?

Elle cherche son regard et, au lieu de répondre à sa curiosité, se met à lui expliquer par quel enchaînement il est dans cet état aujourd'hui.

— Votre foie a été affaibli par la malaria, dit-elle. Il ne fonctionne plus très bien, et de ce fait il ne parvient pas à éliminer l'antibiotique qui vous a été injecté. Vous faites une réaction allergique qui s'est portée sur les poumons et provoque les spasmes des bronches qui vous empêchent de respirer.

Papa acquiesce.

— Et il n'existe aucun moyen d'arrêter ces spasmes, n'est-ce pas ?

— Si, je vais essayer de vous soulager.

Comme je suis à la tête du lit de mon père, Maria Sergéevna me prie de lui enlever son tricot de corps. Je me rappelle ce tricot, froissé et mouillé par une longue journée de fièvre. Pendant ce temps-là, la femme a sorti de son cartable un petit bâton qu'elle trempe dans un liquide coloré pour marquer des points minuscules sur le corps de mon père. Puis, très vite, elle plante des aiguilles dans chacun de ces points.

Papa se laisse faire, et comme il n'a pas la force de tenir seul assis, c'est moi qui le maintient pendant que Maria Sergéevna place ses aiguilles. Elle voit que je suis inquiète, que je fais tout mon possible pour aider mon père, et à l'instant où nos regards se croisent, elle me sourit imperceptiblement. Trente années se sont écoulées depuis ce sourire, mais je ne l'ai pas oublié. Il exprimait déjà tout ce que j'ai appris à aimer en Maria par la suite : l'attention aux autres, la droiture, la modestie. Elle ne me connaissait pas, pourtant déjà elle semblait me considérer, et m'encourager.

Puis elle prend une chaise et se tient silencieuse au chevet de son malade. Alors, dans cette chambre où plus personne ne bouge, où l'on est suspendu depuis des jours aux halètements sifflés de mon père, il se produit une chose incroyable : la respiration de papa semble petit à petit s'apaiser. Mais c'est si fragile, si *presque rien*, comme on s'en fera la réflexion plus tard, que ni ma mère ni moi n'osons dire quoi que ce soit.

Puis Maria Sergéevna retire ses aiguilles et demande à se laver les mains. C'est moi qui la conduis à la salle de bains et lui présente la serviette. Elle renfile son manteau, un manteau gris, noué sur le devant par une ceinture, je m'en souviens encore, salue doucement mon père, et repart vers le vestibule sur les pas de Félix.

— Est-ce que vous reviendrez, madame ?
— Oui, demain matin à neuf heures.

Cette nuit-là, je me réveille, comme chaque nuit, et je vais pieds nus jusqu'à la chambre de mon père. Je m'attends à trouver sa lampe allumée, et maman à son chevet. Mais la pièce est plongée dans l'obscurité et la porte vitrée fermée. Je colle mon visage à l'un des petits carreaux et ce que j'aperçois me laisse un instant interdite, de surprise, de bonheur : à demi allongé, papa s'est enfin endormi !

Le lendemain matin, à neuf heures moins le quart, je suis près de la porte. Je la garde entrouverte avec mon pied pour entendre les pas dans les escaliers. J'ai envie de rire et de pleurer, de courir à travers les étages en criant que papa est sauvé, que la vie est tellement belle, finalement, et je n'ai personne pour partager mon soulagement. Maman ne me voit plus, elle semble s'être enfoncée dans une sorte d'hébétude au fil de ses nuits blanches. À neuf heures précises, je reconnais le grincement rouillé de la porte du bas. Et des pas légers résonnent sur les marches de ciment.

Maria Sergéevna a un mouvement de surprise en me découvrant sur le palier, et cette gravité, que je surprends pour la seconde fois dans son regard, me retient de lui sauter au cou. Mais tout de même, je bondis vers elle :

— Il a dormi ! Il a dormi toute la nuit !

Elle s'est immobilisée, et peut-être parce qu'elle est essoufflée, elle ne fait qu'acquiescer silencieusement, presque froidement. Alors je lui prends le poignet, et moi qui suis si timide, toujours prête à m'excuser d'exister, je m'entends dire ces mots qui me sortent de la poitrine comme un torrent :

— Oh merci ! Merci ! Vous avez sauvé mon père, je suis tellement contente ! Jamais je ne vous oublierai !

Maria me laisse dire, je ne croise qu'une petite lueur d'amusement, ou peut-être simplement de curiosité, dans ses prunelles, et brusquement j'ai honte de mon excitation. Je m'arrête, je lui rends son poignet, et je m'efface pour la laisser entrer.

Le sourire de mon père lorsqu'il l'aperçoit ! Jusqu'à la fin de mes jours j'aurai ce sourire dans un coin de mon cœur. Papa, qui n'avait plus la force de rien, a retrouvé comme par miracle celle de sourire. Et de charmer ! Maria Sergéevna lui tend la main, et mon père porte cette main à ses lèvres, exactement comme s'il accueillait une visiteuse de marque en bas du grand escalier de l'Institut de chimie...

Tout recommence comme la veille au soir. Maria Sergéevna écoute silencieusement le pouls, et j'ai à ce moment-là le sentiment qu'elle en apprend plus long sur la maladie de mon père qu'en l'interrogeant. D'ailleurs, elle ne lui pose aucune question. Puis elle examine ses yeux, sa langue, et ça y est, elle sait ce qu'elle doit faire. Elle sort de son cartable sa petite pointe de bois, son liquide coloré, et entreprend de marquer les points qu'elle va piquer. Puis, très vite, elle plante ses aiguilles. Et, comme la veille, c'est moi qui aide mon père à se tenir assis quand il doit présenter son dos et, comme la veille, Maria me remercie d'un imperceptible sourire.

À la fin de la séance, je la conduis à la salle de bains, la regarde se laver les mains, lui présente la serviette, et tout au long de ce cérémonial je cherche fébrilement les mots pour lui demander ce que j'ai décidé de lui demander. Ça ne m'est pas venu subitement, comme un champignon après la pluie, non, je crois que cela a germé dans mon esprit à partir du moment où j'ai vu que mon père dormait enfin, au milieu de la nuit. Mais les mots ne me viennent pas, et la réserve de cette femme, tout habillée de noir, ne me facilite pas les choses.

Voilà, c'est fini, elle enfile son manteau, elle va s'en aller. Alors, précipitamment, sur le seuil, je me lance :

— Madame, je vous remercie beaucoup... Je... je vous admire... Est-ce que je peux vous demander quelque chose, s'il vous plaît ?

Elle acquiesce d'un regard silencieux.

— Je voudrais que vous m'appreniez à soigner avec les aiguilles...

— Que je t'apprenne à soigner avec les aiguilles ? Mais je n'ai pas le temps !

— Je vous regarderai seulement... Je ne vous dérangerai pas...

— Mais quel âge as-tu ?

— Quatorze ans.

— Soigner avec les aiguilles, ça s'appelle l'acupuncture. Et pour pratiquer l'acupuncture, il faut être médecin.

— Je deviendrai médecin, je vous le promets ! Mais je voudrais d'abord que vous m'appreniez l'acupuncture.

Elle se tait, m'observe de loin comme si je l'embêtais, décidément, et l'idée me traverse qu'elle va s'en aller, qu'elle ne m'aime pas, qu'elle me trouve prétentieuse et idiote. Mais non, une petite lumière vient de s'allumer dans ses yeux.

— Écoute, me dit-elle, je n'ai pas le temps de t'apprendre quoi que ce soit mais si tu veux venir voir ce que je fais, tu peux venir. Je travaille dans le même hôpital que Félix, l'ami de ton père. Tu sais où il est, n'est-ce pas ? Demande-moi à l'entrée. J'y suis de sept heures du matin à sept heures du soir.

L'hôpital est au fond de l'île Vassilievski, dans un quartier que je ne connais pas. Penchée sur un plan de Leningrad, dans la minute qui suit le départ de Maria Sergéevna, je repère quelles lignes de tramway je dois emprunter. Il peut y en avoir pour trois quarts d'heure, peut-être une heure, cependant ma décision est prise.

Cette journée de dimanche, je la passe sur un petit nuage. J'ai conscience que ma vie vient de basculer, mais il me semble que mon cœur est trop petit pour contenir tous les trésors qu'envisage ma tête. Je me suis entendue dire que j'allais devenir médecin, et soudain c'est si évident pour moi que je me demande comment j'ai pu vivre jusqu'à présent loin de ce rêve. Danseuse, championne d'échecs... tout cela me paraît brusquement tellement loin de ce que je suis. Bien sûr qu'il y avait de quoi être malheureuse ! Et tomber malade... Et vouloir mourir... Mais *soigner* ! Comment ne pas être emportée par le désir de vivre quand on se destine à *soigner* ? Et je suis emportée ! Et tout ce dimanche, je vais du chevet de papa, qui récupère ses forces dans le sommeil, au bureau de maman, qui a retrouvé un semblant de paix. Je m'assure qu'ils sont là, bien vivants tous les deux, tout en pensant à Maria Sergéevna sans cesse. À cette force mystérieuse qui émane d'elle. Elle a le pouvoir de soulager, de guérir. Elle est donc celle qui apporte l'espoir et la lumière. Si le destin a voulu que je croise sa route, c'est que je dois mettre mes pas dans les siens. Je serai celle qui apporte l'espoir et la lumière. Je me cognais la tête contre les murs de la vie, et subitement je me sens appelée, je n'ai qu'à tendre l'oreille, la voix est là.

Ce lundi matin d'hiver, je me lève donc un peu avant six heures et je pars pour l'hôpital. Il a neigé dans la nuit, en contrebas de mon immeuble Leningrad semble figé dans un halo cotonneux. Il fait très froid, peut-être – 30 °C, le vent me coupe le souffle, et néanmoins je ne peux pas m'empêcher de courir. Je suis tellement contente ! Nous ne sommes pas nombreux dans le tramway, mais je me rappelle combien les visages autour de moi me semblent tristes tout à coup. Est-ce qu'avant-hier encore j'étais l'un de ces visages ? Ce matin, je me fais déjà l'effet d'être une autre, comme si ma découverte de la veille me permettait de regarder la vie différemment. Ni la nuit ni le vent glacial qui fouette le tramway quand nous longeons la Neva, couvrant les vitres d'une poussière de givre, ne parviennent à entamer mon enthousiasme. Et pourtant, plus nous approchons, plus je sens mon cœur à l'étroit. Et si Maria Sergéevna ne m'attendait pas ? Et si elle n'avait lancé cette invitation que pour se débarrasser de moi ?

Nous nous enfonçons dans l'île Vassilievski, ce ne sont plus maintenant que des usines aux chemins de ronde grillagés, dont les cheminées et les grues dessinent dans le ciel encore sombre un chaos inextricable. Des femmes et des hommes se croisent sans se regarder sur les trottoirs enneigés, formant parfois, ici ou là, une file d'attente sous une flaque de lumière crue. Enfin, nous arrivons à l'hôpital. Ici aussi, des gens patientent sous des néons. Pendant quelques minutes, je lis fébrilement tout ce qui est écrit sur les murs, j'ai peur de demander, qu'on me dise de rentrer chez moi. J'ai l'espoir de trouver le nom de

Maria, je trouve celui de Félix Baluzek, mais nulle part il n'est mentionné de docteur Shamshina. Je finis par interroger une femme qui passe la serpillière, et, par chance, elle connaît Maria Sergéevna. Sa consultation, me dit-elle, se trouve au sous-sol.

L'hôpital est très vieux, et le sous-sol encore plus misérable que le hall d'entrée. Mais en effet, sur la gauche, quelques personnes patientent dans une pièce carrelée. J'entre, et par la porte entrouverte je reconnais Maria de dos dans son cabinet de consultation. Alors, très vite, je pousse la porte, comme on se jette à l'eau :

— Bonjour ! C'est moi ! Je suis venue !

Maria se retourne et me regarde sans qu'aucun trait de son visage manifeste quoi que ce soit, et puis elle jette un coup d'œil à sa montre.

— C'est bien, tu es à l'heure.

— Qu'est-ce que je peux faire ?

— Tu vas commencer par enlever ton manteau et mettre cette blouse. Et puis tu vas me regarder. Et te taire. Si tu as des questions à poser, tu le feras plus tard, quand nous serons seules.

Le cabinet est tout petit. Un bureau, un lavabo, une armoire métallique, et deux tables de soin séparées par un rideau. Maria prend alternativement deux femmes, puis deux hommes. Les patients se déshabillent et s'allongent. Je la regarde faire, un peu en retrait, comme si j'étais une élève infirmière. Elle prend le pouls, pose peu de questions, puis marque les points et pique. Pendant qu'un patient est en traitement, elle se préoccupe de l'autre. Ensuite, elle retire les aiguilles au premier, lui donne un nouveau rendez-vous si besoin, et il peut se rhabiller. Soigner deux malades lui prend une demi-heure.

À huit heures, je pars pour l'école où je retrouve Sacha. Est-ce que je lui annonce que je veux devenir médecin ? Non, je crois me souvenir que je garde mon secret plusieurs jours.

Le lendemain matin, je suis de retour à l'hôpital à sept heures. Maria me salue sans un mot, je pose mon cartable, j'enlève mon manteau, j'enfile ma blouse, et je repasse une heure à la regarder travailler. Mais j'ai repéré comment je peux l'aider. J'ai remarqué que son cabinet est glacé quand elle arrive, et qu'elle perd dix bonnes minutes à tout préparer avant de faire entrer ses premiers patients.

Désormais, j'arrive donc un quart d'heure plus tôt. Je mets le chauffage, puis je retire les aiguilles de l'alcool et je les classe par taille. Ensuite, je prépare les bâtonnets pour marquer les points, j'enveloppe la pointe dans du coton, je vérifie la teinture d'iode. Enfin, en fonction du carnet de rendez-vous, je sors les dossiers et les place sur son bureau dans le bon ordre. Quand elle arrive, je vois qu'elle est surprise de découvrir sa pièce chaleureuse, mais elle ne fait pas de commentaires. Qu'est-ce qu'elle pense ? Sans doute que je suis sujette à un emballement, et qu'après deux ou trois semaines je vais l'abandonner pour passer à autre chose. Et moi, au contraire, je vis dans la frayeur que ce soit elle qui m'abandonne. Qu'est-ce que je deviendrais si je l'entendais un matin me dire : *Maintenant, ça suffit, tu en as assez vu, rentre chez toi et laisse-moi travailler en paix* ? Ce serait bien plus violent encore que mon exclusion de l'académie de danse. C'est pourquoi je tente par tous les moyens de me rendre utile et, au-delà, d'attirer son regard. Je rêve de son estime, je rêve de l'entendre me féliciter, elle est devenue mon modèle, mon étoile, et j'attends vainement qu'elle me reconnaisse.

À la maison, en revanche, la reconnaissance est immédiate, et je vois par là, aujourd'hui, combien mon père et ma mère sont singuliers. Quels parents accepteraient qu'une enfant de quatorze ans sacrifie une partie de ses nuits, et peut-être de sa scolarité, pour courir tous les matins à l'hôpital observer une consultation d'acupuncture ? Les miens sont enthousiasmés par ma vocation précoce. Maman rêvait de me voir médecin, et le fait que je travaille dès l'aube à l'hôpital, en plus de l'école, ne la choque pas, elle qui travaille nuit et jour. Mon père est heureux que j'aie enfin trouvé ma place. Et puis l'un et l'autre, qui ne savaient rien de l'acupuncture avant de rencontrer Maria, sont restés sous le choc. Après avoir vu plusieurs médecins échouer, ils ont été impressionnés par l'efficacité de la *médecine chinoise* et, en bons esprits scientifiques, l'ont aussitôt acceptée comme une approche différente du corps et de la maladie. D'ailleurs, dès qu'il tiendra sur ses jambes, mon père refusera de déranger Maria, et il viendra la consulter à l'hôpital.

Je ne suis plus la même à partir du jour où *j'entre* en médecine (clandestinement, par le sous-sol de l'hôpital...). J'ai trouvé ma place, je sais enfin pourquoi le destin a voulu que je naisse, et du jour au lendemain je me regarde différemment. Je n'ai plus envie de mourir parce que je me trouve trop grosse, inutile, et de surcroît ridicule avec ma natte dans le dos. La découverte de ma vocation m'apporte une forme d'estime pour moi-même, comme si ma mission future (soigner, soulager) rejaillissait déjà sur l'adolescente que je suis. Sans doute cette révolution secrète me fait-elle également regarder les autres différemment, et en particulier les élèves de ma classe. En tout cas, c'est cette année-là, alors que je suis en seconde, que je me fais ma première amie, Irina.

C'est notre passion commune pour la poésie qui nous permet de nous rencontrer. Au milieu de l'hiver, une élève meurt de leucémie, et comme je le fais quand la vie me semble trop cruelle (ou trop belle !), j'écris un poème. Un petit comité organise un moment de recueillement, et je lui remets mon texte. Je me sens trop timide pour le lire moi-même, mais je veux bien qu'une fille le dise à voix haute. De toute façon, il n'est pas signé.

Mon texte est lu, et le lendemain Irina m'aborde très gentiment. C'est une grande fille blonde, élégante et belle, et jusqu'ici elle ne m'avait jamais adressé la parole. Elle me dit qu'elle est allée demander au comité de qui était le poème, qu'elle est très touchée par ma sensibilité, par ma façon d'exprimer les choses. Et moi, bien sûr, je rougis. Jamais personne ne m'a fait un tel compliment. Alors je l'interroge sur ses poètes préférés et nous nous découvrons des émotions communes.

Dans les jours suivants, nous échangeons des poèmes. Je garde précieusement ceux qu'elle m'offre, comme on prend soin des confidences les plus secrètes. Non seulement Irina est ma première amie, mais elle n'est pas juive. C'est comme si le monde autour de moi sortait brusquement de la nuit pour me laisser entrevoir une petite porte vers le soleil. Je m'accroche à son sourire, à sa beauté, et je me sens grandir.

Un matin, elle propose que nous allions au cinéma, et ce matin-là nous séchons les cours. Un autre, elle arrive avec un recueil de poèmes d'Anna Akhmatova, et nous passons l'heure du déjeuner à le lire à voix haute :

> *Une dernière fois nous nous sommes revus*
> *Sur le quai où c'était notre habitude.*
> *Les eaux de la Neva étaient en crue*
> *Et l'on craignait l'inondation de la ville.*
>
> *Il parlait de l'été, et il trouvait*
> *Absurde qu'une femme fût poète.*
> *Elles sont gravées en moi, la demeure des tsars*
> *Et la forteresse impériale !*

Je l'accompagne chercher sa petite sœur à l'école maternelle, et sa petite sœur devient à son tour mon amie. Je lui offre un gâteau, je l'écoute avec ravissement nous raconter sa matinée, et à travers elle je devine ce que peut être une famille, une vraie famille, avec les parents d'un côté, et les enfants de l'autre. Les enfants solidaires, insouciants et joyeux, parce que les parents les protègent des griffes acérées du monde. Ma famille à moi n'en est pas vraiment une, je le comprends en observant celle d'Irina. Moi, je me sens responsable de mes parents, je vis dans la peur qu'il leur arrive quelque chose, et, par-dessus tout, dans la peur que *par ma faute* il leur arrive quelque chose. Je n'ai pas la légèreté d'Irina.

Grâce à elle, je découvre l'adolescence. Je veux dire le souci d'élégance, l'envie d'être fille, le désir inavoué, et inavouable, d'attirer le regard des garçons. Je n'éprouve pas de tels sentiments, le seul garçon que je connaisse alors est Sacha, et entre lui et moi il n'y a rien de sensuel. Cependant, Irina, qui, elle, attire les garçons, me fait prendre conscience que je suis en train de passer à côté de l'adolescence, sans y entrer. Et moi qui n'ai jamais pris garde à mes vêtements, voilà soudain que je me trouve affreusement mal habillée. Je regarde les autres filles de ma classe, et toutes ont fait le saut. Elles transgressent l'uniforme, se colorent les yeux et les lèvres, ont appris à marcher. Moi, je me fiche bien de tout ça, et d'ailleurs je n'ai pas le temps : je suis sûrement la seule à me réveiller chaque matin à cinq heures et demie pour courir à l'hôpital…

Irina, Sacha, Maria… À la veille du drame qui va me renvoyer à une profonde solitude, je suis parvenue à jeter des ponts vers la vie. À l'école, on me rappelle souvent que je suis juive, mais on ne m'insulte plus. L'amitié d'Irina, mes bons résultats, la certitude d'avoir trouvé en la médecine ma place dans ce monde – tout cela a contribué à m'imposer. Je passe en classe de première avec « les félicitations », et je peux presque croire alors que je suis devenue une fille comme les autres.

C'est sans doute cette illusion qui me pousse à me lancer. Notre nouvelle professeur d'histoire, une vieille fille aigrie qui ne semble pas aimer la jeunesse, passe son temps à nous traiter d'*imbéciles*, de *petits cons*, de *bons à rien*... Nous en parlons beaucoup entre nous, nous sommes tous révoltés, mais personne n'imagine un moyen de riposter.

Sauf moi. L'idée me vient pendant l'un de ses cours, et à la sortie, sur le trottoir, devant l'école, j'évoque pour la première fois l'hypothèse d'une grève.

— Elle n'a pas le droit de nous traiter comme ça ! dis-je. Elle nous humilie, elle nous traîne dans la boue, et nous on se laisse faire comme si on n'avait aucune fierté...

— Et qu'est-ce que tu veux qu'on fasse ?

— On doit lui montrer qu'on n'est pas des chiens.

— T'as raison, Volf. D'ailleurs, j'en ai parlé à mes parents, ils m'ont dit qu'ils allaient appeler la direction.

— C'est à nous de réagir, pas à nos parents. Moi, je propose qu'on boycotte son prochain cours.

Il y a un silence. Presque toute la classe est maintenant rassemblée sur le trottoir, et je sens le poids des regards sur moi.

— Ça veut dire quoi, qu'on boycotte son prochain cours ?

— Ça veut dire qu'on se donne tous rendez-vous dans le café en face et qu'elle va se retrouver toute seule devant nos chaises vides ! Voilà ce que ça veut dire !

Une voix :

— Ça, c'est pas idiot.

Une autre :

— Non, c'est vrai, mais alors il faut être sûr que personne ne va y aller...

Alors moi :

— Pourquoi quelqu'un irait si on se met tous d'accord avant ? Personne n'ira, ça, j'en suis sûre.

— Volf a raison. On prépare bien le truc, et cette fois la direction sera obligée de réagir.

— Ouais, toute une classe contre un prof, ça, c'est pas mal... Tu choisis le prof ou la classe ?

Très vite, mon idée fait l'unanimité, et nous nous séparons pressés d'en découdre, et très excités.

Toute la soirée, le téléphone sonne à la maison. Je suis seule, ça tombe bien. Beaucoup d'élèves m'appellent pour que je les tranquillise, ou pour comprendre comment les choses vont se passer. J'explique que le surlendemain, à l'heure précise où doit démarrer le cours d'histoire, nous nous donnons tous rendez-vous au café. On m'écoute, on me fait confiance, et pour la première fois de ma vie je me sens acceptée, estimée.

Cette nuit-là, je suis tellement heureuse que je ne parviens pas à dormir. Des bribes de conversations me tournent sans cesse dans la tête, des éclats de rire, des *Ça va être formidable !* des *Je t'embrasse, Nadejda*. Je n'en reviens pas de voir combien ils sont gentils avec moi, et je voudrais crier sur les toits que je les aime tous, que j'aime la vie.

C'est cette envie de partager ma joie qui me pousse le lendemain soir à tout raconter à ma mère. Je n'attends pas d'encouragements, j'ai simplement besoin de soulager un peu mon cœur qui explose, et je crois que confusément je veux rassurer maman sur ma place à l'école, lui montrer combien on m'aime, après m'avoir tellement haïe.

Et je raconte. Et je vois ma mère pâlir, se tenir le cœur. Plus j'avance, plus ses traits se défont. D'ailleurs, elle ne me laisse pas finir, elle s'empare du téléphone et appelle mon père. Je l'entends expliquer toute l'affaire d'une façon si dramatique que je ne reconnais pas mon histoire.

Enfin, elle raccroche, et d'une voix blanche :

— Est-ce que tu es consciente de ce que tu fais, Nadejda ?

— Mais maman, elle nous insulte, elle nous traite de *petits cons* !

— À cause de toi, ton père et moi allons perdre notre travail...

— Mais non ! Pourquoi ?

— Tu vas nous tuer, Nadejda, voilà ce que tu vas faire. On va nous chasser de notre travail, on va devoir rendre l'appartement, tout ce que nous avons construit va s'effondrer. À cause de toi, de ton égoïsme.

— Mais comment peux-tu dire ça ? Pourquoi vous perdriez votre travail ?

— Tais-toi ! Je ne veux plus t'entendre ! Plus un mot ! Je t'interdis de faire cette grève, tu m'entends ? Je te l'interdis ! Demain matin, tu iras en classe.

— C'est impossible, maman, les autres comptent sur moi. C'est moi...

— Et tu nous tuerais pour ne pas lâcher les autres ?

— Maman !

— Demain, tu iras en classe. Je te l'ordonne. Va-t'en, maintenant, j'ai du travail.

Je quitte sa chambre en titubant, comme si on m'avait rouée de coups. Le sang me cogne violemment aux tempes. Je pourrais hurler, me fracasser la tête contre les murs, me jeter par la fenêtre. Je crois que toutes ces images me traversent en même temps, et pendant un moment je tourne sur moi-même, enfermée dans ma chambre.

Puis j'appelle Irina. Je ne sais pas ce que j'attends d'elle, mais je sais que si je ne l'appelle pas il va se passer quelque chose de très grave. Mon cœur va s'arrêter de battre, ou ma tête va exploser, ou je vais devenir aveugle et sourde... J'ai besoin d'Irina, je l'appelle au secours.

— Irina, il faut que je te parle... Mes parents... mes parents exigent que j'aille en classe demain.

— Mais tu es folle ! Tout le monde est prévenu, on se retrouve tous au café !

— Ils disent que si je fais ça ils vont mourir, Irina.

— Mourir ! Mourir parce que tu rates un cours ?

— Qu'ils vont tout perdre, qu'on nous chassera de notre appartement...

— Mais tu ne peux pas croire ça !

— Je ne sais pas...

— Eh bien, dis-leur que tu vas en classe et rejoins-nous au café.

— Je ne peux pas leur faire ça, je ne leur ai jamais menti.

— Nadejda, tu ne peux pas nous faire ça *à nous*, tu ne *peux pas* ne pas venir... C'est impossible. C'est tout simplement impossible.

— Alors c'est moi qui vais mourir.
— Ne dis pas de bêtises. Tu t'en fiches de ce que pensent tes parents, viens, et c'est tout.

Cette nuit-là, il me semble que toute la destinée des Volf me traverse le cœur. Le pogrom de 1919 où l'on brûla notre maison, où les miens furent pillés, battus, chassés à coups de fouet. Les miens, je veux dire les parents et les frères et sœurs de mon grand-père Abraham. Et pourtant, en dépit de ce malheur, la gloire d'Abraham, devenu lieutenant-général dans l'armée Rouge, puis sa déportation, son anéantissement. Alors la mort tragique de ma grand-mère Lisa, séparée d'Abraham, enfermée avec ses deux enfants dans Leningrad assiégée. Pourtant, aussitôt le siège levé, la bravoure de mon père, comme pour tenter encore une fois de nous racheter d'être juifs... Mais en dépit de ses campagnes, de ses décorations, la fermeture du laboratoire de maman, indigne d'être russe, n'est-ce pas, puisqu'elle continuait d'être juive... On voulait bien que les Juifs versent leur sang pour la Russie éternelle, mais une fois la Russie sauvée, on ne voulait plus des Juifs. Voilà d'où venait la peur de ma mère. Je m'étais crue une adolescente comme les autres, j'avais presque fini par oublier que j'étais juive, mais ma mère ne pouvait pas l'oublier, elle.

Le lendemain matin, je passe devant le café où toute la classe doit être rassemblée. Est-ce qu'ils me voient ? Est-ce qu'ils m'insultent derrière la glace ? Est-ce qu'ils doivent se pincer pour y croire ? Je ne sais pas, je n'ai pas la force de lever les yeux, j'ai tellement honte, tellement honte... Je pénètre dans l'école, j'entre dans notre salle de classe, et je croise silencieusement le regard du seul élève présent : Sacha.

On ne se remet pas d'avoir un jour trahi. Cette scène, que je viens pour la première fois de mettre en mots, j'ai attendu vingt ans avant de trouver la force de la raconter au compagnon de ma vie, Leonid, mon mari. Et il était le seul jusqu'à présent à partager ce secret.

Je crois qu'à la seconde où je franchis les grilles de l'école, mon image vole en éclats, comme un miroir qui se brise. Je mettrai des années à oser me regarder, à me reconstruire un visage qui me soit supportable. À la seconde où je franchis les grilles, je cesse d'exister à mes propres yeux. Et, naturellement, aux yeux de ceux que j'ai trahis.

Et cependant je vis, puisque je n'ai pas eu la force de me jeter par la fenêtre. Je continue de respirer, de manger, d'aller et venir. Dans un silence de mort. Je ne me parle plus à moi-même, si ce n'est pour m'insulter, pour me cracher au visage, me dire combien je me dégoûte. Et on ne me parle plus à l'école. On m'ignore, on s'écarte sur mon passage, on me contourne comme une pestiférée. Comme prévu, la directrice a passé un sérieux savon à la classe, mais comme Irina l'avait bien vu, les choses ne sont pas allées plus loin du fait de la solidarité des élèves (à l'exception des deux Juifs...). Il m'arrive de penser que j'aurais dû suivre le conseil d'Irina, mentir à mes parents, mais les regrets ne font qu'ajouter à mon accablement.

Je renoue avec mes désirs suicidaires, et à plusieurs reprises je me surprends à marcher entre les rails, derrière nos immeubles, souhaitant regarder la mort en face. Je regarde bien le train venir, mais au dernier moment je saute. Alors l'épreuve devient un test de courage pour me prouver à moi-même que je ne suis pas la lâche que je prétends être. Je marche sur la voie, j'entends venir le train, et dès qu'il apparaît je me mets à compter. J'essaie de tenir jusqu'à trente, jusqu'à trente-cinq, pendant que la locomotive me fond dessus dans un fracas et des sifflements à me déchirer les tympans.

Me prouver que je ne suis pas une lâche, que je suis courageuse, devient une obsession. Au point de me mettre à voler, puisque la police – « les organes » – incarne à mes yeux la terreur absolue. J'entre dans un magasin, je pèse trois kilos de pommes de terre, et l'épreuve consiste ensuite à sortir sans payer, et surtout sans trembler, la tête haute. J'ai le ventre noué, le cœur à l'envers, mais je recommence, et après chacune de ces minuscules victoires sur moi-même je me sens un peu moins misérable.

Ça ne suffit cependant pas à me tirer du désespoir, et je tombe malade. Je fais angine sur angine, puis j'ai de graves problèmes aux yeux et je ne vais plus à l'école. Sans doute est-ce que j'aimerais devenir aveugle pour ne plus avoir à contempler ma déchéance et le désastre de ma vie.

Qu'est-ce que mes parents devinent de ma situation ? Je ne sais pas. Ni le soir de la grève ni les jours suivants ils ne m'interrogent sur les événements. Peut-être voient-ils que la lumière m'a quittée, mais leur vie est difficile, ils ont d'autres soucis. En tout cas, moi, l'idée de leur faire des reproches ne me traverse même pas l'esprit. Je me sens responsable d'eux, et je sais que si je leur avais apporté des ennuis je ne l'aurais pas supporté.

Je ne dis pas un mot non plus du drame que je traverse à Maria Sergéevna, pourtant la seule personne, j'en ai la conviction aujourd'hui, qui aurait pu, et su, me tendre la main. Malade ou non, je suis chaque matin à son cabinet. Elle ignore combien ce rendez-vous, et son regard sur moi, sont devenus vitaux. Mais moi, je le sais. Je sais qu'ils me maintiennent la tête hors de l'eau, et que sans eux je me noierais.

C'est pourquoi je ne dis rien à Maria. Mais je vis dans la hantise qu'elle apprenne mon histoire, et pendant des mois je m'attends chaque jour à découvrir sur son visage les signes de ma condamnation. Maria me témoignant son mépris en quelques mots terribles et sans appel... Maria me signifiant qu'elle n'a plus rien à me dire... Maria me priant de ne plus remettre les pieds à l'hôpital... Voilà mes cauchemars tout au long de cette année de première.

Et c'est encore cette année-là que mon père, sans le vouloir, me donne le coup de grâce. Nous étudions *Guerre et Paix*, et nous devons dire pourquoi nous aimons Natacha Rostov. *Dites pourquoi vous aimez Natacha Rostov...* C'est le sujet de la dissertation qui nous est donnée. Le problème est que *je n'aime pas* Natacha Rostov. Rien ne me plaît dans cette femme qui abandonne son fiancé, Andrei Bolkonski, quand il est au front, parce qu'elle ne supporte plus la souffrance de l'attendre, pour aller vers ce voyou d'Anatole Kouraguine, puis finalement épouser par raison Pierre Bezoukhov, dont elle va avoir une dizaine d'enfants qui deviendront au fil des années sa raison de vivre. Je lui en veux d'avoir trahi Bolkonski, et je ne pense pas qu'on soit sur terre seulement pour avoir des enfants, au point d'en arriver à se réjouir quand l'un d'entre eux est malade. À mes yeux, Natacha Rostov, n'ayant pas découvert le sens de son destin, a tout simplement raté sa vie.

J'écris donc pourquoi je n'ai guère d'estime pour l'héroïne de Tolstoï. Je me donne du mal parce que le sujet me tient beaucoup à cœur, moi qui suis horrifiée par la trahison et qui connais le sens du mot destin.

Et le professeur me met zéro. Et mon père est convoqué. On lui dit que je n'ai pas traité le sujet par *esprit de rébellion*, ce qui en URSS peut valoir de graves ennuis. Déjà, ce zéro est une catastrophe puisqu'il figurera sur mon bulletin. Mon père comprend très vite les enjeux et, avec son charme, parvient à obtenir qu'on me donne une seconde chance : je vais refaire la dissertation, promet-il, et cette fois j'écrirai pourquoi *j'aime* Natacha Rostov.

Il rentre satisfait de lui, et moi je suis ulcérée.

— Comment peux-tu me demander d'écrire le contraire de ce que je pense ?

— C'est le sujet demandé, tu n'as pas traité le sujet.

— Je n'aime pas cette femme, je ne peux pas mentir sur mes sentiments.

— Tes sentiments te valent un zéro qui va te suivre jusqu'au bac.

— Eh bien, je préfère garder mon zéro que de tricher.

— Nadejda, c'est ton avenir qui est en jeu, il n'est pas question que tu gardes ce zéro.

Cependant, mon père voit qu'il n'obtiendra rien, et il part s'enfermer dans son bureau. Une heure plus tard, il en sort avec une dissertation entièrement écrite de sa main.

— Tiens, recopie ça, s'il te plaît, et n'en parlons plus.

— Non, je ne peux pas. Je suis désolée, papa, je ne peux vraiment pas.

Je le mets dans une situation humiliante, et j'ai honte. Mais j'ai trahi toute ma classe quelques semaines plus tôt, et l'idée de me trahir, à présent, m'est véritablement insupportable.

Alors mon père explose.

— Nadejda, je te donne une heure pour recopier cette rédaction ! Qu'est-ce que tu veux à la fin ? Tu veux me déshonorer, c'est ça ? Tu veux que je perde mon travail ? Que je me retrouve à garder les cygnes au bord du lac comme tous les *refuzniks* ? Tu veux qu'on crève de froid et de faim ?

— Non, papa, je ne veux pas te déshonorer.

Et je l'ai fait, j'ai recopié la rédaction. Et quelques jours plus tard, mes problèmes d'yeux ont commencé.

# 4.

## *Leonid*

Je suis reçue au bac ! Dix-huit mois se sont écoulés depuis ma trahison, et pas un matin je n'ai franchi le porche de l'école sans rougir. Avec le temps, certains se sont remis à m'approcher, à me parler, mais personne n'a oublié. Quand je repense à cette année de terminale, il me semble que je porte un fardeau bien trop lourd pour mes épaules et qu'insensiblement mon dos se casse. J'ai maigri, je fuis les regards, je ne veux pas entendre ce qu'on dit de moi. Je me concentre sur une voix minuscule, qui vient de nulle part, ou peut-être de mon âme, et qui chaque jour me répète : *Vis, continue d'avancer, tu es venue sur la terre pour soigner les autres et la route est encore longue.*

Le soir de la remise du diplôme, les jeunes bacheliers ne se couchent pas. Ils se prennent par la main, entre garçons et filles, et toute la nuit ils se promènent à travers la ville. Pour l'occasion, on ne ferme pas les parcs, on laisse partout les grilles ouvertes. C'est une jolie tradition à Leningrad, et les gens sont heureux, ils nous sourient, nous félicitent, nous sommes leurs enfants, les fleurs du nouveau printemps, je crois qu'ils ont un peu l'impression cette nuit-là de revivre leur jeunesse.

Mon seul ami est Sacha, et c'est avec lui que je descends la perspective Nevski jusqu'aux quais de la Neva. Nous nous donnons la main, et quand nous croisons d'autres couples, parfois tout un groupe, nous nous mélangeons un moment, échangeons des fous rires, des histoires sans queue ni tête, avant de repartir chacun de son côté. Toute la ville résonne de rires, de cris, de cavalcades. C'est le mois de juin, celui des merveilleuses *nuits blanches de Saint-Pétersbourg* chantées par Joseph Brodsky :

*C'est l'époque la plus féerique de Leningrad, où l'on peut écrire et lire sans éclairage à deux heures du matin et où les édifices privés d'ombres aux toits bordés d'or évoquent de fragiles porcelaines. Le silence environnant est tel que l'on pourrait presque entendre le tintement d'une cuillère tombant en Finlande. Le rose transparent du ciel est si clair que l'aquarelle bleu pâle du fleuve ne le reflète qu'à grand-peine. Les ponts sont levés comme si les îlots du delta avaient ouvert leurs mains et s'étaient mis à dériver lentement, au gré du courant, en direction de la Baltique. Par de telles nuits, il est difficile de s'endormir, car il fait si clair que tout rêve demeure en deçà de la réalité. Là où l'homme, tout comme l'eau, ne projette aucune ombre*[1].

Oh ! oui, comme nous aimons Leningrad cette nuit-là ! Et cependant, en y repensant aujourd'hui, je vois

---

[1]. Joseph Brodsky, *Guide d'une ville re-nommée*, 1979 (traduit de l'anglais par Laurence Dyèvre). Publié en France dans le recueil intitulé *Loin de Byzance*, Fayard, 1987.

combien l'histoire était écrite déjà. Nous ne fêtons pas notre bac avec le reste de la classe, notre identité de Juifs, si lourde à porter, si *pernicieuse*, nous a exclus du groupe. Encore quelques années et Sacha partira pour New York, et moi pour Paris.

Le bac ne suffit pas pour entrer en médecine. Il faut encore être reçu à quatre examens qu'on présente au milieu du mois d'août : biologie, chimie, physique et littérature. Chacun est noté sur 5, et on ajoute la note du bac, noté sur 5 également, pour calculer sa moyenne.

L'entrée en médecine est un concours. Sur dix mille candidats, six cents seulement sont pris, les six cents meilleures notes. Cependant, pour les Juifs, c'est encore plus sélectif, les autorités imposent un quota : il ne doit pas y avoir parmi les admis plus de 1% de Juifs. En d'autres termes, il ne doit pas y avoir plus de six Juifs sur les six cents candidats reçus.

Mon père m'a toujours dit que je devais travailler dix fois plus que les autres pour mériter ma place, mais ici ça n'est pas dix, c'est cent... Mes parents le savent, et je les devine tétanisés à l'idée que je ne sois pas prise. Moi, par bonheur, je n'ai qu'une idée assez confuse des conditions du concours, et je ne m'imagine pas plus défavorisée que d'habitude.

Dès le lendemain de la nuit blanche du bac, je me mets à mes révisions. Je travaille comme je n'ai jamais travaillé, douze heures par jour, et pour la première fois j'interromps ma collaboration avec Maria Sergéevna. *Pendant deux mois, je ne pourrai plus venir,* lui dis-je. *J'espère être étudiante en médecine quand je reviendrai.* Et elle, avec cet imperceptible sourire : *Tu vas réussir, Nadejda, j'ai confiance en toi.*

Les examens arrivent, et pendant les oraux je suis attirée par le curieux manège d'un père et de son fils. Le père interroge chaque candidat après son passage, il prend des notes sur un petit carnet, puis il remercie chaleureusement et file aussitôt retrouver son fils. Ce dernier s'est assis par terre dans un coin avec tous ses livres. Il ne lève le nez que pour écouter calmement ce que lui rapporte son père, et aussitôt il se replonge dans ses bouquins. En somme, ça n'est pas difficile à comprendre : le père rassemble le plus d'informations possible sur les questions posées, et le fils peut ainsi affiner ses révisions et vérifier s'il aurait pu répondre. Je l'envie d'avoir un père si dévoué, et comme je le regarde plus attentivement, je trouve soudain qu'il ressemble au garçon d'un livre que j'adorais, enfant... Il a les cheveux blonds, les yeux clairs, les traits fins... Mais comment s'appelait-il, ce garçon ? Ah oui, *Lionia* ! Et le titre du livre était *Dinka*. C'était l'histoire d'une amitié entre Dinka et Lionia, qui se transformait petit à petit en une histoire d'amour très belle, si belle que je retenais mes larmes à la fin. Peut-être s'appelle-t-il Lionia... Si j'osais, j'irais le lui demander. Mais, naturellement, je n'ose pas, et moi aussi je retourne à mes livres.

Eh bien, oui, il s'appelle Lionia ! C'est extraordinaire, n'est-ce pas ? Plus exactement Leonid, dont Lionia est le diminutif. Et dans quelques mois, il entrera dans ma vie, dans ma vie à moi, Nadejda, dont Dinka est le diminutif ! Et dans quelques années, nous nous marierons. Mais patience, patience...

Je suis reçue ! J'ai le sentiment d'accéder à la lumière en apprenant la nouvelle, et qu'une lourde porte se referme aussitôt derrière moi sur les ténèbres. D'ailleurs, à l'exception de Sacha, je ne reverrai jamais aucun élève de cette école anglaise où j'ai laissé une partie de mon âme.

J'ai seize ans, et je suis admise en médecine avec 24 points sur 25, ce qui me place parmi les premiers. Qu'est-ce que je fais en le découvrant ? Je règle immédiatement son compte à une jeune fille dont je fuis la silhouette depuis deux ans : je m'enferme dans ma chambre et je coupe ma natte. Je la tranche avec colère, une colère de justicière, de redresseuse de torts, et il me semble que mon dos se redresse, en effet, à l'instant où je la sens se détacher de moi.

Comme si le destin avait attendu mon entrée en médecine pour nous être plus favorable, l'occasion se présente alors de déménager pour revenir dans le centre de Leningrad. Ça semblait un rêve impossible, et voilà qu'il se réalise grâce à Vassili Mercuriev et Irina Meyerhold, ce couple d'artistes chez qui nous avions passé ce nouvel an si dramatique en Carélie. Ils habitent un appartement de quatre pièces rue Tchaïkovski, à quelques centaines de mètres seulement du jardin d'Été qui nous évoque tant de beaux souvenirs. Seulement ils sont très âgés, et ils pensent que s'ils laissent cet appartement à l'une de leurs filles, une jeune femme légèrement handicapée, les autorités y mettront d'autres locataires et la malheureuse se retrouvera cloîtrée dans une seule pièce. Ils nous proposent donc de donner le nôtre, qui n'appartient pas à l'État, à leur fille, et de prendre le leur en échange.

Pour mes parents, c'est une façon de renouer avec leurs mémoires d'enfants, et pour moi c'est la fin de l'isolement, le retour à la vie. L'appartement est élégant, magnifique, et pour la première fois mon père et ma mère ont la place de s'installer. Mon père prend la bibliothèque qui possède sa propre entrée, ma mère la plus grande chambre, moi la plus petite, et il nous reste encore un véritable salon dans lequel nous mettons le piano.

Mon emploi du temps à la faculté de médecine se divise en deux. D'un côté les cours magistraux où toute la promotion se serre dans le même amphithéâtre, de l'autre les travaux pratiques pour lesquels nous sommes au nombre de dix étudiants seulement, toujours les mêmes. Par quel hasard est-ce que je me retrouve la seule fille du groupe ? Je ne sais pas. Par quel hasard ce garçon que j'appelle secrètement Lionia se retrouve-t-il dans mon groupe ? Je ne sais pas non plus. Je croirai plus encore à notre destin quand j'apprendrai qu'il s'appelle Ferdman. Car comment expliquer qu'une main de fonctionnaire censé regrouper les étudiants par ordre alphabétique ait mis un « F » avec un « V » ?

Il s'appelle donc Ferdman, Leonid Ferdman. La première fois que j'entends son nom, je n'en crois pas mes oreilles. Parce que Ferdman est un nom juif, et que ce Lionia n'a pas du tout une tête de Juif. Non, et en même temps, il n'a pas le nez en patate des Russes...

À cause du livre *Dinka*, je ne peux pas faire autrement que de le regarder à la dérobée pendant les travaux pratiques. Tout ce qu'il m'évoque est tellement romantique, tellement irréel, merveilleux... Mais, au fond de moi, je me dis : *Jamais il ne va me dire bonjour. S'il est russe, il va voir que je suis juive, et il va me mépriser. S'il est juif, il va profiter de ce qu'il n'a pas une tête de Juif pour me regarder comme si je n'étais rien du tout. Il n'y a pas plus antisémites que les Juifs qui pensent avoir une tête de Russe...*

Je le croise aux travaux pratiques, je le croise également dans les coulisses de la salle de sport, sur le campus. Lui est dans l'équipe de volley-ball des garçons, moi dans celle des filles. Les filles s'entraînent généralement en premier et, si nous ne finissons pas à l'heure pile, les garçons nous délogent.

C'est à l'occasion de ce chassé-croisé, sur fond de drame, que Leonid et moi échangeons nos premiers mots. J'ai fait la bêtise de ne pas enlever mes boucles d'oreilles pendant l'entraînement, celles que mon père m'a offertes pour mon entrée en médecine, et je viens de m'apercevoir que j'en ai perdu une. Si le sol était d'un seul tenant, je la retrouverais sans doute, mais il est fait de lattes de bois ajourées, et j'entreprends désespérément de la chercher, à genoux entre les jambes des deux équipes. Puis les filles s'en vont, les garçons se mettent en place pour jouer, et ils me prient de dégager. Alors je me sens complètement submergée par le chagrin et je me mets à pleurer. Ces boucles d'oreilles, une turquoise minuscule dans un écrin d'argent, c'est le premier cadeau que me fait mon père, et je ne peux pas imaginer rentrer sans elles à la maison.

— Qu'est-ce qui t'arrive ? Pourquoi tu pleures ?

Je n'avais pas vu Leonid, et soudain il est là, en même temps attentif et impatient. Je montre mon oreille nue, puis les lattes de bois, et immédiatement il retourne parmi les joueurs et se met à chercher. Dans mon souvenir, il n'y a même pas une minute qui s'écoule.

— Tiens, je l'ai retrouvée !

Et je vois ma boucle d'oreille bleue au fond de sa main. Et je suis tellement contente ! Comme quand on se réveille d'un cauchemar et qu'on prend conscience subitement que l'horreur qu'on vient de vivre n'a pas eu lieu... Tellement contente que moi qui suis d'une pudeur maladive, je lui saute au cou. Puis je m'écarte, et je crie :

— Oh merci ! Merci ! Je ne sais pas comment je peux te remercier, mais maintenant tu seras associé à ma boucle d'oreille, jamais je ne pourrai t'oublier. Jamais !

Et je le laisse. Mais je vois dans mes larmes qu'il est tout rouge, et j'entends les autres qui commencent à se moquer de lui.

Quelques jours plus tard, Leonid est choisi comme délégué de notre groupe de travaux pratiques. C'est lui qui est notre porte-parole auprès des professeurs et de l'administration. Je ne sais plus comment les choses s'enchaînent, mais je me rappelle qu'un matin, un étudiant se met à l'insulter. Il le traite de lèche-bottes, ou quelque chose comme ça, et Leonid, blessé, range ses affaires et quitte la salle. Alors, sans prendre le temps de réfléchir, je range à mon tour mes livres et je lui cours après.

Je l'entraîne à la cafétéria, nous prenons un café, et comme la situation m'intimide terriblement, je parle sans arrêt. Je crois que j'essaie maladroitement de le consoler.

Une ou deux semaines passent, et un soir, en quittant l'entraînement de volley-ball, je trouve Leonid à la sortie de la salle de sport.

— Lionia ! Tu ne joues pas avec les garçons ?

— Non, j'ai séché, je t'attendais.

— Mais c'est génial ! Tu veux qu'on aille prendre un chocolat à la cafétéria ?

— Je pensais que tu aurais pu venir chez moi, je t'ai préparé à dîner.

— Vraiment ?

— Oui, comme ça on pourra parler. Pour une fois, je suis seul.

— Allons-y vite alors, je meurs de faim... Et qu'est-ce que tu as préparé, dis-le-moi !

— Non, tu verras toi même.

En chemin, j'apprends que Leonid est de Moscou, enfin, une petite ville près de Moscou, de sorte qu'il ne vit plus chez ses parents, mais qu'il partage une chambre à la Cité universitaire avec trois autres étudiants. Une seule chambre pour quatre, je devine que ça ne doit pas être tous les jours facile pour travailler. Bon, mais ce soir-là, justement, les trois autres sont de sortie...

Leonid a préparé des pommes de terre à la poêle, mais ç'aurait pu être des racines que je les aurais dévorées. Je suis tellement heureuse et fière d'être invitée ! Enfin invitée ! Après ces années où toute la classe m'a tourné le dos, où j'ai eu le sentiment de porter sur le front une marque d'infamie...

Des pommes de terre à la poêle, et chacun une fourchette. Jamais je n'ai mangé quelque chose d'aussi bon ! Leonid est content que j'apprécie, il pousse les pommes de terre vers moi, il répète : *C'est bien, c'est bien, il faut que tu manges...* Sacha était attentionné et gentil, mais Leonid me regarde différemment. Comme si je l'intimidais, et, en même temps, comme si je l'éblouissais. Personne ne m'a jamais regardée de cette façon. Bientôt, il me dira que mes yeux ont le reflet des étoiles, que la nuit il pense à moi en contemplant les milliers de petites lumières dans les maisons, et moi je ne le croirai pas, je penserai qu'il dit cela simplement pour me faire plaisir...

Mais ce soir-là, il parle plutôt de lui. De son père ingénieur, de sa mère pédiatre à l'hôpital qui a tenu dans ses bras une bonne partie des enfants de leur petite ville, de son frère aîné Micha. Ils sont les rescapés d'une vaste famille, les autres, tous les autres, oncles et tantes, grands-parents, cousins, ont disparu dans les camps nazis. Au contraire des miens, ses parents ont le sens de la famille. Sa mère a une passion pour les enfants, elle aime cuisiner, leur apporter de la tendresse et de la chaleur. Les dimanches après-midi, toute la maison sent bon le gâteau, et tous les soirs on se retrouve autour de la table pour le dîner. Leonid n'a pas été un enfant gâté, ses parents ne sont pas riches, en URSS un médecin est moins bien payé qu'un ouvrier, mais il a été désiré, aimé, choyé. Est-ce de ses premières années qu'il tire cette confiance en soi, cette sérénité qui m'attirent très vite, comme une promesse inconsciente de réconfort et de soutien ?

Je lui dis que j'aime la poésie, que c'est elle qui m'a sauvée quand je me suis sentie perdue, et nous nous promettons de repasser une soirée comme celle-ci, mais entièrement dévolue à mes poèmes.

Aujourd'hui, Leonid me dit qu'il est tombé amoureux de moi en m'entendant lui lire mes vers. Pour l'occasion, il a emprunté un magnétophone, et il m'enregistre. Nous n'avons que seize ans, et nous sommes dépassés par nos émotions. Lui m'ouvre son âme, et moi je m'y engouffre.

Dans un autre pays, peut-être nous serions-nous embrassés ce soir-là. Mais nous n'en avons pas l'idée, parce que au fond nous ne savons rien de l'amour, de la sensualité. L'expression du désir, la sexualité ont été bannies de la vie quotidienne en URSS. Il est défendu de représenter l'amour physique, ou même de le suggérer, et le simple fait d'échanger un baiser dans la rue peut vous conduire au commissariat de police. De nos parents eux-mêmes n'émane aucune sensualité, si bien qu'à l'âge où l'on découvre l'amour on se sent brutalement effrayé, et tétanisé, par ses propres désirs. On a tout simplement honte de les exprimer, comme s'ils étaient indignes. Et on tâche de les oublier, de les refouler aussi profond qu'on le peut.

C'est comme cela que Leonid et moi devenons des *amis* inséparables. Il prend l'habitude de venir m'attendre au métro le matin, en bas de mon immeuble, de sorte que nous voyageons ensemble jusqu'à la faculté de médecine, et que nous arrivons ensemble aux cours magistraux, comme aux travaux pratiques. Je ne suis plus jamais seule, j'ai un ami, et cet ami, au contraire de Sacha, m'apprend à revendiquer ma place. Je me laisse marcher sur les pieds, j'offre mon tour dans la queue devant la cafétéria, je ne dis rien si on me bouscule à l'entrée de l'amphithéâtre, parce que je suis toujours dans cette quête effrénée de me faire adopter, et qu'on m'aime enfin, bien que je sois juive. Leonid est furieux.

— Mais pourquoi tu te laisses faire ? On dirait que tu n'as aucune fierté...

— Je m'en fiche de ta fierté, je préfère qu'on soit tous des amis.

— Et tu crois qu'ils vont devenir tes amis parce que tu te pousses pour les laisser passer ?

— Eh bien oui, ils vont penser que je ne fais pas d'histoires, que je suis une fille sympa.

— Non, ils vont te trouver servile, et jamais ils ne voudront de toi comme amie.

Il n'y a pas d'antisémites dans notre groupe de travaux pratiques, mais un jour, sur le campus, un homme me prend à partie :

— Tu es juive, toi, qu'est-ce que tu fais là ?

Et Leonid, avant que j'ai eu le temps de réagir :

— Tu lui fiches la paix, d'accord ?

Mais le type fait comme s'il n'existait pas et continue :

— Tu trouves que les médecins juifs n'ont pas tué assez de monde comme ça ?

Alors Leonid se retourne et le gifle.

Et l'homme ne se bat pas, il s'en va.

Ce jour-là, je comprends que nous sommes deux, désormais.

Et je parle de Leonid à mes parents, et un soir je le fais monter parce que je veux qu'ils le connaissent. Ils le reçoivent comme ils reçoivent tous leurs étudiants, avec cette générosité et cette chaleur qu'ont la plupart des vieux professeurs en URSS pour leurs élèves. Maman lui met un couvert sans lui demander son avis, et je vois que très vite il plaît à mon père. Leonid a travaillé comme un damné pour entrer en médecine, il n'a qu'une petite bourse pour survivre parce que ses parents ne peuvent pas l'aider, il doit partager sa chambre avec trois étudiants de sixième année qui l'empêchent de dormir et de travailler, mais pas un instant il ne se plaint. Au contraire, il trouve qu'il a de la chance, arrivant de si loin, avec tant de handicaps, d'avoir tout ce qu'il a et de parvenir à faire exactement ce qu'il veut. *J'ai de la chance*, répète-t-il. Et quand il parle de nous deux : *On a de la chance !* Je vois mon père sourire. Lui non plus ne se plaint jamais.

Et puis je le présente à Maria Sergéevna. Cela va faire trois ans que tous les matins je l'assiste, et je trouve de plus en plus injuste la façon dont on la traite. Elle est reléguée au sous-sol, dans l'endroit le plus misérable de l'hôpital, mais chaque fois qu'un médecin échoue à soulager un malade, il le lui adresse. Et elle obtient des résultats, comme elle en avait obtenus avec mon père. J'entends des patients la remercier, je suis témoin de l'amélioration de leur état, et cependant on ne lui donne pas la place qui lui revient, comme si l'acupuncture ne méritait pas de figurer parmi les disciplines médicales.

Or, c'est bien pour l'exercer que j'ai choisi, à quatorze ans, de devenir médecin. Parvenue en médecine, je n'ai pas oublié. Je veux que ces longues années d'études qui s'offrent maintenant à moi me permettent un jour d'établir les fondements scientifiques de l'acupuncture. Je veux contribuer à ce que, un jour, on ne puisse plus associer les mots de *charlatanisme*, ou de *miracle*, à l'acupuncture. Je me dis que ce jour-là j'aurai payé ma dette à Maria. J'aurai donné ses lettres de noblesse à son engagement quotidien au côté des malades, et fait faire un pas de plus à la médecine. Voilà, je ne suis qu'au tout début de ma croisade, mais j'ai confiance, et je crois que j'ai l'espoir secret, en présentant Leonid à Maria, que son travail et sa personnalité le convainquent de me suivre.

Après m'avoir laissée l'observer sans rien me dire durant les premiers mois, Maria a fini par me regarder différemment. Non seulement je ne me suis pas découragée, mais je me suis mise à apprendre par cœur les noms chinois des trois cent soixante-cinq points d'acupuncture. Et, petit à petit, elle a accepté de m'associer à sa pratique. J'ai appris à distinguer les différents modèles d'aiguilles, à les stériliser, à les lui apporter selon ses demandes, et j'ai enfin reçu la permission de retirer les aiguilles aux patients. C'est un grand pas, puisque pour la première fois j'approche des malades, je les touche, et parfois même je les rassure. Ensuite est venu le temps d'apprendre à planter une aiguille. *Tu prends un papier*, m'a dit Maria, *tu le plies en huit, et tu dois parvenir à le transpercer sans une hésitation, d'un seul mouvement.* Cela m'a pris des semaines.

Alors je me suis lancée dans le repérage des points d'acupuncture sur le corps humain. Je suis capable de nommer ces points en chinois, mais le plus dur est de les découvrir sur notre anatomie. À un millimètre près on peut se tromper, de sorte qu'au lieu d'éprouver un petit frisson électrique, le patient va pousser un cri de douleur. On l'aura fait souffrir sans le soigner.

Je suis en plein dans cet apprentissage quand je présente Leonid à Maria. Et bientôt, pour mes dix-huit ans, Maria va m'offrir la fameuse figurine qu'utilisent les étudiants chinois pour apprendre les points. C'est un petit bonhomme de la taille d'une poupée dont le corps est percé à l'emplacement des trois cent soixante-cinq points d'acupuncture. On le recouvre d'un papier collant couleur chair, si bien qu'on ne voit plus les minuscules trous, et on le remplit d'un liquide rouge. Le professeur dit le nom d'un point, et l'élève doit piquer la figurine au bon endroit. S'il a réussi, une goutte de liquide écarlate apparaît. Sinon, il ne se passe rien.

Les Chinois ont appris de façon empirique, il y a des milliers d'années, qu'en stimulant tel point d'acupuncture, l'organe qui lui correspond va se remettre à fonctionner, ou améliorer son fonctionnement. C'est supposer que le corps est parcouru d'un réseau qui mériterait d'être décrit. Le décrire, ce serait donner des fondements scientifiques à l'acupuncture, c'est mon rêve lointain, et je vois qu'immédiatement Leonid le partage. Mais Maria, elle, n'a pas de telles ambitions. Elle est sans doute l'une des plus brillantes praticiennes de l'acupuncture, mais elle n'éprouve pas la nécessité de l'expliquer scientifiquement. Elle est satisfaite de posséder un savoir ancestral qui lui permet de soulager les malades les plus récalcitrants, elle n'en demande pas plus. Et quand, des années plus tard, admise en doctorat de neurologie, je m'investirai complètement dans la recherche autour du fonctionnement de la médecine chinoise, elle me reprochera à demi-mot ma prétention excessive à ses yeux.

Merveilleuse Maria, qui ne réclamera jamais rien pour elle, et se contentera jusqu'à la fin d'exercer dans le sous-sol de la médecine. Un jour, je m'enhardis à lui demander qui était son maître, puisque je ne vois pas, en URSS, qui aurait pu lui apprendre tout ce qu'elle sait. Et pour la première fois, parce que je suis avec elle depuis trois ans, parce qu'elle m'a donné sa confiance, enfin, Maria me raconte à quel cauchemar elle a survécu.

Tout avait commencé comme un conte de fées. Au milieu des années 1950, alors qu'elle termine ses études de médecine à Leningrad, Maria tombe amoureuse d'un étudiant chinois de sa promotion. C'est l'époque où l'URSS forme des milliers de jeunes Chinois. Maria épouse son prince, et, leurs diplômes en poche, ils repartent pour la petite ville dont le jeune homme est issu, entre Shanghai et Pékin. Lui veut exercer l'acupuncture, elle parle de charlatanisme et se moque. Mais en arrivant là-bas, elle découvre que son beau-père est acupuncteur, et le père de son beau-père également. Et elle voit combien l'un et l'autre sont respectés, et surtout combien l'état de santé de leurs patients s'améliore au fil du temps. Alors elle s'approche, apprend le chinois, et se laisse petit à petit convaincre par cette pratique. Elle est l'élève de son beau-père, puis des maîtres de la faculté, et devient acupunctrice à son tour.

Les relations se tendent entre la Chine et l'URSS et, en 1960, les liens sont rompus entre les deux pays. Alors Maria s'immerge un peu plus en Chine. Elle accouche d'un petit garçon et fonde ainsi une vraie famille. Elle pratique l'acupuncture, se donne sans compter à ce peuple qu'elle aime. Elle est profondément communiste, elle croit aux bienfaits des révolutions, et accueille la révolution culturelle de la fin des années 1960 comme une étape nécessaire. Pourtant, c'est d'elle que surgit le cauchemar. Les gardes rouges déferlent sur sa ville. Ils arrêtent son beau-père, puis son mari, puis toute la famille, et devant elle ils exécutent son petit garçon et son mari. Ils ne la tuent pas parce qu'elle est citoyenne soviétique, mais ils l'ont tuée de l'intérieur. Elle rentre seule à Leningrad à la fin de 1968 et se met à exercer l'acupuncture. C'est tout ce qu'il lui reste de ses années de bonheur.

Je fais sa connaissance sept ans plus tard, et je comprends en l'écoutant pourquoi j'avais été frappée alors par le vide et l'infinie tristesse de son regard.

Pourquoi elle avait tant de difficulté à nous sourire, à partager mon enthousiasme.

Leonid et moi terminons avec succès notre première année de médecine et, au mois de juillet, nous nous retrouvons tous les deux aides-soignants à l'hôpital. Pour la première fois, nous gagnons un peu d'argent grâce à nos petites connaissances en médecine, et nous sommes heureux et fiers. Nous avons le sentiment d'avoir de la chance, comme le dit et le répète Leonid, et que la vie s'offre désormais à nous comme un champ de fleurs. Il n'y a plus qu'à avancer, croyons-nous, et à cueillir celles qui nous plaisent.

C'est ce que fait Leonid, un de ces soirs d'été où le jour se fane si lentement à Leningrad qu'on n'a pas envie d'aller se coucher : il m'embrasse ! Non pas un baiser sur la joue, comme tous les matins, mais un baiser d'amoureux sur les lèvres... Nous marchons dans le parc, nous nous enfonçons dans un petit chemin complètement recouvert par les frondaisons, et soudain il me prend dans ses bras et m'embrasse ! Il sent l'été, un parfum de tilleul et de vanille, et je me laisse faire, je trouve ça délicieux, avant de m'écarter subitement pour m'assurer que personne ne nous a vus. Bien sûr, c'est une déclaration d'amour, ce baiser, et cependant nous allons encore attendre quatre ans avant d'avouer cet amour, et nous marier. Il y a tant d'interdits, nous y sommes si peu préparés, que nous enfouissons très vite cette émotion toute neuve. Et quand, quelques mois plus tard, dans un élan de tendresse, Leonid me fera un suçon dans le cou, je le bouderai pendant huit jours, honteuse que des étudiants, ou mes parents, puissent imaginer quoi que ce soit.

Que pensent-ils de nous deux, mes parents ? Ils feignent de croire que nous ne sommes qu'un couple de *bons camarades,* comme nous l'étions avec Sacha. Ou peut-être le croient-ils vraiment, je ne sais pas. En tout cas, à la rentrée, maman propose à Leonid de venir vivre à la maison. Elle le fait spontanément, généreusement, comme elle a toujours procédé avec ses étudiants. Elle a remarqué que Leonid travaillait dans de très mauvaises conditions à la Cité universitaire, qu'il était épuisé, et elle lui offre de s'installer chez nous parce qu'elle trouve injuste que nous ayons toute cette place, et lui rien. Et Leonid accepte.

Un dimanche matin, mon père et moi partons pour la Cité universitaire le chercher, lui et ses deux valises. Pour l'occasion, papa a pris sa petite *Jigouli.* Il l'a attendue des années, cette voiture, mais elle lui a changé la vie. Du jour au lendemain, il a pu sortir, s'évader, nous emmener à la campagne ramasser des champignons, et cette liberté le grise. Il chante au volant, ou il déclame des vers de Maïakovski, son poète préféré, et comme il se laisse emporter par la vitesse, maman finit toujours par se mettre en colère : *Enfin, Leonard, ne roule pas si vite ! Tu es fou, tu vas nous tuer...* Mais maman n'est pas là, ce dimanche, et comme les rues de Leningrad sont vides, papa peut rouler aussi vite qu'il en a envie.

Nous ramenons Leonid rue Tchaïkovski. Et nous l'installons confortablement dans le salon, en compagnie du piano. Désormais, plus personne ne l'empêchera de travailler. Et jusqu'à notre fuite vers la France, jusqu'à l'effondrement de toutes nos illusions, Leonid va vivre dans cet appartement. Nous allons nous y marier, construire notre vie, avoir un petit garçon...

## 5.

## *Mais c'est de la magie !*

Oui, au début, nous sommes comme deux enfants, inconscients et grisés par tout ce qui s'offre à nous. Nous sommes étudiants en médecine, et nous avons le sentiment que tout le monde autour de nous nous veut du bien et nous admire. Les professeurs nous encouragent, ils sont ouverts et bienveillants. Dans la rue, si nous disons que nous sommes en médecine, les gens aussitôt se montrent curieux et pleins d'égards. Insensiblement, nous sommes presque devenus des enfants gâtés. Comment est-ce possible, nous qu'on accusait trois ans plus tôt de tous les maux ? Est-ce la magie du baccalauréat ? De l'entrée en médecine ?

On s'habitue plus vite au bonheur qu'au malheur, de sorte que dès notre admission en deuxième année, Leonid et moi nous berçons d'illusions : notre pays nous aime donc, bien que nous soyons juifs, il a besoin de nous, il reconnaîtra nos compétences et nous donnera la place que nous méritons.

Tous les matins et tous les soirs, nous jouons dans le métro au petit jeu du diagnostic. Nous choisissons le monsieur qui vient de monter et nous énumérons tout ce qui ne va pas. Au contact de Maria, j'ai appris à repérer les signaux d'alarme. Les points d'acupuncture s'enflamment, comme de minuscules clignotants, et puisque je sais maintenant à quels organes ils correspondent, je suis capable de dire de quoi souffre ce monsieur.

— Leonid, je crois que le foie ne va pas, qu'est-ce que tu en penses ?

Mais Leonid n'en est qu'aux premiers pas en acupuncture, et il travaille plutôt avec les signes cliniques de la médecine établie.

— Non, les yeux sont bien blancs, je ne parierais pas sur le foie.

— On va lui demander.

— Mais tu es folle ! Jamais de la vie ! Il ne t'a pas sonnée, ce type, et tu vas aller lui raconter qu'il est malade du foie...

— Non, je vais juste lui demander s'il n'a pas des calculs, ou des problèmes à la vésicule biliaire.

— Nadejda, je t'interdis de bouger.

— Alors comment on va savoir qui a raison ?

— C'est toi qui as raison, il est malade du foie. Ça te va comme ça ?

— Tu dis ça parce que tu as peur que je me lève.

Et je me lève. Je suis en train d'apprendre le diagnostic par les oreilles – l'acupuncture a montré que tous les organes sont représentés dans l'oreille. Je m'approche du monsieur, et je vois que le point du foie est bien visible dans son oreille.

— Excusez-moi, dis-je, mon ami et moi sommes étudiants en médecine, et en vous regardant on a pensé que vous souffriez du foie...

— Oui, j'ai des calculs dans la vésicule biliaire, mais comment avez-vous deviné ?

Leonid est tout rouge, moi, je suis très contente, et le monsieur n'est pas fâché. Au contraire, il nous demande conseil, et on lui indique dans quel hôpital il sera le mieux soigné.

Un autre jour, la serveuse de la cafétéria nous offre son profil, et je vois que dans son oreille une veinule minuscule est anormalement gonflée, celle qui correspond aux ovaires. Je peux en déduire que cette jeune femme doit souffrir de fortes migraines au moment de ses règles. Mais que faire ? Est-ce que je dois lui dire que ses migraines sont dues à un dérèglement hormonal ? Ça serait mieux pour elle, parce que, plutôt que de se bourrer de médicaments contre la migraine, elle consulterait son gynécologue qui, en intervenant sur ses ovaires, la guérirait définitivement de ses migraines. Seulement, c'est assez intime, et elle pourrait me trouver très indiscrète.

Cette fois, c'est Leonid qui me pousse à lui parler, et il s'en va pour ne pas la gêner.

C'est aussi Leonid qui est à l'origine de mes premiers travaux sur l'épilepsie. Je ne sais pas par quel hasard il est allé mettre son nez dans le laboratoire de pharmacologie. Mais il a vu des lapins avec des électrodes dans la tête et on lui a expliqué qu'on expérimentait ici des antiépileptiques. D'après Maria, l'acupuncture serait efficace contre l'épilepsie. Pourquoi est-ce que je ne demanderais pas à notre professeur de pharmacologie la permission de me joindre aux expériences en cours ? J'avance l'idée, pour aussitôt reculer, et c'est Leonid qui me pousse à oser.

— On dirait que tu as peur d'exister !

— Il va se moquer de moi.

— Et alors ? Qu'est-ce qu'on a à perdre ? Viens, je t'accompagne.

Le professeur William Gusel nous reçoit, et c'est Leonid qui lui explique notre propos.

— Voilà, on voudrait profiter de vos expériences pour tester l'efficacité des points d'acupuncture sur l'épilepsie.

— Qu'est-ce que c'est encore que ces charlatans ! s'exclame Gusel. De quoi vous me parlez, là ? Je ne comprends pas.

Je développe mon idée : profiter des lapins du laboratoire, porteurs d'un système qui permet de provoquer des crises d'épilepsie, pour élargir à l'acupuncture le champ des expériences. Je propose donc de stimuler les points d'acupuncture censés agir sur la maladie sur un nombre significatif de lapins, parallèlement à des points placebos, de sorte qu'en plus des résultats pharmacologiques attendus, on disposerait enfin de certitudes scientifiques quant à l'usage de l'acupuncture.

Je vois le professeur réfléchir, et soudain il me propose un marché.

— D'accord, vous faites vos expériences, je vous donne les lapins qu'il vous faut mais, en échange, avant tout, vous travaillez sur mes propres expérimentations.

— Bien sûr, avec plaisir.

— Et si votre truc marche, je vous promets que je me mets à l'étude du chamanisme !

Et il éclate de rire.

Moi, en revanche, je n'ai plus le temps de rire. Je me retrouve engagée du jour au lendemain dans un programme qui dépasse assez largement mes compétences. Je dois équiper les lapins et c'est une opération, réalisée sous anesthésie, qui demande des talents de neurochirurgien. Il faut transpercer la boîte crânienne avec une aiguille dans une zone très précise et introduire ensuite une électrode que je dois fabriquer moi-même à partir d'une aiguille de perfusion. Et comme l'aiguille est métallique et qu'elle va demeurer en place, il faut auparavant l'isoler soigneusement. Ensuite, il faut installer le système qui permettra d'enregistrer l'activité électrique du cerveau. Compte tenu des temps de cicatrisation, chaque lapin demande des soins attentifs qui s'étalent sur trois ou quatre jours.

Alors seulement peuvent commencer les expériences pharmacologiques proprement dites. Comme il me faut au moins dix lapins par molécule testée, je passe là une grande partie de mes soirées, et toutes mes vacances, en deuxième année. Mais j'apprends à mener des expériences sous l'autorité d'un maître inflexible, et avec un matériel très ancien qui tombe sans arrêt en panne.

Pendant que je suis enfermée dans ce laboratoire, Leonid, qui a besoin d'argent, travaille comme infirmier à l'hôpital. Il passe me récupérer aux environs de minuit et nous rentrons ensemble à la maison. Certaines nuits, je suis tellement fatiguée que je ne me sens plus la force de terminer. Alors il me donne un coup de main et nous finissons ensemble.

Mes propres expériences, je ne parviens à les commencer qu'au milieu de l'été. J'ai découvert où se situent sur le lapin les points d'acupuncture correspondant à la zone du cerveau qui m'intéresse. Je choisis deux points placebos un peu au-dessus, et je lance mes expérimentations. Il apparaît rapidement que la stimulation des points d'acupuncture en pleine crise d'épilepsie stoppe les convulsions, tandis que la stimulation des points placebos ne provoque aucun changement. Pour que mes résultats soient significatifs, je décide de les fonder sur un échantillon de deux cents lapins, et non de dix comme pour les tests pharmacologiques.

J'ai bien conscience d'être engagée pour plusieurs mois, mais plus j'avance, plus les résultats sont probants, et du coup je ne sens plus la fatigue. Je suis portée par l'enthousiasme de la découverte, et encouragée par la perplexité grandissante du professeur Gusel. À plusieurs reprises, passant par hasard prendre de mes nouvelles, il assiste à l'*inconcevable* : l'acupuncture agit efficacement contre l'épilepsie.

— Ça, c'est extraordinaire ! Je n'arrive pas à y croire...

Il parle de *miracle*, se frotte les yeux, me demande de recommencer, et finalement s'en va. J'apprends que de temps en temps il se plonge dans mes résultats, cherchant sans doute l'explication d'un phénomène qu'il ne se résoudra pas à admettre. Il n'ira donc pas étudier le chamanisme, mais acceptera de joindre son nom au mien lors de mes premières communications scientifiques[1].

---

1. N. Volf, L. Ferdman, W. Gusel, *Acupuncture Effectiveness in the Experimental Focal Epilepsy*, 4th International Congress of Acupuncture, Leningrad, 1984, p. 34-37.

Nous sommes en troisième année de médecine, et pour quelques mois en pédiatrie, lorsque démarre une épidémie de scarlatine. Pour moi, c'est encore une occasion de tester la validité de l'acupuncture, en parallèle à la médecine établie dans laquelle je suis complètement investie. Ainsi, du matin au soir, nous sommes à l'hôpital, surveillant l'évolution de la maladie chez des enfants que nous traitons par antibiotiques.

Ceux-ci ont contracté le germe, tandis que d'autres y ont résisté. Nous savons que chaque individu porte dans sa salive une substance immunitaire appelée *lysozyme* qui lui permet théoriquement de se défendre efficacement contre le streptocoque de la scarlatine. La question pour moi est de savoir si, en stimulant les points d'acupuncture appropriés, je pourrais obtenir une augmentation de cette substance immunitaire. On voit immédiatement combien l'idée peut être séduisante. Si, effectivement, l'acupuncture permettait d'augmenter le taux de lysozyme dans la salive, nous pourrions aider les enfants sains à se protéger de la scarlatine sans avoir à leur appliquer de médications particulières, et les enfants malades à s'en défendre.

Leonid et moi en parlons à nos professeurs, et, comme souvent en URSS, ils se montrent ouverts, parce qu'ils aiment l'enthousiasme chez les étudiants, même si, au fond, ils ne croient pas à l'acupuncture.

— Allez-y, nous disent-ils, faites vos expériences. Les enfants malades seront contents qu'on s'occupe un peu plus d'eux, et quels que soient les résultats, ça ne leur fait courir aucun risque.

Nous obtenons l'autorisation de faire des prélèvements de salive chez tous les enfants d'une école maternelle. Ainsi, nous avons des résultats chiffrés quant au taux de lysozyme qu'on trouve dans la salive d'enfants sains. Puis nous prélevons la salive de nos petits malades, c'est l'occasion d'être avec eux, de bavarder, et pour moi de revivre ma propre hospitalisation dix ans plus tôt... Je me dis que j'aurais été bien contente qu'un couple d'étudiants vienne bavarder avec moi en échange d'un crachat dans une petite boîte.

Comme on pouvait s'y attendre, les enfants malades ont un taux de lysozyme très faible, voire inexistant.

Alors nous commençons nos travaux. Pour éviter de piquer les enfants, nous procédons par massage des points d'acupuncture. Les petits malades nous laissent faire, ils sont ravis de nous revoir. Plusieurs jours durant, nous les massons, tout en prélevant régulièrement leur salive.

Et les résultats tombent, enthousiasmants : la lysozyme réapparaît, et plus nous stimulons les points d'acupuncture, plus son taux augmente.

Une fois encore, les médecins parlent de *miracles*, de *phénomènes inexplicables*, mais notre professeur accepte cependant d'associer son nom à la publication de nos résultats[1].

---

[1]. N. Volf, L. Ferdman, L. Antipova, *Specific and Non-Specific Immunity Resistance in Children with Children's Infection*, Leningrad, 1983, p. 23-27.

*J'ai choisi la liberté*

Je ne pique pas les enfants mais, dès ma deuxième année de médecine, j'ai franchi le pas : je pique mes copains étudiants, je me pique, moi, je pique Leonid, et tous ceux qui veulent bien se laisser faire. Mes années d'apprentissage auprès de Maria ont fait de moi une acupunctrice (presque) accomplie.

Un jour, j'entends un garçon de notre groupe de travaux pratiques raconter que sa mère a une sciatique, qu'elle n'a pas réussi à se lever pour aller travailler.

— Si tu veux, je peux la soigner avec les aiguilles, dis-je.

Il se retourne, me regarde... et il rigole ! C'est l'époque où je passe mes nuits avec les lapins de William Gusel, et tout le monde commence à se moquer gentiment de moi.

— Mais ma mère n'est pas épileptique !
— Je crois que je peux aussi soigner les sciatiques.
— Sans blague ?
— Tu fais comme tu veux. Si tu préfères que ta maman souffre pendant huit jours, ça te regarde...
— Chiche ! Je t'emmène la voir.

À l'heure du déjeuner, nous allons chez lui. C'est ma première véritable patiente, même si je refuse absolument d'être payée. Je suis émue, mais assez sûre de moi. Je me suis suffisamment entraînée à piquer des petits papiers pliés en huit, et je connais par cœur le nom et l'emplacement des trois cent soixante-cinq points.

La dame est très aimable, et elle feint de croire en mon talent. Elle se prête à l'exercice, un peu comme on se prête aux caprices d'un enfant, me semble-t-il, je n'en demande pas plus.

Et dans l'après-midi, elle se sent mieux. Et le soir, elle se lève.

Le lendemain, c'est l'événement dans notre petit groupe. La dame a dit que j'étais *une magicienne*, et son fils rapporte ce drôle de compliment.

— Mais ce n'est pas de la magie ! C'est de la médecine, tout simplement. Si tu veux, je peux t'expliquer.

Non, ni lui ni les autres ne veulent surtout que j'explique quoi que ce soit. Comme si approcher seulement l'acupuncture par les mots risquait de nuire à leur réputation de futurs médecins.

Pourtant, on me regarde différemment à partir de ce jour. Et peut-être le lendemain, ou le surlendemain, un autre garçon vient me parler du genou de son père. Il en souffre en permanence, et aucun médecin n'est parvenu à le soulager.

Je vois cet homme à plusieurs reprises et, après quelques jours, ses douleurs commencent à s'estomper. Et puis il se remet à marcher normalement et il m'envoie un petit mot pour me remercier. *Vous êtes une magicienne*, m'écrit-il.

Je suis furieuse... Je ne suis pas un clown, ni une fée avec une baguette, je ne veux pas qu'on me traite de magicienne !

— Leonid, dis-je, en colère, lui aussi prétend que je suis une magicienne. Qu'est-ce que je peux faire ?

— Mais pourquoi tu te mets dans cet état ? C'est très bien d'être une magicienne ! Tu veux que je te dise ? Moi aussi, je trouve que tu en es une !

Pourtant, la magie n'est pas où ils le croient. La magie de l'acupuncture, pour moi, c'est qu'elle m'apporte des amis. Petit à petit, on me considère un peu comme une mascotte dans notre groupe de travaux pratiques, et pour la première fois de ma vie j'ai une véritable bande d'amis autour de moi.

Certains matins, je prépare des blinis pour tout le monde, au miel, ou au poisson, et nous prenons notre petit déjeuner ensemble avant de démarrer la journée.

À l'arrivée des beaux jours, il nous arrive d'aller manger une glace sur la perspective Nevski, toute la bande au coude à coude. Mais, souvent, nous n'avons même pas de quoi payer une glace pour trois, alors nous nous arrêtons dans le petit square où trône la statue de Catherine II, et où se retrouvent traditionnellement les joueurs d'échecs. Ils misent de l'argent, et ils sont contents de nous voir venir parce qu'ils pensent *a priori* pouvoir nous plumer facilement. Et, de fait, nous jouons très bien les pigeons. Nous rassemblons toute notre monnaie et nous feignons d'hésiter à désigner Untel plutôt qu'Untel, comme si nous étions tous d'assez pitoyables joueurs. Enfin, le sort tombe sur moi, et je vois mon adversaire sourire. Il pense visiblement que la partie est déjà gagnée...

Il est entendu que je ne dois pas l'écraser trop rapidement pour ne pas être repérée, sinon, la prochaine fois, personne ne voudra jouer avec moi. Je fais donc un peu durer la partie, et puis je gagne en m'excusant, comme si je n'y croyais pas moi-même. Nous raflons la mise, dévalisons le glacier, et cette fois-ci je veux bien qu'ils m'appellent *magicienne*. Je suis la bonne fée des cornets vanille-fraise.

Leonid prétend qu'il me trouve jolie, mais moi je continue de penser qu'il dit cela pour me faire plaisir. Et je ne fais pas vraiment d'efforts pour être élégante. Je suis issue de parents qui ont fait don de leur vie à la recherche, aux sciences, et qui auraient trouvé indécent que je réclame une robe, un chapeau, des chaussures. Pourtant, mon père est élégant, oui, et, en feuilletant l'album de photos de ses parents, je devine d'où lui vient ce goût pour les belles choses. Lisa et Abraham s'habillaient avec un raffinement surprenant dans les jeunes années de la première république prolétarienne, et je me demande avec le recul ce que pouvaient en penser les membres du Parti... Mais ma mère, elle, n'a pratiquement jamais connu le luxe, la beauté. Elle a perdu sa propre mère l'année de ses dix ans, et ensuite elle a suivi les hommes de la famille dans un pays en plein chaos, entièrement mobilisé par l'effort de guerre. Songeant à elle, aujourd'hui, je me rends compte qu'elle n'a jamais eu aucun modèle de femme au-dessus d'elle, de sorte qu'elle n'a pu me transmettre aucune des règles secrètes de la féminité, de la grâce. Je dois les apprendre toute seule, et comme je ne suis entourée que d'hommes, j'apprends plutôt à m'habiller comme un garçon.

Je me souviens de la seule fois où j'ose réclamer un vêtement à mon père.

— Papa, je voudrais bien avoir un jean...

— Qu'est-ce que tu as besoin d'un jean pour être heureuse ?

— Tu ne trouves pas que c'est plus joli que ces pantalons sans forme ?

— Nadejda ! Comment peux-tu perdre ton temps, et me faire perdre le mien avec...

— Mais tous mes copains ont des jeans !

— Eh bien moi, je n'ai pas d'argent pour ces bêtises.

Les jeans s'achètent au marché noir, trois ou quatre fois plus cher qu'un pantalon cent pour cent soviétique. Papa ne va pas au marché noir mais, pour mes dix-huit ans, il demande à son couturier de me confectionner un vrai jean *américain*.

Je ne porte plus que ce pantalon enfilé dans des bottes. Et, en guise de manteau, j'ai mon blouson en fourrure d'agneau. Celui-là, je le traîne depuis l'académie de danse. C'était un joli manteau au départ, certainement ce qui existait de plus chaud dans tout Leningrad parce que maman vivait dans l'angoisse que je prenne froid. Le matin, avant de me laisser sortir par – 30 °C, elle m'enduisait les joues de graisse de canard, puis elle me ficelait dans ce magnifique manteau, lourd comme du plomb, et qui lui aussi sentait la bête. Tout le trajet, je me demandais si je n'allais pas finir par vomir.

Avec les années, et la complicité d'un couturier, le manteau est donc devenu un blouson. Il est toujours vaguement associé dans mon esprit à l'odeur écœurante de la graisse de canard, mais il va bien avec mon jean.

Enfin, c'est ce que j'imagine, jusqu'à ce que notre professeur de médecine légale pique une grosse colère. Elle s'appelle Tatiana, c'est une femme à l'apparence sévère et dure, capable d'ouvrir un cadavre de haut en bas d'un coup de bistouri sans sourciller, mais tout de suite je devine que sous la carapace se cache une belle âme, attentive et généreuse. J'apprends qu'elle élève seule son petit garçon. Nous bavardons, nous parlons un peu de nos vies et, au fil des mois, nous devenons presque deux amies, en dépit des années qui nous séparent. Je crois que c'est cette amitié qui explique sa brusque colère.

— Nadejda, est-ce que ça t'arrive de te regarder dans une glace ? commence-t-elle un matin.

— Pourquoi ? Vous trouvez que je devrais me couper les cheveux ?

— Tu devrais aller chez le coiffeur de temps en temps, ça oui. Mais tu devrais surtout t'habiller.

— C'est mon jean que vous n'aimez pas ?

— Ton jean, ton blouson, tes bottes... Non mais regarde-toi ! Tu as dix garçons qui te tournent autour toute la journée, comment oses-tu te pointer fagotée comme un petit voyou ? Tu as des seins, de jolis yeux, la taille fine, et tu te comportes exactement comme si tu rêvais d'être un garçon... Tu ne peux pas faire un petit effort pour te mettre en valeur ? Je ne sais pas, moi, mettre une robe de temps en temps, un chemisier décolleté, des chaussures à talons...

— Je ne sais pas... Je pensais...

— À partir d'aujourd'hui, tu vas me faire le plaisir de regarder les femmes autour de toi. Et tu vas faire un petit effort d'élégance. D'accord ?

Est-ce que je rapporte cette scène à mon père ? Sans doute, puisque dans mon souvenir c'est très peu de temps après qu'il m'offre deux superbes manteaux. L'un pour l'automne, en cuir souple et parfumé, l'autre en fourrure synthétique pour l'hiver. Jamais mon père ne m'avait gâtée à ce point, mais surtout, pour la première fois il flatte ma féminité, comme si j'étais redevenue dans son cœur sa *petite Lisa*. Peut-être les réflexions de Tatiana lui ont-elles soudain fait prendre conscience que j'étais une femme à présent... Regardant la photo de Lisa à dix-huit ans, la veille de son mariage, je suis frappée par notre ressemblance. Plus soignée, on pourrait me prendre pour sa jumelle.

Et puis ces deux manteaux ont une valeur particulière à mes yeux. Papa me les rapporte de son premier voyage *à l'étranger*. C'est une consécration, ce voyage, dans un pays où seules les élites ont le droit de franchir les frontières. Il est le signe que mon père est enfin reconnu comme un chimiste de renom. On l'autorise à fréquenter les congrès internationaux, à être l'ambassadeur de la recherche soviétique. Il reste, certes, dans les *pays frères*, puisque le congrès se tient à Belgrade, mais à nos yeux la Yougoslavie est tout de même une destination féerique.

Nous sommes tous fiers de mon père à ce moment-là, des lauriers qu'il reçoit, de la confiance que placent en lui les autorités. En dépit de la fermeture du laboratoire de maman, quinze ans plus tôt, et des multiples vexations que nous avons endurées parce que nous étions juifs, nous avons foi tous les trois en l'idéal communiste, foi surtout en la patrie. Ce mot de *patrie* est sacré pour mes parents. Ils aiment notre pays plus que tout, et à chaque découverte scientifique, à chaque nouvelle conquête de l'URSS, ils se congratulent et en parlent avec un enthousiasme extraordinaire qu'ils transmettent à tous les étudiants qui les entourent, et à moi naturellement.

Je n'ai pas été élevée dans la religion, mes parents sont athées, mais ils m'ont transmis cette *morale* de la patrie. Nous ne sommes pas venus sur terre pour nous construire un petit bonheur familial égoïste. Nous sommes redevables à la patrie de nous offrir un toit, un couvert, la possibilité de grandir dans la paix, et nous devons en permanence œuvrer en retour pour que la patrie s'épanouisse, loin des conflits et dans l'enrichissement culturel. D'où leur dévouement inlassable à l'égard des étudiants, et de la jeunesse plus généralement. D'où leur dédain lorsqu'ils me voient (rarement) m'intéresser à la mode, ou au côté matériel et superficiel de la vie.

Cette *morale* ne les empêche ni d'éprouver un sentiment d'horreur pour Staline, ni de sourire amèrement aux gaffes et bêtises de Brejnev. Ils pensent que le premier a failli ruiner leur idéal, après avoir anéanti leurs parents, et que le second incarne une maladie du système dont ce dernier finira bien par se débarrasser un jour. Je crois que la bureaucratie, le KGB, la suspicion, l'antisémitisme font partie, à leurs yeux, de cette même maladie.

Quels liens entretiennent-ils avec la dissidence, et avec ces *refuzniks* dont le statut de parias leur fait si peur ? Je ne sais pas. Je pense qu'ils me tiennent soigneusement à l'écart de ces réseaux secrets, comme ils m'ont toujours tenue à l'écart de leurs conversations politiques pour ne pas nous mettre en danger. Mais curieusement, de la même façon qu'il avait noué des rapports de confiance avec Sacha, mon père se rapproche étroitement de Leonid, comme s'il était heureux d'avoir trouvé un fils. Et j'ai le sentiment qu'il se confie plus à Leonid qu'à moi. Et tout cas, c'est Leonid seul qu'il invite un jour à l'accompagner dans son bureau. Il veut, dit-il, lui montrer *quelque chose d'important.*

C'est Leonid qui me racontera la scène, bien des années plus tard. Mon père ferme la porte de son bureau, ouvre un tiroir plein de dossiers, et du fond de ce tiroir ramène une liasse de papiers serrés dans un élastique : une photocopie du manuscrit de *L'Archipel du Goulag*! Il lit donc des écrivains condamnés par les autorités (Alexandre Soljenitsyne vient d'être déchu de sa nationalité et expulsé d'URSS) et dont la seule évocation peut valoir une lourde peine. Comment a-t-il eu accès à ce manuscrit ? Fréquente-t-il des intellectuels décidés à obtenir des ouvertures démocratiques ? Jamais il ne m'en parlera.

Leonid et moi vivons depuis trois ans sous le même toit, lui dans le salon, moi dans ma petite chambre, quand nous évoquons pour la première fois l'idée de nous marier. Ç'aurait été impensable plus tôt, car nous n'étions pas assez avancés dans nos études. Dans ces années-là, en URSS, quand des jeunes voulaient se marier avant d'avoir appris un métier, on les comparait aussitôt à l'anti-héros de Denis Ivanovitch Fonvizine, Mitrophan, qui ne songe qu'à son petit bonheur. On disait : *Quoi ? Tu veux te marier comme petit Mitrophan, avant d'avoir appris quoi que ce soit ? Mais comment vas-tu servir ton pays si tu ne sais rien faire ?* En bons patriotes, mes parents partagent ce point de vue, ils n'auraient pas admis qu'on parle de mariage avant d'être en position d'apporter notre part à l'édification de l'Union soviétique, comme ils l'avaient fait eux-mêmes. Mais nous allons entrer en cinquième année de médecine, avec des notes qui nous valent les félicitations de tous nos professeurs, l'attribution d'une bourse, et il n'y a donc plus rien d'indécent à songer un peu à nous.

## 6.

*Comme si le monde nous appartenait enfin...*

C'est le jour de mes vingt et un ans, le 1ᵉʳ décembre 1982, que mon père nous emmène dans sa petite *Jigouli* déposer notre dossier de mariage. Le palais des mariages se trouve quai Koutouzov, à deux pas du jardin d'Été. Il faut déposer là toutes les pièces nécessaires et, en échange, le fonctionnaire vous donne un papier qui vous permet d'aller à la maison des futurs mariés choisir les alliances, la robe, quelques gâteaux au chocolat et une bouteille de champagne.

Mon père nous attend dans la voiture pendant que nous franchissons le porche en courant. Puis nous grimpons l'escalier, et Leonid me prend par la main. Nous sommes sûrs de notre dossier, la veille au soir nous avons vérifié chaque pièce. Leonid est heureux et confiant, comme toujours, et moi un peu tremblante. Le fonctionnaire s'empare de nos papiers sans nous regarder, il n'a pas l'air très content qu'on vienne le déranger ce matin-là. Dressés sur la pointe des pieds, nous le voyons tourner les pages, s'assurer que tout est bien en ordre. Et subitement, il dit :

— Ça fait un rouble !
— Pardon ? s'enquiert Leonid.

— L'enregistrement du dossier, ça fait un rouble.

Un rouble, c'est à peine plus d'un euro. Nous sommes largement majeurs, bientôt médecins, mais nous n'avons jamais un sou sur nous. Alors nous redescendons jusqu'à la *Jigouli*, stationnée au coin du quai, et mon père nous donne un rouble.

Maintenant, le fonctionnaire cherche quel jour nous allons nous marier. Ce n'est pas nous qui décidons, c'est lui, en fonction de l'emploi du temps du maire et de ses adjoints.

— Le dimanche 21 janvier, dit-il.
— D'accord, le 21 janvier, merci beaucoup.

Nous n'avons rien contre le 21 janvier, et quand Leonid découvrira que mes grands-parents, Abraham et Lisa, se sont également mariés un 21 janvier (en 1925), il y verra un heureux présage, comme s'ils nous transmettaient la force de leur amour anéanti par l'Histoire.

Nos professeurs, en revanche, risquent de ne pas apprécier. Une fille qui se marie peut tomber enceinte du jour au lendemain. Elle va disparaître plusieurs mois, on ne peut plus compter sur elle. Or, nous approchons du diplôme, et pour moi de choix essentiels : je veux faire de la recherche, devenir professeur agrégée, j'ai besoin du soutien et de la confiance de tous.

Nous décidons de nous marier secrètement, et au fond cela nous arrange bien, parce que nous sommes un peu gênés, après tant d'années, d'avouer notre amour. Que vont penser nos camarades de travaux pratiques à qui nous laissons entendre depuis le premier jour qu'il n'y a rien entre nous, qu'il n'y aura jamais rien, comme si l'amour était une honte ?

Quelques jours avant la date, mes parents nous offrent soixante-dix roubles, et ceux de Leonid nous en envoient trente. Nous avons donc cent roubles en tout, et une équation compliquée à résoudre : découvrir un lit à deux places susceptible d'entrer dans ma chambre qui ne fait pas plus de douze mètres carrés et qui abrite déjà un bureau et une armoire... Et nous découvrons l'objet miraculeux : un petit canapé clic-clac en velours (modèle *Natacha* !), élégant et doux, qui ne dépasse pas notre budget et nous laissera un peu de place pour circuler dans la journée entre la porte et l'armoire.

Puis mes parents nous accompagnent à la maison des futurs mariés, et nous choisissons les alliances les plus fines, les moins chères. Mes parents n'ont pas d'argent, mais nous ne le ressentons pas comme un sacrifice : pour nous, ces accessoires du mariage relèvent d'un luxe superficiel, comme la mode. C'est d'ailleurs pourquoi je renonce à prendre une robe – même la plus économique est encore terriblement chère pour un vêtement que je ne porterai qu'un jour. La veille de notre mariage, j'irai donc toute seule dans une boutique pour enfants et j'en rapporterai une petite robe d'été blanche, taille quatorze ans, à manches courtes, avec un petit cahier bleu imprimé sur le col. Elle sera ma robe de mariée et m'accompagnera jusqu'à mon agrégation.

Enfin, les parents de Leonid arrivent et nous allons les chercher à la gare de Moscou, place Vosstanija, sur la perspective Nevski. Ils débarquent les bras chargés de gâteaux. Ce sont des gens chaleureux et modestes, qui n'ont pas de grandes ambitions, au contraire de mes parents. Après avoir perdu tous les leurs dans les camps nazis, ils ont reconstruit la vie autour de leur rencontre et ont donné tout le bonheur possible à leurs deux fils. Bertha, la maman de Leonid, a plus que tout le sens de la famille. À peine est-elle à la maison que l'ambiance change : de chauds parfums de bouillons et de viandes en sauce s'échappent de la cuisine, nappes et napperons surgissent d'on ne sait où, on a envie de s'asseoir autour d'une grande table et de se laisser gâter. C'est ce que fait mon père, séduit par la cuisine de cette femme tendre et lumineuse, lui qui n'a pas épousé une fée du logis...

Le 21 janvier 1983, nous partons à pied en famille pour le palais Koutouzov. Il neige abondamment sur Leningrad, et la Neva, prise dans le long gel hivernal, semble figée pour l'éternité. Alors je repense à ces vers de Pouchkine que nous déclamions avec mon père quand j'étais petite :

> *Je t'aime, ville, œuvre de Pierre,*
> *j'aime ta sévère harmonie,*
> *le cours majestueux du fleuve,*
> *le granit qui revêt tes rives,*
> *l'entrelacs des grilles de fonte [...]*
> *J'aime de tes âpres hivers,*
> *le grand gel dans l'air immobile,*
> *et la course en traîneaux sur l'immense Neva,*
> *et le rose éclatant au visage des filles...*

Et je les dis tout bas à Leonid qui a pris ma main dans la sienne. Et je lui demande s'il voit le rose éclatant sur mes joues. *Leonid, est-ce que tu vois le rose éclatant sur mes joues ?* Il sourit. C'est dimanche, aucun traîneau ne glisse encore sur la Neva, il ne passe sur les quais qu'une voiture de temps en temps, et nous pouvons marcher de front sur les larges trottoirs immaculés. Je porte mon manteau de fourrure artificielle sur ma petite robe d'été. Oui, Leonid sourit, je sens la chaleur de sa main contre la mienne, je suis sûre qu'au fond de lui il pense qu'on a de la chance. Et moi, ce matin-là, je le pense aussi.

La neige a nimbé de blanc les hautes colonnes du palais Koutouzov, on le dirait surgi d'une scène d'*Eugène Onéguine.* Mais j'espère qu'au contraire de Tatiana et Onéguine, les deux amoureux mythiques de Pouchkine, Leonid et moi saurons construire notre bonheur.

À l'intérieur du palais, il fait bien chaud, tout est magnifique, féerique, et en grimpant solennellement cette fois le grand escalier, nous serions prêts à croire que les fresques bibliques du plafond n'ont été peintes que pour nous...

Ça y est, nous sommes mariés. L'adjoint au maire a fait un petit discours, maman a pleuré, et moi je n'ai pas osé embrasser Leonid sur la bouche devant nos parents. Je l'ai embrassé sur la joue, comme si rien n'avait changé.

D'ailleurs, l'après-midi même, nous sommes à l'hôpital. Sans nos alliances, pour que personne ne se doute de rien. Après l'épilepsie et la scarlatine, Leonid et moi travaillons maintenant sur l'asthme. Je n'ai pas oublié que c'est l'asthme de mon père qui m'a conduite en médecine, plus exactement le désir d'apprendre à le soigner par l'acupuncture, puisque l'acupuncture lui a sauvé la vie.

En débarquant en allergologie, au début de la cinquième année, nous nous sommes trouvés en présence d'enfants qui souffraient d'asthme et de bronchites. Et, comme d'habitude, j'ai demandé à notre professeur si nous pouvions tester l'effet de l'acupuncture sur le soudain resserrement des bronches qui provoque les crises et le sentiment d'étouffement. Non seulement notre professeur ne s'y est pas opposé, mais l'hôpital a mis à notre disposition les appareils de mesure indispensables.

Au moment de notre mariage, nous sommes en pleine expérimentation. Il nous a semblé qu'en massant les points d'acupuncture (puisque nous ne piquons pas les enfants), les spasmes diminuaient. J'ai tout lieu de croire que c'est exact, puisque Maria était venue à bout des spasmes de mon père en quelques séances. Mais nous devons établir nos résultats sur un nombre significatif de malades, et nous avons donc décidé de mesurer le volume respiratoire de chaque patient avant, et après, un massage des points pour évaluer scientifiquement l'efficacité de l'acupuncture. C'est à cela que nous nous livrons ce dimanche après-midi, comme chaque autre jour, dans les moments volés à l'apprentissage de la médecine institutionnelle.

Et il n'y a aucun doute : nous constatons, en faisant souffler les enfants dans notre appareil de mesure, que nous obtenons une augmentation sensible du volume respiratoire. Les spasmes s'estompent, et le

Abraham et Lisa Volf, mes grands-parents paternels, jeunes mariés, puis, en bas, au début des années 1930. Envoyé en Sibérie sous Staline, Abraham ne reverra jamais Lisa, morte en 1943, durant le siège de Leningrad.

Camarades de classe en 1939, Jeanna et Leonard, mes futurs parents, se retrouvèrent après la guerre. Jeanna terminait ses études de médecine, Leonard avait participé à la libération de Berlin.

Le dimanche, nous déjeunons tous les trois. C'est le seul moment où je vois mes parents ensemble. Parfois, nous allons nous promener après le déjeuner. Durant la semaine, ma mère dirige un laboratoire de recherches et mon père travaille à l'Institut de chimie.

*En haut :* à l'école, on se moque de mon nez, de mes yeux, et je m'aperçois subitement que mon nez est plus allongé que les leurs. Est-ce cela être juive ? Je voudrais bien être normale, et je rêve secrètement d'un nez en patate comme ils en ont tous (premier rang, en bas à gauche).

*Au centre :* Irina est ma première amie. Nous échangeons des poèmes. Je m'accroche à son sourire, à sa beauté, comme si le monde autour de moi sortait de la nuit pour me laisser entrevoir une petite porte vers le soleil.

*En bas :* avec Sacha, dans la datcha de ses grands-parents, sur la mer Baltique. L'amitié de Sacha va longtemps m'accompagner. Grâce à lui, je vais découvrir petit à petit des vérités inavouables sur l'URSS.

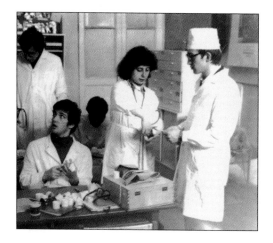

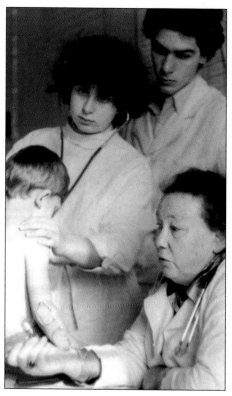

*En haut à gauche :* avec Leonid Ferdman, mon futur mari (coiffe), rencontré en première année de médecine. Nous devenons très vite inséparables mais nous attendrons la cinquième année pour nous marier.

*En haut à droite :* je me trouve en pédiatrie lorsque démarre une épidémie de scarlatine. J'en profite pour tester la validité de l'acupuncture. Une fois encore, nos professeurs parlent de « miracles », de « phénomènes inexplicables ».

*En bas* : à l'arrivée des beaux jours, il nous arrive d'aller manger une glace sur la perspective Nevski. Leonid prétend qu'il me trouve jolie, mais moi je continue de penser qu'il dit cela pour me faire plaisir. Et je ne fais pas vraiment d'effort pour être élégante.

Notre mariage. La veille, je suis allée dans une boutique pour enfants et j'en ai rapporté cette petite robe d'été blanche à manches courtes qui m'accompagnera jusqu'à mon agrégation. Pour l'occasion, les parents de Leonid ont fait le déplacement depuis Moscou.

Artyom naît le 1$^{er}$ décembre 1985, le jour où nous fêtons mes 24 ans.

Dernier week-end en Russie avant la fuite vers Helsinki, puis Paris. Pirjo Myyrylainen, qui va nous faire franchir la frontière, pose auprès de Leonid et d'Artyom qui viennent de finir le bonhomme de neige.

## Mes amis de Nîmes

Monique Storper a été institutrice toute sa vie. Quand nous débarquons à Nîmes, elle vient de prendre sa retraite. Elle va consacrer une grande partie de son temps à Artyom, tandis que son mari, Elie, nous sauve d'un naufrage annoncé.

« Je serai toujours là quand vous aurez besoin de moi », m'avait dit le docteur Heidi Thorer à Paris. Elle tiendra parole.

Avec le professeur Jean Bossy, sans lequel nous ne serions jamais venus en France.

*À gauche :* Michel Dajtlich, Elie Storper et Danielle Benguigui.
*À droite :* moi, Monique Storper, Jeannette Hirsch et Michel Dajtlich.

Danielle, Camille et Paul Benguigui. Mon père à droite.

*À gauche :* Monique Dajtlich, Jean-Pierre, Marjolaine et Robin Fraisse. *À droite :* mes parents.

*À gauche :* Gabrielle Charbonnelle, la maîtresse d'Artyom. *Au centre :* nous trois devant la voiture que nous ont offerte les Juantini. *À droite :* Leonid, Artyom, Georgina Dufoix, moi et Antoine Dufoix.

Leningrad, décembre 1990 : notre dernière photo de famille, la veille de notre départ, sur la perspective Nevski.

malade a une inspiration moins difficile et plus abondante. Ainsi, huit ans après avoir assisté au *miracle* accompli par Maria sur l'asthme de mon père, je suis en mesure d'en donner une première explication scientifique.

Comme lors de nos précédentes recherches, nous publierons nos résultats avec l'accord de notre professeur[1].

Cependant, cette année-là, une autre opportunité se présente. Notre professeur évoque la situation d'une petite ville proche de Leningrad dont un nombre grandissant d'enfants est touché par l'asthme. On parle de pollution excessive, on se demande si la station atomique qu'abrite cette ville y est pour quelque chose... Mais, en attendant, des enfants ont besoin d'être soulagés, et on cherche des médecins à envoyer sur place. Personne n'est très chaud pour y aller dans notre groupe, sauf Leonid et moi, avec l'arrière-pensée que si les médecins constatent sur place l'efficacité de l'acupuncture, ils pourraient être amenés à le faire savoir, cette fois.

Nous nous portons volontaires, et sommes détachés pour trois semaines dans l'hôpital de cette ville. Certes, aucune de nos expériences, ponctuelles et rapides, pratiquées dans un climat d'urgence, ne peut être fondée scientifiquement, mais à nos yeux, au moins, l'acupuncture atteint des résultats extraordinaires. Nous soula-

---

[1]. N. Volf, L. Ferdman, *Pathogenic Explanation of Acupuncture's Effects in the Treatment of Bronchial Asthma in Children,* Voprosy Ochrany Materinstva i detstva, 1986, 3, p. 27-31.

geons beaucoup d'enfants et rentrons de cette mission confortés, même si les médecins ont préféré croire plutôt au hasard qu'à notre travail.

Nous sommes mariés depuis un peu plus d'un an quand nous touchons enfin au but : boucler nos six années de médecine ! La cérémonie de remise des diplômes a lieu au mois de mai 1984, et nous avons bien pris garde à ce que je n'y arrive pas enceinte car ç'aurait pu être la fin de tous mes rêves. Ici, les médecins ne sont pas autorisés à pratiquer où ils veulent, ils reçoivent leur affectation, comme des soldats, le jour de la remise des diplômes. Or, je voudrais rester à Leningrad pour y faire une spécialisation en neurologie, avant de tenter l'agrégation. Enceinte, je n'aurais pas eu voix au chapitre, on m'aurait tout simplement demandé de suivre mon mari vers une lointaine province.

C'est un grand jour, cette remise de diplômes. Chacun sait que son avenir se joue là en quelques minutes. Nous comparaissons devant le collège des professeurs réunis pour l'occasion autour de la doyenne de la faculté et du représentant du ministère de la Santé, qui a sous les yeux la liste de tous les postes à pourvoir à travers le pays.

Mariés, Leonid et moi nous présentons ensemble, comme le veut la règle. Nous avons l'un et l'autre la gorge sèche : quelle sera notre vie si on nous expédie dans une ville perdue de l'Oural, ou au fond de la Sibérie ? J'apprends que je suis *diplôme rouge* de la promotion, et Leonid également placé parmi les premiers, ce qui me laisse supposer que l'on va bien vouloir écouter nos vœux. Mais, après nous avoir chaudement félicités, personne ne nous demande quoi que ce soit, et le représentant du ministère prend la parole sans vraiment se préoccuper de nous.

— Le garçon est de la région de Moscou, annonce-t-il, je propose de les renvoyer là-bas.

Pendant un instant, mon cœur s'arrête de battre. Mais la doyenne se redresse imperceptiblement, jette un regard aux professeurs comme si elle guettait leur approbation, et pose son regard sur moi, puis sur Leonid.

— Non, reprend-elle, ils sont très brillants tous les deux, Nadejda fait beaucoup de recherches, je crois qu'il serait plus profitable de les maintenir à Leningrad.

Les sourcils du fonctionnaire se lèvent, comme s'il ne voyait pas le rapport. Puis il replonge le nez dans ses papiers et j'entends battre mon pouls. Va-t-il revenir à la charge ?

— D'accord, dit-il enfin. Leningrad. Suivant !

Papa débouche une bouteille de vodka ce soir-là, et il chante, il est heureux. Il a l'impression, dit-il, de revivre cette belle soirée où on lui a remis son doctorat de chimie. C'était il y a vingt-deux ans, à la veille de ma naissance.

Quelques mois plus tard, admise en neurologie sous l'autorité du professeur Alexandre Kachan, je découvrirai pourquoi la doyenne a volé à notre secours. À l'origine, il y a mon travail sur l'épilepsie des lapins. Certaines personnes s'y sont intéressées sans que je le sache, et en particulier un neurologue du nom d'Andreï Gagarine. Un jour, alors que nous sommes en cinquième année, on apprend qu'un petit colloque réunissant des étudiants de plusieurs facultés va se tenir sur l'acupuncture. Leonid et moi nous y inscrivons. Et Andreï Gagarine m'aborde. Il m'explique qu'il a suivi mes expériences sur les lapins et me demande, si je le veux bien, de venir en parler dans son institut. J'accepte évidemment et, à l'issue de mon exposé, Andreï Gagarine me présente à son patron, le professeur Kachan.

— J'ai été très intéressé, me dit ce dernier. À quoi vous destinez-vous ?

— J'aimerais faire une spécialisation en neurologie pour pouvoir pratiquer plus tard l'acupuncture.

— Ah, très bien.

Kachan ne m'en dit pas plus, mais lui et Gagarine décident alors de m'offrir une place en neurologie, une fois mon diplôme de médecin en poche. Et c'est ce professeur qui demande lui-même à la doyenne, quelques jours avant la cérémonie de remise des diplômes, de me maintenir à Leningrad afin qu'il puisse me prendre auprès de lui.

De son côté, Leonid a décidé de se spécialiser en ostéopathie et médecine manuelle, et il poursuit donc ses études tout en commençant à exercer la médecine.

Je suis en neurologie depuis six mois, j'ai repris mes expériences sur l'acupuncture dans le traitement de l'épilepsie (toujours chez les lapins), et je partage mon temps entre le laboratoire, les cours et la pratique hospitalière, lorsque je commence à m'inquiéter de ne pas voir venir mes règles. Il est vrai qu'on ne prend plus aucune précaution depuis qu'on est sûrs de rester à Leningrad mais, au fond, j'ai encore une trop mauvaise image de moi pour me croire capable de concevoir un enfant. Un jour, je le laisse entendre à Leonid. Je lui dis :

— Tu sais, j'ai peur de ne pas être capable de faire des enfants...

Et lui :

— Mais tu es folle ! Tout le monde a des enfants ! Évidemment que tu en auras...

— Alors, si je peux en avoir, j'aimerais qu'ils te ressemblent. Avec toi, tout est léger, tout est facile, tandis que moi je vois toujours le côté dramatique des choses.

— On aura des enfants, on en aura autant que tu en voudras.

— J'en voudrais six, sept...

J'ai trop souffert d'être seule, je ne peux pas imaginer un enfant unique.

Et donc je m'inquiète tout à coup de mes règles, sans trop y croire. Et j'appelle notre professeur de gynécologie que je connais bien parce que je l'ai soignée un jour dans l'ascenseur, avec mes aiguilles, pour une crise de foie foudroyante.

— Le plus simple est que tu fasses un test, Nadejda, me répond-elle.

Je fais le test, je le dépose au laboratoire, et le lendemain matin le laboratoire m'appelle :

— Le test est très actif, il n'y a aucun doute !

Leonid me serre dans ses bras, et moi je lui cache mes larmes. La promesse de cet enfant, c'est ma rédemption, mon salut, la certitude que je ne suis pas maudite, comme je l'ai si longtemps cru. Et cet enfant arrive après ces merveilleuses années de médecine...

En ce début d'année 1985, tout semble donc nous sourire. On nous aurait dit que cinq ans plus tard nous nous enfuirions vers la France, nous ne l'aurions sûrement pas cru.

Le sourire de mon père lorsque je lui annonce que j'attends un bébé !

— Ils t'ont dit que le test était très actif ? Alors tu vas voir, ça va être un enfant formidable, plein d'appétit pour la vie !

Et maman, soudain catastrophée :

— Mais comment vas-tu faire pour élever ce petit ? Vous êtes encore internes, vous ne gagnez pas votre vie...

C'est vrai, il vaut mieux ne pas trop réfléchir aux mois à venir. Que va penser le professeur Kachan, qui a tant misé sur mon travail, quand il va me découvrir en future maman ? Comment mener de front une spécialisation en neurologie, des recherches en vue de l'agrégation, une pratique hospitalière épuisante, et une grossesse ?

Les premiers mois, je fais l'autruche. Je m'habille avec des vêtements de plus en plus lâches, je porte les pulls de Leonid qui me tombent sous les fesses, et personne ne s'aperçoit de rien.

J'assume toutes mes gardes de nuit en neurologie et, quand il le peut, Leonid me rejoint. Parfois, il faut porter un patient qui fait un œdème pulmonaire, ou un autre accident, jusqu'en réanimation, et quand Leonid est là, nous le portons ensemble. Sinon, je me débrouille toute seule, en suppliant tout bas mon bébé de ne pas m'en vouloir, en lui demandant de bien s'accrocher, de ne pas perdre confiance.

Et, le lendemain, je dois encore trouver le temps d'assister aux cours, de me préoccuper de mes lapins... et de pratiquer officiellement l'acupuncture ! Car ça y est, j'ai sauté tous les obstacles, je suis sur le point de respecter l'engagement que j'avais pris dix ans plus tôt devant Maria : faire médecine, puis entrer en neurologie, pour accéder enfin au diplôme d'acupunctrice. On parle alors de *réflexologie* en URSS, sans doute pour ne pas avoir à prononcer le mot tabou d'acupuncture, et la réflexologie est une des disciplines de la neurologie.

J'ai donc fait la connaissance du docteur Nikolaï Bogdanov, certainement le meilleur acupuncteur de tout le pays, et c'est maintenant sous son autorité que j'apprends à placer les aiguilles. C'est un homme implacable, d'une extrême sévérité, qui n'admet pas la moindre erreur. Je l'accompagne au cours de sa visite à l'hôpital. Il me donne rapidement ses instructions, que je note sans discuter. Pour telle patiente, voilà tous les points que je dois stimuler, et je devrai laisser les aiguilles neuf minutes et trente secondes. Pour tel autre, je dois placer les aiguilles en dispersion, c'est-à-dire à contresens des méridiens, en respectant un angle de quarante degrés. J'applique ses consignes, et il prend le temps de s'assurer que je n'ai commis aucune négligence. S'il me trouve en train de retirer les aiguilles de sa patiente après neuf minutes et trente-cinq secondes, au lieu de trente, il se met à hurler.

Mais je n'ai jamais été si heureuse professionnellement. Je vois que Nikolaï apprécie ma compétence, qu'il me fait confiance, et petit à petit nous devenons très proches. Je l'accompagne comme son ombre, je suis son élève, sa *disciple*, et on finit même par se moquer de nous. Je m'en fiche, j'ai une boulimie d'apprendre, je veux tout savoir de l'acupuncture, et je sens que j'ai en Nikolaï un génie à portée de main.

Alors à mon tour je l'aide. Il est sur le point de présenter l'agrégation, et je lui donne un coup de main pour la mise en forme de tous ses documents. Il est terriblement myope et il me fait pitié. Je voudrais améliorer sa vue, lui offrir quelque chose en retour de tout ce qu'il m'apprend. On me dit que le champ magnétique agit avec succès sur les yeux, or il y a un de ces appareils énormes dans un laboratoire de physique que Leonid et moi connaissons bien.

— Nikolaï, dis-je, accompagne-moi au laboratoire, il y a une machine qui pourrait améliorer ta vue.

— J'ai pas le temps, tu vois bien qu'on n'a pas une minute !

— Bon, d'accord.

Le soir, j'en parle à Leonid.

— Puisqu'il ne veut pas aller au laboratoire, pourquoi ne transporterait-on pas la machine jusqu'à lui ?

— Si Mahomet ne va pas à la montagne, c'est la montagne qui ira à Mahomet...

— Oui, voilà !

— Mais la montagne pèse au moins une tonne, Nadejda.

— Eh bien, ça ne fait rien, on va trouver des gens pour nous aider.

Leonid va traîner derrière le supermarché et il se met d'accord avec l'équipe d'un camion de livraison. En échange de quelques bouteilles de vodka, ils vont aller chercher la machine le dimanche matin, la livrer à l'hôpital où travaille Nikolaï, et la rapporter le soir même au laboratoire de physique.

Nikolaï n'est même pas étonné de voir débarquer cette gigantesque chose. Elle est encore pleine des crottes des lapins.

— Il faut que je mette ma tête dedans ?

— Oui, s'il te plaît, mais on va d'abord enlever les crottes...

Il retire ses grosses lunettes, met sa tête dans l'appareil, ne constate pas vraiment d'amélioration, et retourne aussitôt vers ses malades.

— Bon, mais au moins on aura essayé, dis-je à Leonid, un peu déçue.

Je suis enceinte de quatre mois, et personne ne s'en est encore aperçu, quand mon bébé tire soudain la sonnette d'alarme.

C'est au lendemain d'un dimanche où Leonid et moi avons passé notre journée à peindre, perchés sur des escabeaux. Mes parents viennent d'acheter une petite datcha au bord d'un lac, dans le village de Toksovo, à une demi-heure de Leningrad. C'est le bonheur de la famille, cette maison. Elle est en bois, elle n'a ni l'eau ni l'électricité, mais elle est à la campagne, plantée sur un petit terrain où l'on cultive des fraises. Nous rêvons d'y passer les beaux jours quand notre enfant sera là, et nous avons entrepris de la repeindre.

Le dimanche après-midi, mes parents sont venus admirer notre travail. Ç'aurait pu être un bon moment, mais ils se sont terriblement disputés, comme cette fois où j'avais failli passer sous une voiture pour les réconcilier. À la fin, comme j'essayais de calmer mon père, il s'en est pris à moi.

— Tais-toi, papa, ai-je protesté, tu n'as pas le droit d'être méchant, je suis enceinte.

Et lui, sans vraiment réfléchir :

— Je m'en fous que tu sois enceinte !

C'est cette petite phrase qui ne passe pas. Le lundi matin, à l'hôpital où je travaille, elle est toujours là, fichée dans mon cœur. Et je fais une légère hémorragie. Alors c'est mon père que j'appelle au secours.

Je ne pleure pas facilement, mais là je suis en sanglots.

— Papa, vite, je suis en train de perdre mon bébé... Viens vite, je t'en supplie, je ne veux pas... Je ne veux pas...

— Ne bouge pas, j'arrive.

Il laisse toutes ses affaires en plan, il vient me chercher et me conduit au meilleur institut de gynécologie de Leningrad, l'Institut Otto, sur l'île Vassilievski, où l'une de ses amies, le professeur Nona Georgievna Kocheleva, est chef de service.

J'entre à Otto à la fin du mois de juin 1985, et je n'en ressortirai que cinq mois plus tard, quelques jours après la naissance de notre petit garçon.

Et j'ai tellement honte de ne plus être en état de travailler, de ne pas avoir prévenu que j'étais enceinte, que je n'appelle personne, ni Nikolaï Bogdanov, ni Andreï Gagarine, ni le professeur Kachan.

Ils s'étonnent de ma disparition, puis les vacances d'été passent et, au retour, ne me voyant toujours pas revenir, ils s'imaginent que j'ai changé de vie.

— C'était si simple, pourquoi tu ne nous as pas prévenus ? me dira Andreï Gagarine.

— Parce que pour moi, ça n'était pas simple !

Mais finalement aucun ne m'en tiendra rigueur.

Artyom naît le 1ᵉʳ décembre 1985, le jour où je fête mes vingt-quatre ans. Et, ce jour-là, je lui parle longuement de son arrière-grand-père Abraham, de son grand-père Leonard, de son père Leonid, puis je lui dis : *Avec tous ceux-là au-dessus de toi pour préparer le monde à ta venue, petit Artyom, je sais que tu vas avoir une belle vie. Va, ouvre grands tes jolis yeux, aie confiance !*

Les visites sont interdites, je n'ai donc pas embrassé Leonid depuis cinq mois. Tout juste l'ai-je entraperçu, puisque, selon le rituel typiquement soviétique, les papas sifflent sous les fenêtres et les mamans apparaissent pour leur faire un petit bonjour, ou descendre une ficelle au bout de laquelle ils accrocheront ce qu'ils ont apporté pour améliorer l'ordinaire. Je suis donc folle de joie quand j'apprends que Leonid et mon père nous attendent dans le hall de l'Institut Otto.

J'emmaillote Artyom tout en lui expliquant qu'il va découvrir son papa, enfin, et une infirmière nous accompagne jusqu'à la sortie. Ils sont bien là, le père et le grand-père, étonnamment masqués comme des chirurgiens, mais, au lieu de répondre à mon sourire,

Leonid s'empare d'Artyom et s'enfuit en courant, tandis que mon père me saisit par la ceinture et me tire comme une vache vers la sortie.

— Mais qu'est-ce qui vous est arrivé ? Vous aviez peur qu'on nous kidnappe ? dis-je une fois dans la voiture.

— Non, mais ta mère pense que tous les bébés qui traînent dans le hall attrapent un rhume, à cause des familles qui viennent là avec des enfants.

Artyom n'attrape pas de rhume, et ma mère nous offre sa grande chambre pour que nous ne revivions pas ce qu'elle a vécu avec mon père à ma naissance – moi dans une corbeille à fruits posée sur le bureau, et eux serrés dans un petit lit.

Nous sommes heureux, comblés, et j'ai maintenant devant moi une année sabbatique puisqu'en URSS toutes les jeunes mères ont cet avantage. Pour moi, ça tombe très bien : j'étais arrivée pratiquement à la fin de mes expérimentations sur les lapins, il me reste maintenant à en rédiger le compte rendu, en réalité la thèse grâce à laquelle j'espère décrocher l'agrégation.

Je passe donc cette année 1986 entre mon manuscrit, les tétées et les couches-culottes. Les couches jetables n'existent pas encore ici, de sorte que le temps consacré aux lessives n'est pas négligeable... Quant au lait, très vite je n'en ai plus assez. Le pédiatre nous recommande le lait de vache pour compléter, mais on ne trouve pas de lait dans les épiceries de Leningrad. Finalement, on se tourne vers une femme de la campagne que j'ai bénévolement soignée à plusieurs reprises et qui nous offre du lait avec plaisir. Deux fois par semaine, Leonid fait trois heures de train aller et retour pour nous ramener six litres de lait.

Durant ces longs mois où j'écris cette thèse qui doit m'ouvrir les portes du professorat et de la recherche, l'Institut de chimie que dirige mon père lui fête avec éclat ses soixante ans (il est né le 28 mai 1926). Lui est au faîte de la réussite scientifique, et moi je m'apprête à marcher sur ses traces – nous y voyons tous deux un symbole. Mon père est à l'origine d'une multitude de brevets pour la fabrication de fibres chimiques utilisées en particulier par les médecins en chirurgie, par l'armée pour se protéger des gaz, ou encore par les pompiers pour se protéger du feu. De toute l'URSS lui arrivent alors des félicitations. Et mon père, qui dans quatre ans va partir pour Israël après avoir tout perdu, jusqu'à sa nationalité, reçoit ce jour-là des télégrammes d'éloges de la plupart des académiciens de l'Union soviétique.

Ce premier été dans la vie d'Artyom, nous le passons à Toksovo, dans notre jolie datcha que Leonid a fini de peindre tout seul pendant qu'on me gardait allongée à l'Institut Otto. J'ai le souvenir de jours lumineux, d'un bonheur profond comme je n'en ai jamais connu. J'écris, je regarde Leonid endormir notre petit garçon, au milieu de l'après-midi nous partons tous les trois nous promener au bord du lac. Certains soirs, je suis trop heureuse pour trouver le sommeil, je ressors dans cette nuit encore pleine des ombres du jour, et j'écris de la poésie pour Leonid. Je me rappelle ces quelques vers, que je traduis ici du russe comme je le peux :

> *Si tu veux, j'apprendrai à coudre, et peut-être à broder aussi,*
> *Si tu veux, j'apprendrai à vivre, et peut-être à survivre aussi,*
> *Doucement, doucement.*
> *Je ferai les gâteaux et la soupe,*
> *Je vais essayer de me taire et de compter les sous,*
> *Et de marcher sur la terre,*
> *Doucement, doucement.*
> *Et notre enfant va grandir, comme les fleurs dans le jardin,*
> *Et la semaine commencera le lundi, régulièrement,*
> *Je vais m'arrêter de rêver, je serai sage comme un vieux,*
> *Si tu veux, si tu veux.*

Ma soutenance de thèse pour mon agrégation est enfin fixée au mois de janvier 1987. Je suis prête mais, autour de moi, personne ne croit à ma réussite. D'abord, je n'ai que vingt-cinq ans, et on me dit qu'en URSS il n'y a jamais eu d'agrégé(e) si jeune. Mais surtout, je me présente sur des travaux d'acupuncture, ce qui est une première, pleine d'inconnu. La constitution du jury elle-même est une première. Mes expériences sur les lapins ayant été validées par les pharmacologues, et en particulier par le professeur William Gusel qui m'a mis le pied à l'étrier six ans plus tôt, le jury a été constitué pour moitié de pharmacologues. Toutefois, l'acupuncture étant rattachée à la neurologie, l'autre moitié est composée de neurologues. Au total, pour ma seule petite personne, on fait donc venir à Leningrad sept professeurs de pharmacologie de différentes universités du pays, et huit professeurs de neurologie. Et pour ne pas prononcer officiellement le nom d'acupuncture, mon agrégation a été dite de *neuro-pharmacologie*.

J'ai choisi le professeur Gusel comme directeur de thèse ; mes expériences l'ont convaincu, il ne rigole plus, ne parle plus de *miracles*... Il pense cependant que je vais me faire démolir par ses confrères et il m'accompagne en reculant.

Quant à mon patron de neurologie, le professeur Kachan, il ne voit pas ses confrères, plutôt remontés contre l'acupuncture, se déjuger soudain sous prétexte que mon travail tient debout. *C'est bien, tu es courageuse*, me dit-il, *mais à mon avis, ça ne passera jamais.*

Gusel et Kachan sont d'autant plus pessimistes que l'homme qui a été retenu pour me porter la contradiction devant le jury est un pharmacologue très renommé, le professeur Alexandre Lapine. Comme le veut la règle, j'ai demandé à le rencontrer quelques jours avant la soutenance officielle, et je vais à ce rendez-vous en tremblant. Je m'attends à tomber sur un mur, un de ces gros professeurs qui soupirent en vous regardant de haut, l'air de dire : *Et c'est pour cette petite chose qu'on me fait perdre mon temps ?* Mais je découvre au contraire un homme fin et sportif, à l'esprit vif.

— Ta thèse est excellente, me dit-il, je vais avoir du mal à te déstabiliser...

Et brusquement :

— J'ai mal au genou, tu peux me guérir ?

— Bien sûr que je peux vous guérir !

L'idée me traverse que ça peut être un piège, mais je m'en fiche, j'ai tellement confiance en l'acupuncture !

Je le soigne, puis je demande à revenir durant trois jours, et il se plie à mon calendrier. Au dernier rendez-vous, l'avant-veille de mon agrégation, il me lâche simplement :

— C'est bien, bravo, je n'ai plus mal.

Et le grand jour arrive.

D'ordinaire, pour une agrégation, toute la chaire se déplace, du professeur au dernier étudiant admis, en passant par tous les assistants. On vient soutenir le candidat, c'est la règle.

Pour moi, personne ne se présente, à quelques héros près. William Gusel arrive silencieux, la tête rentrée dans les épaules, comme s'il avait honte. Alexandre Kachan est très tendu, il m'avouera ensuite avoir eu peur de se faire siffler. Seuls Andreï Gagarine et Nikolaï Bogdanov, mes deux amis, affichent un sourire confiant.

Sinon, la salle est vide, à l'exception bien sûr de Leonid et de mes parents, qui n'en mènent pas large. C'est la première fois que le jury (quinze personnes) est plus nombreux que le public.

On me donne la parole, et je fais l'exposé que j'avais prévu de faire, encouragée par les regards intéressés et curieux que je croise parmi les professeurs.

Puis viennent les questions et, contrairement à ce que nous avions craint, aucune n'est malveillante.

Tous ces grands scientifiques semblent sincèrement intrigués, interpellés, par les résultats de mes recherches. Ils sont ouverts, prêts à me suivre, et ils me donnent l'occasion d'aller beaucoup plus loin que mon exposé. Au fil du débat, je vois William Gusel redresser le front, et Alexandre Kachan retrouver un timide sourire.

Puis arrive le tour de mon contradicteur et, quand Alexandre Lapine se lève, je peux lire dans le regard de tous les professeurs une lueur d'amusement, l'air de dire : *Enfin un peu de détente, voyons comment il va s'y prendre pour faire croquer la poussière à cette jeune personne un peu trop sûre d'elle-même !* Le grand pharmacologue fait part de son étonnement, il ne se doutait pas qu'on pouvait obtenir de tels résultats avec l'acupuncture, mais non, il n'a pas trouvé de faille pour dynamiter ma thèse, et il répète publiquement ce qu'il m'a dit en privé, *c'est un excellent travail.*

Voilà, c'est donc fini, on peut ouvrir le champagne, dans quelques semaines je recevrai de Moscou mon diplôme d'agrégation avec les félicitations du jury. Je suis la plus jeune professeur agrégée d'URSS, je me surprends à rêver d'un avenir scientifique lumineux, or c'est justement à partir de ce jour que ce pays que j'aime va nous précipiter dans les ténèbres.

## 7.

*Oh, le bel enfant ! Quel dommage qu'il soit juif...*

J'aimerais retrouver les termes de cette conversation avec le professeur Gusel, qui me glace encore le cœur.

C'est vers lui que je me tourne au lendemain de mon agrégation, puisqu'il est le premier à m'avoir tendu la main quand je n'étais rien. Il m'a fait cadeau de ses lapins épileptiques, il m'a ouvert les portes de son laboratoire de pharmacologie, et finalement il a bien voulu diriger ma thèse.

À présent, je suis professeur, j'ai théoriquement le droit d'enseigner et de diriger un laboratoire de recherche, mais comme on ne me propose rien je dois trouver un professeur qui veuille bien m'accueillir dans son département.

— J'ai pensé que peut-être je pourrais travailler avec vous, professeur.

— Tu me mets dans l'embarras.

— Parce que vous n'avez pas de poste pour moi, c'est ça ?

— Non, ça n'est pas une question de poste.

— Alors, c'est l'acupuncture... J'espérais vous avoir convaincu.

— Ce n'est rien de tout ça, Nadejda, j'aimerais bien te prendre, tu es vive, très sérieuse, très compétente, mais je ne le peux pas.

— Je ne comprends pas...

— Va voir d'autres professeurs, moi, je ne peux rien faire pour toi.

— Est-ce que je vous ai porté tort ? Si c'est le cas...

— Tu me portes tort en insistant.

Il se lève, il veut mettre un terme à la conversation, et moi je me sens de plus en plus mal.

— Dites-moi ce que j'ai fait, s'il vous plaît. Je ne vais pas partir comme ça, sans explication.

— On ne peut pas tout expliquer. Et puis, ça n'est pas à moi...

— À quels autres professeurs pensez-vous ?

— Ils étaient quinze à te soutenir le jour de ton agrégation.

— Ah oui... oui...

— Au revoir, et bonne chance, Nadejda.

Je titube en sortant. Toutes ces années de médecine, je m'étais sentie en confiance, comme si le monde m'appartenait enfin. Et brusquement, c'est comme si le voile se déchirait. Comme un retour aux années noires de mon enfance. De quoi suis-je coupable ? Je ne le sais pas. Mais je *suis* coupable, j'avais fini par l'oublier, et voilà qu'un de mes professeurs, que je considérais à tort comme un allié, me le rappelle.

Alors je prends rendez-vous avec Alexandre Kachan, l'homme qui m'a fait venir en neurologie. Entre lui et moi, il y a Andreï Gagarine, qui nous a présentés à l'origine, et qui est devenu mon ami. Peut-être est-ce cette amitié qui pousse le professeur Kachan à être plus explicite. Pourtant, la conversation s'engage comme la précédente.

— J'aimerais bien te prendre, mais ce n'est pas possible.

— Le professeur Gusel m'a dit la même chose.

— Ah ! Malheureusement...

— Qu'est-ce que j'ai fait pour qu'on ne veuille pas de moi ?

— Tu n'as pas compris toute seule ? Tu veux vraiment que je t'explique ?

— Oui, s'il vous plaît.

— Tu n'y peux rien mais tu es juive, Nadejda, voilà ce que tu as fait !

— Je suis juive, oui.

— Et l'administration n'admettra jamais qu'une Juive enseigne en médecine et dirige un département.

— Pourtant on m'a laissée aller jusqu'à l'agrégation...

— Les professeurs de ton jury n'ont rien contre les Juifs, ils ne sont pas antisémites. Moi non plus, je n'ai rien contre toi, mais si je propose de te prendre, on va me refuser ton poste et, si j'insiste, je vais avoir des tas d'ennuis.

— À cause de moi ?

— À cause de toi, oui. Et tous ces grands professeurs qui t'ont félicitée, eh bien je peux t'assurer que jamais ils ne prendront une Juive dans leur service ! C'est comme ça. Ils ne vont pas entrer en conflit avec les autorités pour tes beaux yeux.

— J'ai le titre de professeur, mais je n'enseignerai jamais...

— Voilà ! Ils t'ont donné la clé pour entrer dans la maison, mais ils ont fermé la porte de l'intérieur.

Je me souviens du silence gêné et désespéré d'Andreï Gagarine quand je lui rapporterai ces conversations, quelques jours plus tard. J'ignore à ce moment-là que sa femme est juive et qu'ils envisagent déjà de s'enfuir aux États-Unis. Témoin du cauchemar que nous allons vivre, Andreï Gagarine en témoignera plus tard devant les autorités françaises, nous permettant ainsi d'obtenir le statut de réfugiés politiques.

Cependant, les choses semblent se débloquer par la voie officieuse, comme si le destin me jouait un bon tour. J'avais soigné quelques mois plus tôt une jeune fille atteinte d'hémorragies juvéniles. Notre professeur de gynécologie, que j'aimais beaucoup, m'avait demandé d'essayer l'acupuncture sur cette jeune patiente qui semblait récalcitrante à tous les traitements. Et je l'avais guérie.

J'ignorais à ce moment-là qu'elle était la nièce d'un professeur qui devait être élu doyen peu de temps après mon agrégation. Or il se trouve que ce nouveau doyen, le professeur Vassili Alexin, se casse le bras durant le printemps 1987. Comme il souffre par ailleurs d'un ulcère à l'estomac, on lui interdit les anti-inflammatoires. Et son bras plâtré lui provoque des douleurs intolérables.

— Tu devrais demander au docteur Volf de te soigner avec les aiguilles, lui dit sa nièce.

C'est lui qui me le racontera par la suite. Il hésite, puis me fait appeler par un assistant de pharmacologie que je connais bien, Sergei Vlasov, qui va jouer un grand rôle par la suite.

— Nadejda, il faut que tu viennes soigner le patron. Il t'attend.

Pendant quatre jours, je lui fais des séances d'acupuncture, les douleurs passent, et il se met à me regarder comme une magicienne, lui aussi.

— Ça fait longtemps qu'on me parle de toi, me confie-t-il à la fin. Qu'est-ce que tu vas faire maintenant que tu es agrégée ?

— Mon rêve serait d'inaugurer une chaire d'acupuncture pour les étudiants de sixième année. Non pas faire d'eux des acupuncteurs, mais leur enseigner seulement l'usage de l'acupuncture en situation d'urgence. C'est un outil formidable pour soulager la douleur, et je trouve que tous les médecins devraient au moins posséder ces rudiments.

— Ce n'est pas bête du tout… Tu ne sais pas ? Écris-moi quelques pages sur le cours que tu envisagerais de donner et on en reparle.

Je rédige une présentation très complète du cours que je lui dépose deux semaines plus tard. Et le lendemain, il me rappelle :

— C'est passionnant. J'envoie tout ça à Moscou, et je reviens vers toi dès que j'ai du nouveau.

La réponse de Moscou est catastrophique. Je suis traitée de charlatan et on ne me laisse pas le plus petit espoir.

Alors ce Sergei Vlasov qui m'avait appelée au secours du doyen me propose assez curieusement une solution de rechange.

— Sous ton nom, rien ne passera, me dit-il. J'ai un ami neurochirurgien, adjoint du doyen, qui a besoin d'une chaire. Il s'appelle Igor Roudin. Je te propose de renvoyer ton projet à Moscou sous son nom à lui. C'est Roudin qui sera titulaire de la chaire, mais c'est toi qui assureras l'enseignement.

— Parce que tu penses que sous le nom de Roudin, mon projet sera accepté ?

— J'en suis certain, oui.

— Alors, ça me va. L'essentiel est que je puisse enseigner.

Nous rencontrons Roudin, gros homme rougeaud et buveur. Il n'a même jamais vu une aiguille d'acupuncture, mais l'idée lui convient, il est ravi.

Quelques semaines plus tard, l'autorisation d'ouvrir le cours nous parvient effectivement (il n'est plus question cette fois de charlatanisme), et Igor Roudin nous invite au restaurant panoramique de l'hôtel Leningrad, un des deux gratte-ciel de la ville, pour fêter l'événement.

Nous sommes à la veille de l'été, nous avons toute la ville à nos pieds, et les étoiles, extraordinairement lumineuses cette nuit-là, se reflètent dans la Neva. Je suis éblouie et heureuse. Tout semble finalement s'arranger : à l'automne prochain, je donnerai mes premiers cours !

Nous sommes quatre autour de la table, Igor Roudin, Sergei Vlasov, sa petite amie Nina, et moi. Je n'ai pas encore compris que tous les trois sont membres du KGB, ce qui explique pourquoi Roudin a obtenu sans aucune difficulté la création de cette chaire d'acupuncture qui lui permet de demeurer vice-doyen, pour le grand malheur du doyen Alexin qui se méfie de lui. Tout cela, je ne le découvrirai que plus tard.

Mais déjà, durant le dîner, les choses se gâtent. Vlasov impose que Nina, qui vient de finir sa médecine, devienne également enseignants, et comme je lui fais remarquer qu'elle n'a aucune compétence en acupuncture, il me prie de réserver mon été pour la former. J'accepte, il me semble que je ne n'ai pas vraiment le choix. Alors Roudin saisit la balle au bond et m'annonce qu'il participera à ces cours de rattrapage au côté de Nina.

Cet été 1987, pendant que j'enseigne l'acupuncture au professeur officiellement titulaire de la chaire d'acupuncture et à mon « assistante », je termine également la rédaction de deux manuels destinés à mes futurs étudiants : *Travaux pratiques en acupuncture pour les étudiants de sixième année de médecine*, et *Cours théoriques d'acupuncture pour les étudiants de sixième année.* Je signe ce dernier de nos trois noms pour respecter l'engagement pris à l'hôtel Leningrad.

Les manuels sont prêts en septembre, et c'est alors que je suis contactée par la directrice de la librairie universitaire qui me propose d'écrire un livre sur l'acupuncture destiné, cette fois, au grand public. *Avec plaisir !* dis-je, ravie de cette nouvelle occasion de sortir l'acupuncture de la clandestinité, et sans imaginer les ennuis qui vont suivre.

La dame me propose cent roubles en tout et pour tout, ce qui n'est pas beaucoup mais je m'en fiche, elle aurait pu ne pas me payer, j'aurais quand même écrit le livre. Ce que je ne sais pas encore, c'est qu'elle-même a touché beaucoup plus de la part de la maison qui va éditer l'ouvrage. Nous sommes alors au début de la *perestroïka*, les coopératives privées viennent d'être autorisées, et cette maison d'édition en est une.

Les cours démarrent au début de l'automne et, comme je l'espérais, nous rencontrons très vite un succès considérable. À tel point que, devant l'affluence, il nous faudra rapidement changer d'amphithéâtre. Les étudiants viennent en curieux, au départ, peut-être simplement pour conforter leurs préjugés, puis ils reviennent, et bientôt je me retrouve avec plusieurs centaines de passionnés. Ils veulent comprendre, remonter aux origines chinoises, entendre les explications scientifiques, et moi j'éprouve un immense plaisir à partager tout ce que j'emmagasine depuis plus de dix ans maintenant. Devant l'intérêt grandissant, je crée même un *Cercle scientifique des étudiants pour la recherche en acupuncture*... Est-ce que j'en fais trop ? Sans doute. En tout cas, ça ne correspond pas à ce qu'escomptait Roudin, qui n'avait besoin, je le comprends aujourd'hui, que d'une couverture. Non seulement le succès de mon cours le met en porte à faux vis-à-vis des étudiants qui savent parfaitement qu'il n'y connaît rien, mais en plus l'acupuncture, bannie par les autorités, est en train d'accéder au rang de véritable discipline scientifique.

Et pour aggraver le tout, moi dont on ne voulait à aucun prix, je me retrouve bel et bien professeur. En fait, tout se passe comme si le subterfuge qui n'était là, au départ, que pour servir les intérêts de Roudin (et du KGB) s'était retourné contre lui pour se mettre à mon service.

Le climat se dégrade donc rapidement entre nous. Roudin ne m'adresse plus la parole et, un soir, Nina me lâche perfidement : *J'aime mieux te dire que si Sergei ne te protégeait pas, il y a longtemps que tu aurais la tête dans le sac !* Je ne sais pas ce que ça veut dire, je ne pose pas de questions, j'en déduis simplement que Sergei Vlasov ne me veut pas trop de mal pour le moment, et je souhaite ardemment que cela dure.

Parallèlement à mes cours, je pratique l'acupuncture dans une polyclinique privée. Comme les maisons d'édition, ces établissements ont soudainement fleuri avec la *perestroïka*, et ma consultation connaît un succès grandissant. Moi qui ne touche par l'université que cent vingt roubles par mois, je me mets à gagner deux cent cinquante roubles *par jour* comme médecin dans le secteur privé... Les gens les plus divers viennent me voir, puis les artistes se donnent le mot et bientôt j'en compte énormément dans ma clientèle : danseurs, comédiens, chanteurs, compositeurs... Certains vont rester des amis jusqu'à aujourd'hui, et en particulier une femme qui va nous sauver la vie, Pirjo Myyrylainen, qui était à l'époque consul de Finlande à Leningrad.

Mon livre paraît à la fin de l'année 1987, sous le titre *Effacer la douleur par les mains*. C'est un texte très facile d'accès, qui permet en particulier de pratiquer soi-même les premiers massages des points d'acupuncture en cas de souffrance. Sans doute est-ce la raison de son succès. La maison d'édition, que je ne connais pas, ne me dira jamais combien d'exemplaires elle a vendus, mais il a bien marché, et cependant je n'ai rien touché de plus que mes cent roubles.

Est-ce Igor Roudin qui me monte un faux procès ? Est-ce le succès du livre qui est la goutte d'eau de trop pour « les organes » ? Durant l'hiver 1988, je suis convoquée dans les locaux du KGB.

Je me rappelle la brusque pâleur de mon père lorsque je lui montre le papier. Une nuit d'avril 1936, on est venu chercher son père pour l'emmener dans cet endroit, et Abraham n'est revenu qu'en 1953. Papa appelle aussitôt un de ses amis avocat, Artemis Nikolaevich Kotelnikov, qui me reçoit le lendemain.

Artemis est un homme courageux, et suffisamment intelligent, ou désespéré, pour jouer depuis des années au chat et à la souris avec les gens de « la grande maison ».

— Je voudrais bien t'aider, me dit-il, à demi caché derrière un rideau de fumée, mais tu sais, là-bas, les avocats ne sont pas admis...

Il écrase sa cigarette, en allume une autre.

— Tu veux que je te raconte une blague ?

— Je ne sais pas, je n'ai pas très envie de rire.

— Tu vas rire quand même. C'est l'histoire d'un chameau à deux bosses qui sort du KGB. *Oh ! Le pauvre cheval*, s'écrient les gens, *qu'est-ce qu'on lui a fait ?*

Il éclate de rire, et moi je sens le froid me pénétrer.

— Je ne pourrai pas rentrer avec toi, reprend-il, mais je t'accompagnerai jusqu'au seuil pour qu'ils voient que tu n'es pas toute seule. Je n'ai pas la prétention de penser que je leur fais peur, mais je les agace...

— Merci.

Leningrad est très sale ce matin-là. Nous marchons dans cette nuit qui n'en finit plus, entre des congères de neige boueuse et des voitures qui soulèvent des gerbes d'eau noire. Artemis et Leonid m'accompagnent.

J'essaie de ne pas trembler, d'être confiante et forte.

— Encore une chose, me dit Artemis devant les lourdes portes : ne crois rien de ce qu'ils te disent, n'attends rien d'eux, et surtout n'aie pas peur ! Répète.

— Je ne croirai rien de ce qu'ils me diront, je n'attendrai rien d'eux, et je ne leur montrerai pas que j'ai peur.

— Bravo, petite fille !

Il s'en va, Leonid m'embrasse, et j'entre toute seule.

Un lieutenant de police prend ma convocation et me précède dans l'escalier. Au premier étage, nous empruntons un long couloir sombre sur notre droite, puis nous tournons à gauche, et bientôt le lieutenant ouvre une porte et s'efface pour me laisser passer.

La pièce est très blanche, d'épais rideaux dissimulent les fenêtres, le plafond est étonnamment bas. Elle n'est meublée que de trois petits bureaux derrière lesquels se tiennent trois hommes. Ils sont disposés de telle façon que lorsqu'on est face à l'un, on tourne forcément le dos aux autres.

— Votre nom ?

— Nadejda Volf.

Celui-ci peut avoir trente-cinq ans, il a les cheveux roux et clairsemés, il porte de petites lunettes rondes. Il est donc mon interlocuteur, et je sens sur ma nuque le regard des deux autres.

— Quel âge ?
— Vingt-sept ans.
— Mariée ?
— Oui.
— Où habitez-vous ?
— Rue Tchaïkovski, au numéro 33.
— Des enfants ?
— Un petit garçon de deux ans.
— Qu'est-ce que vous faites dans la vie ?
— Je suis médecin, professeur agrégée.
— Vous avez écrit un livre, n'est-ce pas ?
— Oui.
— À combien d'exemplaires l'avez-vous vendu ?
— Je n'en ai aucune idée. Tout ce que je sais, c'est que j'ai reçu cent roubles pour l'écrire.
— Vous ne savez pas que votre livre s'est vendu à quatre millions d'exemplaires !

Cette fois, c'est la voix d'un autre, cinglante et ironique, me semble-t-il. Et je dois me tourner pour lui faire face.

— C'est une bonne nouvelle ! Non, je ne savais pas.
— Il s'est vendu à deux millions d'exemplaires, puis il a été réédité, et encore deux millions de vendus. Nous tenons l'information de votre éditeur.
— Vous êtes plus au courant que moi.

Alors le roux, moins agressif :

— Il ne vous a pas prévenue ?

— Comment aurait-il pu me prévenir ? Je ne le connais pas.

— Lui dit vous connaître.

— Mais moi non. Je ne l'ai jamais vu. Je n'ai rencontré que la directrice de la librairie qui m'a fait signer un contrat et remis cent roubles.

Et soudain, une autre voix dans mon dos, coupante, abrupte :

— Combien de vos livres avez-vous volés ?

— Volés ? Mais pourquoi aurais-je volé mes propres livres ? C'est ridicule.

— Répondez !

— Je n'ai rien volé, je ne sais même pas où se trouve l'imprimerie.

— Vous mentez !

De nouveau le roux, dans le rôle du gentil décidément :

— Vous auriez vendu deux cents de vos livres au marché noir…

— Jamais ! Jamais je n'ai vendu mon livre à qui que ce soit.

— Pourtant on vous a vue.

— C'est impossible !

L'autre voix, dans mon dos :

— À un rouble vingt chaque exemplaire, vous avez gagné illégalement près de trois cents roubles.

— J'aurais bien aimé, mais c'est faux.

— C'est vous qui le dites.

Le gentil :

— C'est beaucoup pour vous, trois cents roubles ?

— C'est plus de deux fois ce que je gagne comme professeur.

*J'ai choisi la liberté*

— Donc, c'est beaucoup ?

— C'est une assez grosse somme, oui.

Tout en répondant, je me fais la réflexion qu'ils ne semblent pas savoir que je travaille à la polyclinique. Tant mieux. Et, petit à petit, je commence à comprendre sur quelles accusations ils cherchent à me faire tomber. Est-ce Roudin qui leur en a soufflé l'idée ? Est-ce un complot plus large pour m'envoyer en prison et débarrasser définitivement l'Université d'un professeur juif ?

Je lutte contre la peur, je ne veux pas leur offrir le spectacle de ma faiblesse. Mais à certains moments, comme par vagues, l'angoisse me tord le ventre. Comment vais-je supporter d'être séparée d'Artyom, de Leonid ? Est-ce que je ne vais pas m'effondrer à l'instant où ils vont me signifier qu'ils m'arrêtent ? Ils peuvent tout, inventer de faux témoignages, de faux procès-verbaux, monter de toutes pièces un dossier qui peut peser très lourd devant un tribunal. Je vois déjà le scandale : un professeur accusé de vol, de marché noir, et pour couronner le tout une Juive ! Qui d'autre qu'une Juive aurait pu commettre de telles horreurs, n'est-ce pas ? Je vois déjà le scandale, mais je ne dois pas flancher, je ne dois pas trembler.

— Savez-vous combien la directrice de la librairie a touché pour votre livre ?

— Non, elle ne m'a rien dit.

— Quatorze mille roubles. C'est beaucoup, vous trouvez ?

— C'est énorme !

— Et vous voulez nous faire croire que vous n'avez reçu que cent roubles ?

— Je ne veux pas... C'est la vérité.

L'un des hommes, dans mon dos :

— Vous feriez mieux de nous la dire, la vérité ! Et vite !

L'autre voix :

— Qui vous a aidée ? Les autres vous accusent, vous ne vous en tirerez pas avec des mensonges.

— Expliquez-nous tranquillement comment tout ça s'est passé, reprend calmement le gentil roux.

J'entends les mots de « complot », de « complices », je sens qu'ils m'emmènent vers des choses abyssales, et je m'accroche comme une femme qui se noie à ma vérité insipide et minuscule. Me souvenant de ce que m'a dit Artemis, je ne crois rien de ce qu'ils me racontent. Inlassablement, je répète le peu que je sais. J'ai touché cent roubles, je ne connais pas mon éditeur, je n'ai volé aucun livre, je n'ai pas fait de marché noir.

Combien d'heures est-ce que cela dure ? Je ne sais pas.

— Bon, on va la laisser réfléchir, dit une voix à un moment.

— Si vous n'êtes pas plus coopérative, vous risquez de passer pas mal d'années en prison, me dit le roux, l'air embêté.

Ils se lèvent tous les trois, me poussent vers le radiateur et m'y attachent avec une paire de menottes.

Et puis ils s'en vont.

Le radiateur est très chaud, je dois tirer sur les menottes pour ne pas me brûler, et en ce cas elles m'entaillent les poignets. J'essaie malgré tout de m'asseoir, je suis tellement fatiguée tout d'un coup...

Mais maintenant je n'ai plus peur. Je suis au-delà de la peur, des sentiments. Maintenant, je me fiche de tout, je voudrais juste pouvoir m'allonger et m'endormir. Et je crois que je me dis tout bas : *Il arrivera ce qu'il arrivera, qu'ils fassent de moi ce qu'ils veulent, qu'ils me tuent s'ils ont envie de me tuer, je n'ai plus la force de lutter...*

Je sens qu'on me détache, je sors d'un drôle de sommeil, et j'entends :

— Si on a encore besoin de vous, on vous fera revenir.

Je me relève, une main me tend mon sac, et j'aperçois un homme de la police sur le seuil. Nous reprenons le même couloir, nous descendons l'escalier. La nuit est profonde et silencieuse dehors, il doit être tard, minuit largement passé sans doute...

Un instant, je reste là, sans comprendre, à me demander comment je vais faire, où est-ce que je vais trouver le courage d'avancer, et alors seulement je vois une ombre se détacher de la nuit, s'approcher doucement en me tendant les bras :

— Leonid !

— Je pensais bien qu'ils te libéreraient avant le jour.

— Mais quelle heure est-il ?

— Quatre heures du matin.

— Et tu m'as attendue toute la nuit ?

— Toute la nuit et toute la journée d'hier. Viens, allons nous coucher.

Le lendemain matin, je dois aller donner mes cours, mais je n'y vais pas, j'appelle et je dis que je suis malade. Pendant huit jours, je ne sors qu'à deux ou trois reprises de la maison, et chaque fois j'ai la certitude d'être suivie. Je surveille discrètement la rue depuis nos fenêtres, et je crois reconnaître sur le trottoir d'en face l'homme qui était derrière moi à la caisse du supermarché. J'ai peur, je me vois tournant dans l'appartement autour d'Artyom qui joue et n'a conscience de rien, et je me fais l'effet d'une pauvre bête traquée. Le mois dernier encore, en dépit des menaces que je pressentais, j'étais pleine de confiance en l'avenir, je pensais que rien ne pourrait m'arrêter... Aujourd'hui, je ne suis plus que cette petite chose affolée. Est-ce qu'il était si facile de me briser ?

Après une semaine, je fais l'effort de retourner à la faculté pour annoncer que je démissionne de mon poste de professeur. Les étudiants ont appris ce qui s'était passé, certains viennent discrètement me faire part de leur amitié, mais déjà je suscite cette espèce de vide et de silence qui entoure en URSS ceux qui ont été bannis. Ma grand-mère Lisa, perdant tous ses amis et que plus personne ne saluait après l'arrestation d'Abraham...

Cette nuit-là, cherchant le sommeil, je repense au chagrin de maman quand on lui a fermé son laboratoire. Quel est donc ce pays qui brise nos vies les unes après les autres ? Lisa ne s'est jamais remise de l'arrestation d'Abraham, et la guerre l'a emportée. Maman ne s'est jamais remise de la destruction de tout son travail, et depuis cette iniquité elle est l'ombre blessée de la femme qu'elle était. Est-ce qu'à mon tour je vais me noyer, me perdre ?

Oui, peut-être le désir de vivre se serait-il petit à petit épuisé en moi s'il ne s'était pas trouvé un homme pour me tendre la main.

Pendant ces quelques jours qui suivent ma démission, ces quelques jours terribles où je ne suis plus rien, ni professeur ni médecin hospitalier, je me remémore mes années de médecine. Tous ces professeurs merveilleux que nous avons eus, leur générosité, leur humanité... Comment un pays peut-il héberger sous un même ciel ces personnalités remarquables et des gens d'une noirceur absolue, comme ceux qui viennent de me faire chuter ? Je m'accroche à cette idée que je dois retourner vers ceux qui m'ont enseigné la force et la beauté de la médecine. Ni William Gusel ni Alexandre Kachan n'ont voulu de moi jeune agrégée, mais je dois frapper à d'autres portes. Je ne peux pas croire que ces hommes et ces femmes qui m'ont réconciliée avec la vie durant mes sept années d'études vont me décevoir au moment d'entrer dans la vraie vie.

Et je décide de prendre rendez-vous avec mon ancien professeur de pédiatrie, Albert Papayan. Je n'ai pas oublié son ouverture d'esprit, son intelligence. À l'époque, il nous avait laissés tenter nos expériences sur la scarlatine, puis sur l'asthme. Il est sans doute au courant de mes ennuis. Est-ce qu'il se souviendra de moi ?

Oui, il me prie de venir le retrouver dans son service de pédiatrie, à l'hôpital. Et c'est étonnant comme d'entendre sa voix seulement me réconforte.

—J'aimerais retravailler à l'hôpital, professeur.

— Je suis très flatté que tu aies pensé à moi, en quoi est-ce que je peux t'aider ?

— Je ne peux pas rester en neurologie, et je crois qu'on ne me proposera plus aucune chaire.

— Je sais, oui, j'ai appris qu'il y avait eu un problème... Écoute, moi je ne peux pas t'offrir un poste de professeur, je n'en ai pas, mais je serais très heureux de te prendre comme assistante, si tu ne vis pas trop mal d'être rétrogradée.

— Vous me prendriez vraiment dans votre service ?

— Comme assistante, Nadejda.

— Mais vous savez que je suis juive ?

— Oui, et moi je suis arménien...

Il sourit, nous bavardons. Et comme je reprends confiance, je lui dis ces mots d'Avicenne qui me semblent refléter si bien ce qui se passe en URSS :

— *Que vois-je aujourd'hui ? La fierté et le savoir méprisés, toute la subtilité de la pensée oubliée. On n'éprouve plus la nécessité de la connaissance, on glorifie les incultes...*

— Eh bien, tu vois que ton problème ne date pas d'aujourd'hui ! dit-il en éclatant de rire.

Il se lève, me raccompagne.

— Viens à partir de demain matin pour la visite, je te présenterai les malades.

C'est le début du printemps 1988. Je ne croise plus tous les matins les visages hostiles et fermés de Nina et du docteur Roudin, mais quelque chose a changé dans notre vie. Je me sens surveillée, je ne peux pas me détacher de l'idée que je peux être convoquée du jour au lendemain, et peut-être arrêtée, emprisonnée... Je travaille avec plaisir en pédiatrie tout en étant sans cesse tendue et sur mes gardes. Je ne me détends un peu qu'en fin d'après-midi à la polyclinique, au contact de patients amis qui m'apportent un peu d'humour et de fantaisie.

Un soir, comme nous rentrons du concert avec mes parents et nos amis Gagarine, nous trouvons la porte de notre appartement ouverte et deux hommes dans le vestibule qui s'apprêtent à partir. Ils se seraient sans doute enfuis si nous n'avions pas été nettement plus nombreux qu'eux, et si Leonid et Andreï Gagarine n'avaient pas refermé la porte en se plaçant devant. Mon père appelle le poste de la milice, qui envoie deux policiers, et nous nous retrouvons tous au commissariat. Dans le sac d'un des deux hommes, on retrouve tous nos agendas, un de mes manuscrits, et divers papiers.

Moi, je vis ces moments comme une somnambule, le cœur glacé, incapable de la moindre initiative, et en même temps pleine du pressentiment qu'on nous veut du mal et qu'on ne nous lâchera plus désormais. Je ne serai même pas étonnée quand mon père me racontera, le lendemain, que nos deux *cambrioleurs* ont été remis en liberté et qu'on lui a *déconseillé* de porter plainte.

Le climat se dégrade étrangement autour de nous, comme si la *perestroïka* avait sonné le glas des règles morales qui régissaient tant bien que mal la vie en société jusqu'ici. On dirait que toute l'idéologie de la générosité et du partage, que mes parents m'ont appris à respecter, s'effrite petit à petit avec la libéralisation de l'économie. J'en prends conscience en entendant un jour le docteur Sergei Vlasov s'écrier à l'adresse d'un de ses copains : *La perestroïka, c'est le bon moment pour faire de l'argent !* Vlasov, qui est membre du KGB et qui sera bientôt doyen de la faculté...

Beaucoup d'agents du KGB se lancent alors dans les affaires et, avec le recul, je comprends mieux aujourd'hui que c'est à ce moment que se crée cette *mafia russe* qui va pendant quelques années tirer les ficelles économiques et politiques, et conduire le pays au chaos. Drôles d'entrepreneurs formés à l'école du KGB, habitués à ne respecter ni les hommes ni les lois, et qui ne travaillent que pour eux-mêmes, dans un mépris total des autres.

À quelle morale, à quelles règles de droit doit-on obéir quand tout le pays se délite ? Les gens sont perdus, ils ne savent plus ni en qui croire ni à quelle philosophie politique se raccrocher, et c'est peut-être ce qui explique la violente remontée de l'antisémitisme que nous ressentons, comme si le peuple cherchait des boucs émissaires pour conjurer son profond désarroi.

De plus en plus de Juifs autour de nous envisagent de partir. Ils n'ont pas d'avenir professionnel, et ils sont l'objet de vexations ou d'insultes, dans la rue, chez les commerçants, pour peu qu'on les identifie comme Juifs. Andreï Gagarine me parle secrètement de son projet de gagner les États-Unis avec sa femme. Ils préparent leur départ dans l'angoisse que ça se sache, parce que, alors, il devient terriblement dangereux d'être juif.

*J'ai choisi la liberté*

À l'automne de cette année 1988, un drame nous bouleverse tous. Une jeune femme juive, qui était en médecine avec nous, et son petit garçon de quatre ans sont retrouvés assassinés dans leur appartement, leurs corps mutilés comme s'ils avaient été torturés. Je la croisais souvent ces derniers mois. Elle habitait à deux cents mètres de chez nous, dans une rue parallèle à la nôtre. Nous savions qu'elle avait officiellement demandé à émigrer en Israël et qu'elle n'avait plus depuis ni travail ni aucun revenu. Les voisins témoignent qu'ils les ont entendus hurler pendant de longues minutes sans oser intervenir.

Nous allons fêter les trois ans d'Artyom, je me mets à vivre dans la terreur qu'il lui arrive quelque chose. Jusqu'ici, il ne sortait pas de la maison, mais qu'arrivera-t-il quand il ira à l'école ? Est-ce qu'on le traitera de *sale youpin*, comme on me traitait, moi ? Est-ce qu'il rentrera, lui aussi, les jambes pleines de bleus ? Est-ce qu'un jour une femme lui lancera qu'elle regrette que les nazis ne l'aient pas exterminé, lui aussi ? Mon petit garçon, l'être que je chéris le plus au monde… Imaginer seulement que cela soit possible me coupe le souffle. Je demande à ma mère qui le promène de ne pas le lâcher des yeux. La nuit, je l'écoute respirer dans son petit lit, à côté du nôtre, et la peur me serre le cœur, je ne trouve plus le sommeil.

C'est aux premiers beaux jours du printemps 1989 que se produit cet événement qui va décider de notre avenir. Ce doit être un dimanche puisque c'est moi qui promène Artyom. Je le conduis en poussette au jardin d'Été, comme m'y conduisait mon père vingt-cinq ans plus tôt. Au moment d'entrer dans le parc, une femme, qui s'apprête à nous croiser, marque un temps d'arrêt, comme on le fait pour complimenter un enfant, ou sa maman. Par bonheur, je n'ai pas la présence d'esprit de lui sourire. Comment aurais-je supporté ensuite le souvenir de mon propre sourire ?

— Oh, le bel enfant ! s'exclame-t-elle. Quel dommage qu'il soit juif...

Et elle poursuit son chemin.

Ce ne sont que des mots, n'est-ce pas, ce ne sont pas des coups de feu, mais ils me transpercent comme des coups de feu. Pendant quelques secondes, je reste hébétée, avec cette envie stupide de hurler, ou d'éclater en sanglots, et puis c'est comme si toute la peur accumulée depuis des mois me fondait dessus. Brusquement je cours jusqu'à la maison, poussant mon petit garçon devant moi comme une folle. Je sais que je ne respirerai qu'une fois la porte bouclée à double tour. Alors j'assois Artyom parmi ses jouets, j'entre dans le bureau de mon père, et je tremble à l'instant où je referme doucement sa porte.

Mon père :
— Jamais je ne quitterai mon pays, Nadejda. Ne me demande pas l'impossible...

— Papa, ils nous haïssent, ils voudraient nous voir disparaître.

— Ils nous demandent plus qu'aux autres, je te l'ai toujours dit.

— J'ai essayé de tout faire mieux que les autres, et ils n'ont pas voulu de moi.

— Je sais, mais les choses peuvent changer.

— On dit qu'il va y avoir de nouveaux pogroms.

— Même si la situation devait s'aggraver, je ne veux pas partir. J'ai construit ma vie ici, je ne parle aucune autre langue que le russe, qu'est-ce que je ferais en Israël ?

— Israël est le pays des Juifs, nous y aurons notre place.

— Tu sais bien que je me fiche d'être juif. Je suis russe, un point c'est tout.

— Artyom aussi se fiche d'être juif, papa, et pourtant, une fois à l'école, on va le traiter de *sale youpin*.

— Nadejda !

— Est-ce que tu veux que ton petit-fils devienne le martyr de sa classe ? Que toute son enfance il souffre, simplement parce qu'il est juif ?

— Arrête, tu sais bien que je donnerais tout...

— Artyom n'a aucun avenir ici, papa, comme Leonid et moi n'en avons aucun.

— Eh bien, partez si vous voulez, mais laissez-nous mourir ici !

— Tu sais bien que si on part, ils vous le feront payer.

— Je m'en fiche.

— Moi, je ne m'en fiche pas. Si vous ne partez pas, nous ne partons pas non plus.

— C'est du chantage, Nadejda.

— Non, c'est toi qui nous prends en otages. Pense à Artyom, papa, nous devons tout faire pour lui, il est au début de sa vie.

— Tu sais combien j'aime cet enfant.

— Alors partons ! Fais-le pour lui, je t'en supplie...

Durant cette année 1989, les parents de Leonid viennent habiter Leningrad. Ils sont à la retraite, désormais, et ils n'ont qu'une idée en tête : se rapprocher d'Artyom. Ils échangent leur logement de la région de Moscou contre un petit deux pièces tout près de chez nous, et presque chaque jour ils sont à la maison. Bertha est une vraie *babouchka* pour Artyom, elle débarque le matin avec ses flocons d'avoine et ses œufs dans une petite casserole, et elle le gâte et le dorlote comme un petit prince. Elle fait tout ce que maman n'a jamais su faire : donner à manger patiemment, raconter des histoires, chanter, jouer à cache-cache, raccommoder...

Quelle part prennent les parents de Leonid dans la décision des miens de partir pour Israël ? Je ne sais pas. Je vois simplement que ce qui paraissait impossible six mois plus tôt fait désormais l'objet de conversations tendues et graves entre mes parents. Pour ceux de Leonid, quitter l'URSS semble moins douloureux. Si leurs deux fils s'en vont, ils s'en vont également. Or Micha, le frère de Leonid, est prêt à partir avec sa femme et leur petit garçon...

Ça y est, la décision est prise, et en dépit de tous les déchirements qu'elle implique je me sens enfin soulagée. Artyom ne vivra jamais les humiliations que nous avons vécues, il grandira dans la dignité et le respect – j'ai l'absolue certitude que nous faisons le bon choix.

Il me reste maintenant à me faire mettre à la porte de mon travail, puisque c'est un préalable exigé par les autorités pour recevoir l'autorisation d'émigrer.

Je prends donc rendez-vous avec Albert Papayan.

— Cher professeur, nous avons pris la décision de partir pour Israël.

— Mais tu es folle ! Regarde-toi, tu n'as aucun sens de l'argent, aucun sens des affaires. Et Leonid n'est pas plus doué que toi. Vous allez mourir là-bas.

— Ici on ne vit plus, professeur. Nous sommes suivis, chaque jour des Juifs se font agresser, j'ai trop peur pour mon fils.

— Je sais, il faut attendre que ça passe.

— Je ne veux pas attendre qu'il soit trop tard. Voyez ce qui arrive : partout les anciens du KGB sont en train de prendre le pouvoir. Qui nous protégera dans la Russie de demain ?

Albert Papayan se tait. Alors, je reprends la parole :

— Maintenant, il faut que vous me renvoyiez de votre service.

— Nadejda ! Comment veux-tu qu'on commence à t'insulter, à te traîner dans la boue ? Tout le monde t'adore ici. Tu ne vas trouver personne pour faire ces attestations dégueulasses...

— Mais puisque c'est moi qui vous le demande !

— Comment veux-tu, je t'aime comme ma fille...

Et mon vieux professeur le lève et me serre dans ses bras.

— Laisse-moi réfléchir tranquillement, me dit-il. Va-t'en, va voir les malades et reviens dans un moment, je vais essayer de trouver une solution.

Deux heures plus tard, il me tend sa *solution* : une lettre brève et sobre qui indique que l'ensemble de son service a voté pour mon exclusion.

— Tiens, ne me demande pas plus, j'ai déjà tellement honte.

— Je crois que ça ira. Je n'ai pas de mots pour vous remercier...

Voilà, maintenant nous pouvons partir pour Israël. Mais un rebondissement de dernière minute va nous permettre de découvrir Paris. Avec le recul du temps, je ne peux pas y voir autre chose qu'un extraordinaire cadeau du destin.

# 8.

## *Et le miracle va s'accomplir !*

À l'origine de notre départ imprévu pour la France, il y a le congrès international d'acupuncture de Leningrad, au mois de décembre 1984. Pour la première fois, l'URSS accepte d'accueillir des scientifiques étrangers sur son sol. C'est le début de la *perestroïka.*

Je suis médecin diplômée, je viens d'être admise en neurologie pour y préparer l'agrégation, et je ne suis pas encore enceinte d'Artyom, qui naîtra un an plus tard.

La perspective de ce congrès me remplit d'enthousiasme : je vais avoir la chance d'entendre des acupuncteurs du monde entier, moi qui apprends l'acupuncture depuis dix ans, quasiment clandestinement, dans le sous-sol de ma précieuse Maria.

Comme c'est la chaire de neurologie qui chapeaute la manifestation, on me demande de participer au comité d'organisation. Je serai chargée de la remise des badges, à l'accueil, et à la disposition des congressistes pour les photocopies et autres menus services. Mais pas plus.

— Nadejda, ne sois pas trop active ! Ne t'approche pas des étrangers, m'a mise en garde un des assistants de neurologie, Vladimir Nikolaevich, dont j'apprendrai par la suite qu'il est membre du KGB. Et tu ne leur parles sous aucun prétexte.

— Très bien, Vladimir.

— Tu te tiens strictement à ta place, sinon, je te préviens tout de suite, tu auras des ennuis.

— Ça va, j'ai compris.

Le congrès se tient dans le luxueux hôtel Poulkovskaïa, l'un des plus prestigieux de Leningrad, dans lequel je pénètre pour la première fois flanquée d'un de mes vieux copains, Arkadi, également passionné d'acupuncture.

Tout se passe sans accroc et, quand commencent les premières conférences, Arkadi et moi allons nous asseoir discrètement au fond de la salle. J'attends l'intervention d'un professeur français, Jean Bossy, dont je connais les travaux, en particulier sur *le rôle du système nerveux dans le mécanisme d'action de l'acupuncture*, et qui est l'un des invités-vedettes.

Nous l'écoutons religieusement, grâce aux casques de traduction simultanée, et un peu plus tard, lors d'un verre organisé dans le grand hall de l'hôtel, je le repère en compagnie d'une femme élégante et belle que je prends pour son assistante. Très courtisé, le professeur bavarde au milieu d'un groupe de congressistes.

— Et si on allait lui demander de nous expliquer le diagnostic par le pouls ? dis-je à Arkadi.

— Si c'est toi qui le lui demandes, il n'osera pas refuser.

— Oui, mais tu m'accompagnes, hein ? Sinon, je n'aurai pas le courage.

— Évidemment ! Je ne vais pas rater ça !

Nous nous approchons, et dans un de ces instants où les groupes se défont, avant de se reconstituer, je cherche le regard du professeur et je m'adresse directement à lui, timidement, en anglais :

— Bonjour, professeur. Nous sommes de jeunes acupuncteurs, ici nous ne trouvons pas vos livres, pourriez-vous avoir la gentillesse de nous montrer comment vous pratiquez le diagnostic par le pouls ?

— Bien sûr ! répond aussitôt la femme que je prenais pour son assistante.

Et je suis surprise par la bienveillance de son regard. Elle se présente :

— Docteur Heidi Thorer.

— Seulement, où allons-nous nous installer ? s'inquiète alors le professeur Bossy.

— Pourquoi pas là-bas, sur les canapés ? propose Heidi Thorer.

Ils y vont, nous les suivons, et alors que le professeur Bossy, assis, sort un bloc-notes et commence à dessiner à l'encre rouge le schéma des méridiens du poignet, des étudiants accourent... Bientôt il y a une petite foule autour de nous.

Le professeur explique, et comme je suis la seule à parler anglais, c'est moi qui fais la traduction en russe pour tout l'auditoire.

Puis il prend mon poignet et passe aux travaux pratiques. Je vois que des gens du KGB, costumes noirs et chemises blanches, nous observent sans bienveillance, mais je les chasse de mes pensées. Je suis tellement heureuse de cet échange ! Des tas de choses m'échappent, je pose des questions, et avec une patience extraordinaire Heidi Thorer m'explique. Dix fois, elle m'offre son poignet, et dix fois je lui donne le mien, jusqu'à ce que nous soyons toutes les deux certaines de nous être bien comprises.

À la fin, émue et touchée par sa sympathie, je défais la chaîne du petit éléphant argenté que je porte autour du cou.

— Tenez, c'est mon porte-bonheur, je voudrais que vous l'acceptiez en signe de reconnaissance.

Alors, sans détacher ses yeux des miens, elle commence à dégrafer sa broche en or, et je comprends avec effroi qu'elle s'apprête à me l'offrir en échange.

— Oh ! non, non, s'il vous plaît ! Mon petit éléphant n'a aucune valeur, c'est juste un porte-bonheur, gardez votre broche...

Elle sourit, prend le petit éléphant.

— Merci, dit-elle, il m'accompagnera désormais.

Jean Bossy m'offre son dessin à l'encre rouge (que j'ai conservé jusqu'à aujourd'hui comme un trésor) et nous nous éloignons.

Un peu plus tard, ou peut-être le lendemain, je vois revenir vers moi Heidi Thorer.

— Tenez, me dit-elle, pour remplacer votre petit éléphant...

Et elle me tend une délicate écharpe en soie rose du Japon dont je m'entoure aussitôt le cou.

Le congrès s'achève, Vladimir Nikolaevich me menace des pires sanctions, et je perds évidemment de vue la merveilleuse Heidi Thorer et le brillant professeur Bossy.

Cinq années passent. Au mois de mars 1990, Leningrad accueille de nouveau le congrès international d'acupuncture. Nous vivons alors dans la terreur d'être arrêtés, agressés, et la question qui nous préoccupe le plus est celle de notre départ pour Israël. Cependant, Leonid et moi allons au congrès dans l'espoir d'y retrouver les deux médecins français.

Déception : Heidi Thorer n'est pas revenue. J'aurais tellement aimé la présenter à Leonid ! Toutefois, Jean Bossy est bien présent, lui. Hélas, le KGB lui a collé un interprète qui ne le laisse pas seul une seconde. Les gens de « la grande maison » me terrorisent, et je ne m'amuse plus, comme en 1984, à me moquer d'eux. À plusieurs reprises, nous approchons tout près du professeur, mais à aucun moment nous ne parvenons à lui parler.

Finalement, nous renonçons. Leonid me propose d'aller prendre un café au sixième étage. Nous empruntons l'ascenseur, sortons au sixième, traversons le long couloir pour gagner le bar, quand soudain la porte d'une chambre s'ouvre et nous nous retrouvons nez à nez avec le professeur Bossy !

— Oh ! Bonjour ! dis-je en anglais, tétanisée par la peur et la surprise.

— Mais je vous reconnais ! s'exclame Bossy.

— Il ne faut pas qu'on nous voie ensemble, ai-je le temps de lui glisser.

— Alors tenez, prenez ma carte, et donnez-moi votre adresse...

Je la lui griffonne fébrilement sur son bloc-notes. Il me remercie, sourit, nous tourne le dos, et à cet instant seulement surgit son interprète.

— Tu vois, on a de la chance, murmure Leonid.

Oui, une chance infinie, inimaginable. L'échange n'a pas duré plus d'une dizaine de secondes, mais aujourd'hui nous savons que toute notre vie s'est jouée dans ces quelques secondes.

Deux mois plus tard, je reçois une petite carte très chaleureuse du professeur Bossy, et une invitation à participer au prochain congrès international d'acupuncture qui doit se tenir au mois de décembre 1990 à Paris. Dans le contexte de terreur où nous vivons alors, cette marque d'affection est un événement à la maison. Le professeur ne nous a pas oubliés ! On se passe sa carte, on la lit à voix haute, et je lui adresse en retour une lettre pleine de reconnaissance.

*Merci, cher professeur, d'avoir pensé à nous. Nous aurions été tellement contents de vous revoir, de découvrir Paris ! Mais, malheureusement, nous n'avons pas d'autre argent que le rouble, et ici les autorités nous interdisent de changer le rouble contre une autre monnaie... Nous ne pourrions pas payer les droits d'inscription au congrès, et, à Paris, nous n'aurions pas d'argent pour vivre...*

Nouvelle petite carte du professeur Bossy : *Venez, oubliez les droits d'inscription, nous vous invitons, et, pour ce qui est de vivre à Paris, apportez donc du caviar et de la vodka, vous trouverez des amateurs qui vous les paieront en monnaie forte...*

Mais oui, pourquoi pas ? D'un seul coup, partir pour Paris ne nous semble plus un rêve impossible. Leonid est enthousiaste, moi je suis prise de vertige... Le congrès se tient du 4 au 8 décembre, cinq petits jours durant lesquels nous pourrions visiter Paris, nouer de véritables contacts avec les meilleurs acupuncteurs du monde (sans la peur d'être arrêtés et condamnés pour haute trahison...), bref, vivre intensément, avant le grand départ pour Israël prévu au mois de janvier 1991.

Dès lors, les choses s'organisent très vite. Puisque nous sommes invités et que nous partons sans notre enfant (garant de notre retour), les autorités nous délivrent nos visas de sortie. Cependant, laisser Artyom derrière nous, à la garde de nos parents, n'est pas facile. On évoque partout des menaces de pogroms – que pourront faire nos parents si le pire survient pendant que nous sommes à Paris ? Pirjo Myyrylainen, que je soigne maintenant depuis deux ans, est devenue une amie très proche. Grâce à son poste de consul de Finlande, elle jouit de l'immunité diplomatique, et c'est donc vers elle que je me tourne. Elle m'assure que nous pouvons partir : si la situation empirait brusquement, elle recueillerait Artyom et nos parents au consulat.

Le samedi 1$^{er}$ décembre, c'est avec elle que nous fêtons l'anniversaire d'Artyom et le mien, dans une petite résidence hôtelière, au bord de la mer Baltique, où nous passons le week-end. Artyom a cinq ans, moi vingt-neuf. Nous savons que, quoi qu'il arrive, c'est sans doute notre dernier anniversaire dans notre pays, et Pirjo partage notre émotion. Sommes-nous au bord du gouffre, ou au pied d'une montagne magique ? D'épais flocons de neige nous dissimulent l'horizon et, pour surmonter cette étrange excitation, faite d'angoisse et d'impatience, nous empruntons une luge et toute la journée nous dévalons la jolie pente devant l'hôtel, juste pour entendre le fou rire d'Artyom.

Le 4 décembre (anniversaire de Leonid, cette fois), nous décollons pour Paris. Jamais nous n'avons quitté l'URSS, et de la capitale française nous avons une image mythique. C'est vers Paris qu'ont fui les dissidents, c'est à Paris qu'a été publié *L'Archipel du Goulag*, c'est à Paris que danse Rudolf Noureïev... Respirer à notre tour l'air de cette ville irréelle nous fait cogner le cœur durant tout le vol.

Par bonheur, nous rencontrons dans l'avion un ami médecin, Lu Dé. Il était venu de Lituanie pour se perfectionner en acupuncture quand j'étais étudiante en neurologie, et nous avions beaucoup sympathisé. Cette fois, il est avec sa femme, et eux aussi se rendent au congrès.

Nous atterrissons, franchissons les contrôles, et nous retrouvons dans le grand hall de Roissy un peu hébétés. Personne ne nous attend ! Chez nous, ça n'aurait pas été possible, plusieurs agents du KGB se seraient déplacés pour encadrer les étrangers. Quel est donc ce pays où les gens se retrouvent livrés à eux-mêmes ?

— C'est incroyable ! s'exclame Leonid. On pourrait prendre un taxi et s'en aller.

— C'est d'ailleurs ce qu'on va faire, dit Lu Dé, sans ça, je crois qu'on est bons pour passer la nuit ici.

Et l'incroyable se produit ! Nous montons dans un taxi et nous partons. Et aucune voiture noire luisante ne nous escorte.

Il est peut-être dix-huit heures, une nuit brumeuse et mouillée s'est abattue sur Paris. Par chance, Lu Dé parle un peu le français. Nous nous faisons conduire au palais de l'Unesco, puisque c'est là que doit s'ouvrir le congrès, le lendemain matin. Il est certain dans notre esprit qu'il y aura là-bas un puissant comité d'accueil.

Or ce que nous découvrons nous consterne : le palais est fermé, plongé dans l'obscurité, et le gardien n'a aucune idée de l'endroit où nous devons dormir.

— Le plus simple, dit-il, c'est que vous alliez à l'hôtel.

— À l'hôtel ? N'importe quel hôtel ? s'enquiert Lu Dé.

— Non, là où vous trouverez de la place, répond le gardien.

Et Leonid, à mon oreille :

— On peut faire ce qu'on veut, tout le monde s'en fout. C'est ça, la démocratie.

Mais nous avons renvoyé notre taxi et nous n'avons pas d'argent pour payer l'hôtel. Alors j'ai l'idée d'appeler la seule Russe que je connaisse à Paris, Ludka, une ancienne patiente, venue se marier en France.

Ludka ne peut pas nous héberger tous les quatre, mais elle trouve des gens chez qui vont Lu Dé et sa femme. Et Paul, un ami de Ludka, propose de nous conduire aussitôt sur les Champs-Elysées.

Et là, c'est un choc inouï ! Il est peut-être huit ou neuf heures du soir et on se croirait en pleine galaxie, roulant sur la Voie lactée. De la Concorde à l'Arc de triomphe, c'est un éblouissement. Paul a beau nous expliquer que c'est exceptionnel, du fait des fêtes de Noël et du nouvel an qui approchent, nous n'en croyons pas nos yeux. Comment un pays peut-il s'offrir tout ce luxe, tout ce parterre étoilé, quand à Leningrad les rues sont noires, l'électricité rationnée ?

D'autant que nous n'avons rien vu encore... Paul a gardé le meilleur pour la fin : Monoprix ! L'enseigne rouge a du mal à attirer l'attention sur le trottoir de cette stupéfiante coulée lumineuse, mais Paul nous guide. Nous franchissons le seuil, et c'est à tomber ! Au milieu d'un décor féerique, des corbeilles de fruits : bananes, pommes, oranges, pamplemousses, kiwis, quand à Leningrad on ne nous offre que des pommes de terre noires et des carottes fendues par le gel. Des quartiers de viande, du foie gras, du boudin blanc, du jambon italien, quand chez nous on ne trouve plus que des os et du gras. Les rayons débordent, les gens sourient, comme illuminés de l'intérieur, il fait bien chaud, on peut se déboutonner, se détendre, prendre le temps de tout embrasser du regard.

— C'est décidé, je demande l'asile politique à Monoprix ! lance Leonid.

Ludka éclate de rire, et les gens nous regardent curieusement, sans doute étonnés par notre langue. Oui, mais plus encore, me dis-je en les observant, par nos vêtements qui n'ont pas l'élégance des leurs. Je viens seulement de réaliser combien nous paraissons lourds et frustes à côté d'eux. Est-ce que tous les Français sont à l'image des clients de ce merveilleux Monoprix ?

Le lendemain, nous nous réveillons à onze heures. Nous avons dormi comme des masses, sur des matelas posés à même le plancher. Nous sommes très en retard, le congrès s'ouvrait à neuf heures, et pour comble de malchance Ludka et Paul habitent à Créteil... Nous courons dans ces rues étroites et vides, et comme nous l'aurions fait en URSS, nous levons le pouce devant les rares voitures qui nous doublent. Chez nous, ça ne se fait pas de ne pas prendre en stop. Ici, les conducteurs nous regardent de travers. Enfin, un couple âgé s'arrête. Ils parlent anglais, s'émerveillent que nous soyons de *vrais Russes de Leningrad*, et nous conduisent jusqu'à l'Unesco en nous couvrant de compliments et de mots gentils.

Nous sommes bien attendus, et le professeur Bossy ne s'est pas moqué de moi : je suis inscrite pour deux conférences de quarante minutes chacune : l'une sur l'acupuncture dans le traitement de l'asthme et des bronchites chez l'enfant, l'autre sur l'acupuncture dans le traitement de l'épilepsie chez les lapins (ma thèse d'agrégation). Mais à part ça, Jean Bossy n'a pas une minute à me consacrer, il y a en permanence une foule autour de lui et c'est à peine si nous parvenons à nous serrer la main.

Je cherche fébrilement des yeux Heidi Thorer, cette fois je suis certaine qu'elle est présente, et quand je l'aperçois enfin, je ne la reconnais pas. Elle est tout en noir, son visage n'a plus cette lumière qui m'avait tellement charmée, et ses yeux sont d'une tristesse effrayante. Je suis si bouleversée que pendant plusieurs minutes je n'ose pas l'approcher. Plus tard nous nous retrouvons, nous échangeons quelques mots, puis elle s'éloigne comme si elle était ailleurs, indifférente et glacée. Je n'apprendrai que le lendemain qu'Heidi a perdu son fils cadet deux ans plus tôt dans un accident de voiture.

Les heures passent trop vite, comme un tourbillon. Nous nous remplissons le cœur et les yeux de Paris, et pour la première fois j'éprouve à vivre une sensation de légèreté, d'ivresse. Comme si on avait enfin retiré le lourd couvercle qui m'écrasait le cœur depuis ma naissance.

— Maintenant que je connais Paris, dis-je un soir à Leonid, j'ai l'impression qu'à Leningrad on vit comme des rats, dans les sous-sols de la terre.

Et c'est Ludka qui, me voyant complètement chamboulée, a cet éclair de génie :

— Pourquoi tu ne demanderais pas à revenir faire un stage ? Ici, ça se fait, tu sais. Les professeurs invitent des scientifiques étrangers à venir travailler avec eux pendant quelques mois.

— Tu crois ?

— Essaie, qu'est-ce que tu as à perdre ?

— Ludka a raison, dit Leonid. Bossy t'a félicitée, si ça se trouve il sera très flatté que tu veuilles revenir.

L'idée m'empêche de dormir. Et si c'était possible ? Si seulement nous pouvions revenir trois mois !

Pour trois mois à Paris, je donnerais trois ans de ma vie.

L'après-midi du troisième jour, il se passe une chose extraordinaire qui me donne soudain des ailes. Un professeur de Lyon, Paul Castro, vient me féliciter pour ma conférence.

— Merci, lui dis-je, les gens sont formidables ici, on se sent porté par l'enthousiasme. J'aimerais tellement travailler dans ce pays !

— Eh bien, revenez !

— Je voudrais bien, mais où ?

— Venez chez moi, à Lyon. Vous donnerez des conférences à l'université. Ma maison est la vôtre, ma famille est la vôtre, mon compte en banque est le vôtre.

Il me donne une forme d'accolade, puis il ajoute :

— Je parle sérieusement, hein !

Et il s'éloigne.

À cet instant, je le crois, comme j'aurais immédiatement cru un professeur d'université de Leningrad s'il avait pris un tel engagement. Quand mes parents ont dit à Leonid de venir vivre à la maison, en deuxième année de médecine, ça n'était pas une promesse en l'air. Leonid est venu, et mes parents l'ont hébergé jusqu'à notre mariage. En URSS, il ne viendrait à l'idée d'aucun professeur de lancer une invitation en sachant qu'il ne tiendra pas son engagement.

L'invitation de Paul Castro me donne le sentiment que tout est possible dans ce pays féerique qu'est la France. Et sans elle, je n'aurais peut-être pas eu le culot d'aborder le professeur Bossy.

Je le fais le dernier jour, à l'ultime minute, au moment des au revoir.

— Vas-y, me répète Leonid, après il sera trop tard.

Le temps passe, et je ne trouve pas la force d'oser. De plus, Jean Bossy est véritablement assiégé, et je ne me vois pas du tout fendant la foule pour aller lui demander un stage.

C'est Heidi Thorer qui me sauve. Elle doit me voir, tordue par l'angoisse, tendant le cou pour ne pas perdre le professeur des yeux, et elle vient me dire quelques mots en anglais :

— Comment allez-vous ? On ne s'est pas beaucoup vues, je suis désolée... Repartez-vous aujourd'hui ?

— Oui. Et j'aurais voulu voir M. Bossy avant de m'en aller. Vous savez, mon rêve le plus fou serait de pouvoir travailler un peu en France. Je ne sais pas, faire un stage peut-être.

— Vous voudriez faire un stage ?

Elle a compris, je vois son regard s'allumer, comme si elle était heureuse de pouvoir faire quelque chose pour moi.

— J'aimerais tellement !

— Attendez, restez là, je reviens.

Un instant plus tard, elle revient en effet :

— Venez tout de suite, Jean veut vous parler.

Il quitte les gens qui l'entouraient, nous nous enfermons dans un petit bureau, et là, tout va très vite.

— Heidi me dit que vous aimeriez faire un stage dans mon service...

— Oui, ça serait formidable !

— Mais comment allez-vous vivre ? Je n'ai pas de bourse à vous offrir.

— Ce n'est pas grave, je trouverai l'argent.

— Dans ce cas, venez, ça ne pose aucun problème. Je vous enverrai une invitation à Leningrad.

— Fais-la tout de suite, Jean, recommande Heidi. Ensuite, tu risques de penser à autre chose.

Il acquiesce, sort une feuille à en-tête de son cartable, et griffonne cette phrase miraculeuse : *Je soussigné Professeur Jean Bossy certifie que Mme le docteur Nadejda Volf, née le 1ᵉʳ décembre 1961, est invitée à faire un stage de recherche, de six mois à un an, dans mon service.*

Il se lève, me serre la main, s'en va, et je voudrais de nouveau donner un petit éléphant argenté à Heidi qui me regarde maintenant en souriant.

— Je serai toujours là quand vous aurez besoin de moi, me dit-elle doucement.

Elle tiendra parole, je le sais, et nous repartons pour Leningrad pleins de confiance en notre étoile.

En quatre jours, la vision que nous avions de notre avenir a complètement changé : puisque Jean Bossy m'offre cette chance inouïe de travailler dans son laboratoire, à ses côtés, je vais décrocher le prix Nobel en six mois, ça ne fait aucun doute dans notre esprit, et dès lors nous n'aurons plus besoin de fuir l'URSS qui nous accueillera comme ses héros ! Nous n'aurons plus d'ennuis, nous serons fêtés, respectés, et on ne nous traitera plus jamais de *sales youpins*.

Comment pouvions-nous être aussi naïfs ? me dis-je aujourd'hui en me remémorant notre enthousiasme dans l'avion du retour. Nous étions jeunes, et surtout nous découvrions le monde après des années d'enfermement, et cette liberté nous enivrait.

L'URSS que nous retrouvons, elle, n'a pas changé. Elle est plongée dans une nuit glaciale, et nous avons le sentiment que derrière chaque silhouette se cache une menace. À la maison, nos parents préparent silencieusement leur départ pour Israël. Les miens sont déchirés, malheureux, et si ça n'était pas l'avenir d'Artyom qui se jouait je renoncerais à partir. Pour eux qui ont tant donné à ce pays, c'est trop dur, je le vois bien, et je me sens coupable de leur chagrin.

Mais Paris est une chance pour nous. J'en ai la conviction et, en m'écoutant raconter notre voyage, eux aussi se prennent à espérer en notre étoile. Ils vont donc partir pour Israël tandis que nous nous envolerons vers la France pour six mois. Les lauriers et la reconnaissance venus, nous les rejoindrons en Israël, et peut-être retournerons-nous alors tous ensemble dans notre pays... Qui sait ? C'est en tout cas ce que nous imaginons dans cette fièvre du départ qui petit à petit nous coupe de la réalité.

Cependant, jamais les autorités ne nous laisseront repartir pour la France avec Artyom. Émigrer vers Israël, oui, mais nous envoler vers la France en famille, sûrement pas. D'ailleurs, Artyom n'est pas sur notre passeport, on ne nous laissera repartir pour Paris que s'il reste à Leningrad comme *caution* de notre retour.

Je cherche donc comment obtenir un passeport où nous soyons tous les trois, avec un visa de sortie du territoire. Deux de mes patients à la polyclinique sont d'anciens agents du KGB reconvertis dans les *affaires*. Ce ne sont pas des amis, plutôt des voyous, mais je n'ai rien à perdre. Je leur parle de mon problème, et très vite ils me proposent une solution : un des patrons du KGB, un général, souffre du dos. Il m'attend.

— Si tu parviens à le soulager, me disent-ils, il te signera tout ce que tu veux et tu auras ton passeport en deux heures.

— Très bien. Où habite-t-il ?

— Je t'accompagne, me dit l'un des ex-agents.

Nous partons. Il habite sur les quais de la Neva un de ces appartements luxueux dont les hautes fenêtres donnent sur la forteresse Pierre-et-Paul. Je sens l'émotion me gagner en chemin, et puis monter l'angoisse. Comment vais-je faire pour ne pas trembler devant ce personnage qui incarne tout ce qui me terrifie ? L'arrestation d'Abraham, la détresse de Lisa, mon propre interrogatoire, ce sentiment que nos vies ne comptent plus entre leurs mains... Ce ne sont pas des hommes, ce sont des tueurs, des tortionnaires, les gardiens de cette terreur maladive qui a fait de ce pays une sinistre prison.

Il a soixante-huit ans, il a fait toute sa carrière dans la police, il y était déjà sous Staline... Tout le monde tremble au nom de cet homme à Leningrad, et moi je vais devoir croiser son regard, l'écouter, le toucher... Nous arrivons, mon accompagnateur pousse la porte de l'immeuble et s'efface pour me laisser entrer. Nous prenons l'ascenseur, il occupe, paraît-il, les trois étages supérieurs. Voilà, nous y sommes, c'est la porte blindée.

L'ex-agent s'apprête à sonner. Alors je dis tout bas :

— Non, non, je ne pourrai pas, c'est impossible...

— Comment ça ?

— Je ne pourrai pas le soigner, j'ai mal au ventre, il faut que je rentre à la maison.

— Mais t'es cinglée, il nous attend !

— Je m'en fiche. Ça ne va pas... Je ne peux pas.

Et je redescends en courant les quatre étages. Je cours dans le hall, je cours sur le trottoir enneigé, je pleure parce que je viens de tout gâcher : on ne partira pas, ils vont m'arrêter, nous allons tous mourir par ma faute...

En arrivant à la maison, j'appelle la seule personne susceptible de me rassurer : Pirjo Myyrylainen. Le consulat de Finlande est dans notre rue. Dix minutes plus tard, Pirjo sonne à notre porte.

Elle réfléchit, et très vite elle trouve la solution : nous allons nous enfuir par Helsinki. Elle va nous inviter en Finlande et nous établir un visa touristique de trois jours.

— Pirjo, ils ne laisseront pas Artyom partir avec nous.

— Ils ne le verront pas, on va le sortir clandestinement.

— Et si on se fait prendre ?

— On ne se fera pas prendre, fais-moi confiance.

Admettons qu'on réussisse à gagner Helsinki tous les trois, il nous faut ensuite trois visas pour la France. Par chance, je soigne également Clara, l'épouse du consul de France à Leningrad. Je lui remets la lettre du professeur Bossy et, en quelques heures, elle nous fait délivrer nos visas pour trois mois renouvelables.

Voilà, nous sommes le vendredi 14 décembre 1990. Huit jours seulement se sont écoulés depuis que le professeur Bossy m'a remis sa petite lettre d'invitation. Pirjo Myyrylainen a fixé notre départ pour Helsinki au lundi 17 décembre, il ne nous reste donc plus que le week-end pour préparer nos bagages. Je devrais dire notre déménagement, puisque nous savons que nous ne reviendrons plus à Leningrad. Quelques jours après nous, nos parents vont partir pour Israël, abandonnant tous leurs biens à l'État soviétique en échange d'un visa de sortie sans retour.

Oui, je devrais dire notre déménagement, mais nous n'avons droit qu'à trois ou quatre valises, de sorte que nous n'emportons qu'une poignée de vêtements, nos photos, quelques livres, nos travaux scientifiques, et les objets auxquels nous sommes le plus attachés.

Ce dernier dimanche, alors que la nuit tombe déjà sur Leningrad, nous décidons de sortir tous les trois respirer une dernière fois l'air de notre ville, et puis lui dire au revoir, peut-être même adieu. Artyom est très excité par la proximité du départ, il saute entre nous comme un ressort et, par moments, nous jouons à le balancer au bout de nos bras comme tous les parents du monde. Pourquoi traversons-nous la Neva pour nous enfoncer dans les rues si tristes de l'île Vassilievski ? Nous marchons, et tout à coup nous nous trouvons devant les grilles d'une synagogue. Les portes sont entrouvertes. Un homme, qui doit être le rabbin, est occupé à mettre de l'ordre. Jamais de notre vie nous ne sommes entrés dans une synagogue, mais peut-être hésitons-nous à franchir le pas ce soir-là. Et peut-être le rabbin perçoit-il cette hésitation... En tout cas, il vient vers nous, prononce quelques mots de bienvenue, et nous invite à entrer.

Nous le suivons. Artyom s'est subitement calmé, comme s'il était touché par l'étrangeté de l'endroit, ou par cet homme qui nous ouvre grand sa porte sans nous poser la moindre question. Il a les cheveux roux, un visage sympathique taché de son. Qu'imagine-t-il ? Se doute-t-il que nous sommes à la veille d'un tournant périlleux et décisif ? Il nous conduit jusqu'à un bureau, et puis il sort d'un tiroir une petite toupie en cire jaune gravée d'inscriptions en hébreu.

Il la lance. Nous la regardons tourner silencieusement. Alors le rabbin l'interrompt, et nous lit à voix haute ce qu'a dit la toupie :

— Et le miracle va s'accomplir !

Il voit nos yeux éblouis, étonnés par une si forte prophétie, ce soir-là, justement, et il donne la petite toupie à Artyom.

— Garde-la bien, souffle Leonid, je crois qu'elle va nous porter chance.

Et moi je pense : n'oublie pas le visage de cet homme, Nadejda, quand nous arriverons à Paris, *si nous arrivons à Paris*, il faudra te le remémorer et ne plus jamais l'effacer de ta mémoire.

## 9.

*Petit garçon, je te donne ma parole,
plus jamais tu ne pleureras de faim !*

Le lundi 17 décembre, à cinq heures du matin, Pirjo se gare au pied de notre immeuble. Nous chargeons les valises dans le coffre de sa Mercedes rouge et nous prenons aussitôt la route. Cent cinquante kilomètres seulement nous séparent de la frontière avec la Finlande.

Pirjo est très calme, souriante. Elle s'inquiète de savoir comment chacun a dormi, comme si nous partions pour un véritable séjour touristique. Elle ne fait aucune allusion aux risques de ce voyage, aux risques *terrifiants* de ce voyage, et, après un moment, je comprends combien elle a raison : sa conversation affectueuse et légère finit par nous détendre malgré nous. Leonid et Artyom sont assis à l'arrière. Artyom a dû laisser beaucoup des objets qu'il aimait, mais il n'a pas abandonné son petit violon qu'il a posé en travers de ses genoux.

— À Helsinki, pour me dire au revoir, qu'est-ce que tu me joueras, Tatochka ?

Il réfléchit.

— Je te jouerai *Une chanson triste*, Pirjo, de Tchaïkovski.

— D'accord, mais il ne faudra pas être triste. Au printemps, je viendrai vous voir à Paris.

Les phares découpent un halo doré sur la neige damée. La route est large, mais nous ne croisons qu'un camion de temps en temps. Pirjo conduit tranquillement, et à intervalles elle dit :

— Tu as vu, je crois que c'était un écureuil...

— Non, excuse-moi, j'avais fermé les yeux.

Il fait encore nuit quand nous traversons Vyborg, la dernière agglomération avant la frontière.

Quand elle a dépassé la ville, Pirjo tourne dans un chemin en sous-bois.

— Maintenant, on va te cacher, Artyom, mais ça ne va pas être long, je te promets.

Nous retirons de la malle deux valises que nous glissons derrière les sièges. Pirjo déplie une couverture, elle fait un matelas de fortune au fond du coffre. Artyom s'y allonge docilement, enveloppé dans son manteau de fourrure. Pirjo le recouvre d'une autre couverture, glisse un petit sac sous sa tête. Puis elle lui passe son violon, qu'il prend contre lui.

— Ça va aller comme ça ? Tu peux t'endormir un peu, si tu veux, on te réveillera de l'autre côté.

Un baiser, un sourire, et nous refermons doucement le coffre.

Il reste une trentaine de kilomètres. Maintenant, Pirjo conduit plus vite. Elle connaît très bien la route, toute sa famille habite Helsinki, elle y va deux ou trois fois par mois.

Le jour se lève à peine quand le poste de contrôle est annoncé.

— Ne t'inquiète pas, me souffle-t-elle, ils ont l'habitude de me voir passer. Et puis ils n'ouvrent pas les voitures des diplomates.

Je ne m'inquiète pas, je pense à la petite toupie de cire, et je me répète tout bas : *Et le miracle va s'accomplir ! Et le miracle va s'accomplir !*

Pirjo ralentit, s'arrête, ouvre sa fenêtre, tend nos passeports :

— Ce sont des amis, je les emmène visiter Helsinki, dit-elle. Ça va ? Pas trop froid ?

Coup d'œil sur les passeports, puis dans la voiture.

— Très bien, allez-y, bon voyage !

Ranger les papiers, fermer la fenêtre, démarrer sans précipitation.

— Voilà, c'est fait, murmure Pirjo. On passe les Finlandais et on délivre petit Artyom.

À ce moment-là, nous nous croyons sauvés. Nous sommes dans un pays libre, Pirjo a fait prendre par le consulat nos trois billets pour la France, et nous avons nos trois visas. Comment deviner que le pire est à venir ?

Nous pénétrons dans l'aéroport d'Helsinki, et sans doute sommes-nous étonnamment repérables avec notre dégaine de *vrais Russes de Russie*, Artyom sanglé dans son manteau de fourrure qui lui tombe sur les pieds, sa chapka rabattue sur les oreilles et son petit violon, Leonid dans sa veste matelassée verte, la chapka noire enfoncée jusqu'aux yeux, lesté par deux valises grossièrement ficelées et un sac dont la courroie lui scie le cou, enfin moi, avec une dernière valise et le sac contenant tous nos papiers. Sans doute sommes-nous facilement repérables, oui. Mais ça nous est bien égal. Encore sous le coup du passage de la frontière, nous suivons aveuglément Pirjo qui nous conduit vers l'enregistrement.

Et c'est là, alors que nous soufflons un peu, les bagages à terre, qu'une main se pose sur mon épaule :

— Madame Volf ? Je suis M. Singer. Où allez-vous, s'il vous plaît ?

— Pardon ?

Je lève les yeux. Un homme très grand, aux traits fins, coiffé d'un chapeau de ville, vêtu d'un long manteau de laine noire, me fusille du regard.

— Je n'ai pas compris, qui êtes-vous ? s'enquiert Leonid.

— M. Singer. Je vous demande ce que vous faites là, avec cet enfant et toutes ces valises ?

Il n'est sans doute pas finlandais puisqu'il parle parfaitement le russe. Et comme je me fais cette réflexion, je vois qu'il est accompagné de deux hommes qui se tiennent légèrement en retrait.

— Nous partons, dit Leonid. En quoi est-ce que cela vous intéresse ?

— Vous partez ? Je ne crois pas que vous allez partir, non...

Et brusquement, cet homme qu'on ne connaît pas, ce géant, s'empare d'Artyom et le plaque contre ses jambes.

— Et maintenant, où allez-vous sans votre enfant ?

Il me semble que j'essaie de hurler, sans y parvenir.

Et puis j'entends la voix de Pirjo, très ferme, très sûre d'elle.

— Vous lâchez tout de suite cet enfant, monsieur, ou j'alerte la police ! Vous n'êtes pas en Russie, vous êtes sur le territoire finlandais, et je représente les autorités finlandaises.

Singer semble surpris, comme s'il n'avait pas envisagé que quelqu'un puisse intervenir en notre faveur dans cet aéroport où il paraît faire la loi. Et sans doute la détermination de Pirjo l'inquiète-t-elle vaguement.

En tout cas, dans la confusion, il relâche suffisamment son étreinte pour que Leonid puisse lui arracher Artyom. Mais il a gardé le petit violon et, brutalement, il le casse en deux sur son genou. Puis nous l'entendons dire aux deux autres :

— Emmenez leurs valises dans le bus, ils n'iront nulle part.

Alors Pirjo :

— Nadejda, tu prends immédiatement Artyom, et tu cours vers l'escalier. L'escalier, là-bas ! Vite ! Vous descendez, je vous retrouve tout à l'heure.

Je prends la main d'Artyom et je cours. Je cours comme si nous avions la mort aux trousses. Nous dévalons l'escalier, nous traversons un grand hall, et tout au fond nous nous abattons sur une banquette. J'enlace Artyom, je le presse contre moi. Nous reprenons notre souffle. Dans quel cauchemar sommes-nous tombés ? Allons-nous être séparés ? Arrêtés ? Emprisonnés ? Que vont-ils faire à Leonid ? Artyom est silencieux, moi je suis trop bouleversée pour songer à dire quoi que ce soit. D'ailleurs, qu'est-ce que je pourrais dire pour le rassurer alors que nous n'avons jamais été si démunis, si perdus, si seuls ?

Enfin, Leonid et Pirjo apparaissent. Pirjo imperturbable, comme si elle sortait d'un salon de thé – plus tard, je lui dirai : *Tu es comme une Thermos, Pirjo, glaciale à l'extérieur, brûlante à l'intérieur !* – et Leonid, le visage défait.

Nous ne partons plus.

— Je vous mets dans un taxi, dit Pirjo, vous allez passer la nuit chez une amie, vous prendrez l'avion de demain. Moi je rentre immédiatement à Leningrad.

Nous nous entassons tous les trois à l'arrière d'un taxi, Pirjo explique au chauffeur où il doit nous conduire, et donne à Leonid une liasse de billets (cinq cents dollars).

— Mon amie s'appelle Hélène, vous serez en sécurité chez elle. Je vous appelle aussitôt arrivée à Leningrad.

Un petit salut de la main et le taxi s'éloigne. Nos trois valises ont été volées par Singer et ses deux acolytes. Alors, me souvenant qu'ils ont parlé d'un bus, je comprends à quoi nous venons d'échapper : ils avaient prévu de nous embarquer, de gré ou de force, et de nous ramener à Leningrad. Si l'opération a échoué, c'est grâce à Pirjo, mais maintenant c'est elle qui risque d'avoir des ennuis. Elle a dû se dévoiler pour venir à notre secours, et les autorités soviétiques pourraient le lui faire payer. Singer est certainement un homme du KGB jouissant d'une couverture diplomatique en Finlande.

Hélène doit habiter très loin parce qu'il me semble que nous roulons depuis des heures. Artyom s'est endormi, comme anesthésié par le choc. Leonid a repris des couleurs, et moi je sens que petit à petit ma gorge se dénoue.

Enfin, c'est ici, une jolie maison dans un village aux toits enneigés. Hélène nous accueille comme si nous étions de sa famille, et nous récupérons des forces avant le retour à l'aéroport, prévu pour le lendemain matin et qui nous apparaît maintenant comme une épreuve pratiquement insurmontable. Qu'arrivera-t-il si Singer est de nouveau là ? Qui nous protégera, cette fois ?

Ne pas y penser, profiter des dernières heures de l'après-midi, du feu dans la cheminée, du bonheur et de la douceur qui émanent de cette jeune femme et de ses deux enfants, Passy et Anna. Le père est pilote de ligne, il est en vol, nous ne ferons sa connaissance que trois mois plus tard, quand ils viendront en famille nous rendre visite en France.

— Qu'est-ce qui s'est passé avec Singer ? nous dira-t-il alors. Je l'ai retrouvé, j'ai tenté de récupérer vos valises, mais il m'a menacé de mort si je me mêlais de vos affaires.

Que lui répondre ? Aujourd'hui encore, nous ne savons pas précisément qui était cet homme, et pourquoi il semblait prêt à tout pour nous ramener en URSS.

La soirée est bien avancée, maintenant je dois appeler Jean Bossy pour le prévenir de notre arrivée. Et subitement j'ai honte, comme si je comprenais seulement quelle folie nous venons de commettre. Il m'a invitée sur un coup de tête, à la fin d'un congrès, et c'est toute une famille qui débarque. Une famille apeurée, sans bagages, sans argent, sans rien à se mettre...

Alors c'est Heidi Thorer que j'appelle. Je n'ai pas oublié ses mots : *Je serai toujours là quand vous aurez besoin de moi.* Je fais vite, parce que c'est Hélène qui paie la communication, et de cela aussi j'ai honte. J'explique que le KGB nous a rattrapés, qu'on nous a tout pris, que nous nous sentons traqués...

— J'ai compris, ne vous inquiétez pas, je préviens Jean. Laissez-moi un quart d'heure et appelez-le.

J'attends un quart d'heure. Quand le professeur Bossy décroche, il est au courant de tout.

— Téléphonez-moi de Paris quand vous saurez l'heure de votre arrivée à Nîmes, me dit-il, je viendrai vous chercher à la gare.

Nîmes ? J'avais remarqué sur son papier à en-tête que le professeur exerçait à Nîmes, mais dans mon esprit ça devait être une banlieue de Paris. Et brusquement j'ai un doute. Où se situe donc Nîmes ? Pourquoi le professeur m'a-t-il parlé d'une *gare* ? Tant pis, je ne veux plus embêter Hélène avec nos problèmes, nous nous renseignerons à Paris en sortant de l'avion.

Le lendemain matin, la voie est libre. Nous embrassons Hélène, franchissons les contrôles sans difficulté et, à l'instant du décollage, je repense avec gratitude au visage du rabbin plein de taches de rousseur et à sa petite toupie.

C'est d'abord Ludka que nous prévenons en arrivant à Roissy. Et c'est par sa bouche que j'apprends où se trouve Nîmes, dans le Midi, peut-être à huit cents kilomètres de Paris... Ah bon ! Tu es sûre ? Elle en est certaine, oui. Alors, il est trop tard pour entreprendre ce nouveau voyage, et je téléphone aussitôt au professeur Bossy pour nous excuser et lui dire que nous n'arriverons que le lendemain, 19 décembre. Cette nuit-là, nous dormons chez Ludka.

Un de ses amis, un Russe exilé, devait nous remettre quatre mille francs, en échange de vingt mille roubles que nous avions donnés à sa mère, restée à Leningrad. Seulement il ne les a pas, et c'est une nouvelle déconvenue. En tout et pour tout, nous n'avons donc que les mille dollars de Pirjo avec lesquels nous achetons les trois billets pour Nîmes.

Le lendemain, nous passons cinq ou six heures dans le train, blottis l'un contre l'autre. Je suis traversée d'images de la Russie, les larmes de maman, le silence de mon père au moment des au revoir, la route enneigée et déserte de la frontière, Singer, Pirjo... Comme tout cela me semble loin, brusquement... Où sommes-nous ? Qui sommes-nous dans ce pays ? Est-il vrai que nous n'avons plus ni maison ni métier ? Mais comment avons-nous pu tout abandonner ? Tout perdre ? J'ai peur, je me serre un peu plus contre Leonid et Artyom pour trouver la force de ne pas trembler.

À deux ou trois reprises, je demande en anglais qu'on veuille bien nous prévenir quand le train arrivera à Nîmes. Nous ne parlons pas un seul mot de français. Et nous avons tellement peur de rater la gare ! Puis la voix du contrôleur annonce dans le haut-parleur *Nîmeu ! Nîmeu ! Trois minutes d'arrêt*, et nous ne bougeons pas, nous pensons que Nîmeu est une autre ville, jusqu'à ce qu'un aimable voyageur se lève à moitié et tapote l'épaule de Leonid :

— Hep, hep, c'est Nîmes, là ! Descendez vite, ça va repartir...

Les quelques voyageurs qui sortent du train disparaissent aussitôt, comme emportés par le vent terrible qui s'engouffre sous la gare. Bientôt, nous nous retrouvons tous les trois seuls sur le quai. Et voilà que nous apercevons un grand oiseau voler vers nous : nous mettons un instant à comprendre qu'il s'agit en réalité d'un homme dont les pans de l'imperméable battent au vent comme deux jolies ailes. Il nous a vus, il nous fait signe, et enfin nous reconnaissons le professeur Bossy.

Il nous sourit, mais je devine aujourd'hui, connaissant mieux les coutumes françaises, quel accablement doit le saisir en découvrant ces trois Russes tombés du ciel... Pour nous, cependant, sa présence est un soulagement. Il est là, il a tenu parole, et il est de la génération de ces professeurs qui n'ont jamais cessé de nous prendre sous leurs ailes en Russie. C'est ce qu'il va faire, il va nous protéger et nous aider, comme auraient fait mes parents, comme ça se fait chez nous, nous n'avons aucun doute.

— Bonjour, cher professeur, merci d'être venu !
— Le voyage s'est bien passé ?
— Très bien ! On est très contents de vous voir et d'être là...
— Mais vous n'avez pas d'autres bagages ?
— Non, je vous l'ai dit, à l'aéroport il y a un horrible KGB...

Mais déjà il nous fait signe de le suivre. Avec le recul, je comprends combien il doit être incongru, embarrassant, d'entendre parler du KGB sur le quai de la gare de Nîmes par un bel après-midi de décembre, quelques jours avant Noël.

Oui, dehors le ciel est cristallin, magnifique, comme lustré par le vent. Le professeur nous ouvre les portières de sa petite Opel Corsa, et nous voilà partis. Alors il se passe une chose étrange, dont j'ai terriblement honte aujourd'hui : M. Bossy parle, il fait des efforts pour s'intéresser à notre destin, lui qui a sûrement d'autres soucis, et moi je m'endors ! Comme si mes quatre phrases en anglais m'avaient achevée, comme si toute la fatigue du voyage me tombait dessus d'un seul coup... Pauvre professeur ! Qu'a-t-il dû penser de nous durant les quelques kilomètres qui séparent le centre de Nîmes du petit village de Langlade où il habite ? Hier, il était actif et léger, aujourd'hui il est le chauffeur d'une famille de Russes sans ressources, assommés de fatigue et avachis sur les sièges de son auto. Pourquoi moi ? a-t-il dû se dire. Qu'ai-je fait au ciel pour mériter un tel châtiment ?

Quand je me réveille, nous sommes garés dans le jardin d'une haute et belle propriété au crépi orangé.

— C'est ici, descendez.

Dans mon inconscience, j'imagine que le professeur a loué quelque chose ici pour nous. Puis je vois une dame s'approcher et nous sourire.

— Odette Bossy, se présente-t-elle. Et elle ajoute, en anglais : Odette, comme dans *Le Lac des cygnes*.

Alors je comprends que le professeur nous a conduits chez lui.

La maison est grande, les Bossy y ont élevé leurs huit enfants, mais aujourd'hui seul le dernier de leurs fils partage encore leur toit. J'apprends ces quelques détails de la bouche d'Odette. Le professeur, lui, semble pressé de repartir. Il nous montre notre chambre, les commodités de la maison, puis nous entendons la porte d'entrée claquer et sa voiture s'éloigner.

Notre premier dîner est embarrassant. Le professeur n'est pas là, c'est sa femme qui a préparé le repas. Quand je la remercie maladroitement de son hospitalité, elle ébauche un sourire et me répond un peu sèchement :

— Mon mari vous a fait venir, n'est-ce pas ? Je ne fais que mon devoir.

Mais au fil d'une conversation hachée et difficile, je parviens tout de même à comprendre que nous avons débarqué à Nîmes le premier jour des vacances de Noël (on ne fête pas Noël en URSS), de sorte qu'il a été impossible de trouver une solution d'hébergement par l'université. Le professeur a donc dû se résoudre à nous prendre chez lui.

Je me sens confuse et gênée, et j'essaie le lendemain d'aborder Jean Bossy pour parler de notre situation, de notre avenir. Il a l'air agacé, mais nous n'avons pas échangé un mot depuis notre arrivée et ce silence est terriblement angoissant.

— Nous ne voulons pas être à votre charge, professeur. Vous savez, Leonid et moi pouvons gagner de l'argent en soignant des malades.

— Vous êtes en France, ici, je ne pense pas que vous ayez le droit d'exercer la médecine. En tout cas, moi, je n'ai pas de travail à vous donner.

Et Odette :

— Vous ne serez jamais médecins en France ! N'y comptez pas !

À ce moment, je me souviens des paroles du professeur Paul Castro, quinze jours plus tôt, au congrès d'acupuncture de Paris.

— Je ne sais pas si on peut exercer la médecine, dis-je, mais Paul Castro m'a proposé de donner des conférences. Vous savez, il m'a dit : *Ma maison est à vous, mon compte en banque est à vous...*

— Il vous a dit ça ? s'étonne Jean Bossy. Très bien, je vais immédiatement l'appeler.

Et il nous laisse pour s'enfermer dans son bureau et téléphoner à son confrère de Lyon.

— C'est bien ce que je pensais, dit-il en revenant vers nous, il n'a rien à vous offrir.

— Il ne pense plus que je peux faire des conférences ?

— Il ne pense rien, il a même eu du mal à se souvenir de vous.

C'est un choc, jamais un professeur d'université n'aurait fait ça chez nous.

— Je vous avais prévenue que je n'aurais pas de bourse à vous offrir, reprend le professeur. De combien d'argent disposez-vous ?

— Huit cents dollars, et à Paris quelqu'un nous doit quatre mille francs.

— Ce n'est pas beaucoup. Pour trois mois, ça fait trois mille francs par mois. Pour trois personnes...

J'entends *trois mois*, je voudrais lui rappeler qu'il m'avait parlé d'un stage de *six mois*, mais je n'ose plus rien dire. Nous paraissons si misérables, si pitoyables, tout d'un coup ! Et d'ailleurs, il n'évoque même pas la teneur de ce stage, comme si c'était devenu complètement secondaire à ses yeux.

Je crois comprendre qu'il faut attendre la fin des vacances de Noël pour nous inscrire à l'université, et que d'ici là nous ne pouvons commencer aucune recherche.

Ce soir-là, je suis très profondément abattue. Nous sortons marcher à travers le village avec Leonid, puis nous nous trouvons bientôt sur un chemin en pleins champs tandis que le soir tombe et, pour la première fois depuis bien des années, je ne sais plus où est ma place. La médecine m'avait donné cette place, pourquoi le destin m'en a-t-il chassée ?

— Je ne sais pas ce que nous sommes venus faire ici, dis-je à Leonid. Pourquoi le professeur Bossy s'est-il trouvé sur notre route ? Pourquoi ce qui semblait si riche et si prometteur se révèle-t-il aujourd'hui si petit et si vide ? Quelle est notre mission dans ce pays ?

Et Leonid, si enthousiaste d'habitude, ne trouve rien à dire pour me réconforter.

Deux ou trois jours s'écoulent, et nous avons le sentiment d'être une gêne grandissante pour les Bossy. Nous sommes de plus en plus confus, et comme si cela pouvait alléger notre présence, nous mangeons le moins possible et prétendons n'avoir jamais besoin de rien. Pour ne pas abuser de l'hospitalité d'Odette, je lave le linge d'Artyom à la main, et à l'eau froide, une fois que tout le monde est au lit. Résultat : je dérange un peu plus Odette...

— Nadia, évitez d'ouvrir l'eau au milieu de la nuit, s'il vous plaît, je n'ai pas pu fermer l'œil.

Un jour, je téléphone à Paris pour tenter de récupérer les quatre mille francs que nous doit cet ami russe, et Odette me demande gentiment de téléphoner plutôt le soir, par souci d'économie. Je me sens mortifiée, désormais nous n'appelons plus que d'une cabine publique.

Et puis Artyom tousse toute la nuit, et de nouveau nous réveillons Odette. Alors nous courons à la pharmacie, en bas du village, et jamais une femme ne nous a regardés avec tant de mépris, presque de haine. Elle ne comprend pas, ou feint de ne pas comprendre, elle voudrait qu'on parle français, il faut supplier, et après un quart d'heure de ce calvaire nous obtenons enfin un sirop.

La seule note de lumière dans ces premiers jours si sombres nous arrive de Heidi Thorer. Elle a compris que nous n'avions plus rien à nous mettre, et elle m'adresse de sa Vendée un colis de vêtements somptueux : une longue jupe de laine écossaise, un gilet noir et un gros pull rouge. Ils seront ma seule tenue durant tous les mois à venir et je n'aurai jamais froid.

Le dimanche arrive, notre premier dimanche en France, et Odette Bossy, qui est très croyante, nous emmène à la messe. Nous ne sommes jamais entrés dans une église, pour la première fois je vois des gens prier, se recueillir. Pourquoi est-ce que je me mets à pleurer, moi qui ai appris de mon père à mépriser les larmes ? Je crois que c'est une façon de me purifier, de chasser la noirceur que je porte en moi depuis quelques jours pour entrer en communion avec le ciel dont je pressens étrangement la présence.

Je cache mes larmes, je ne veux pas qu'Artyom les voie. Cependant Odette, elle, s'en aperçoit et, après la messe, elle insiste pour nous présenter le prêtre. Il ne parle ni anglais ni russe, mais je comprends qu'Odette lui explique qu'elle m'a vue pleurer pendant l'office. Il s'enquiert de savoir qui nous sommes, et Odette lui dit que nous sommes juifs. Il a l'air surpris que nous sortions de la messe, et il parle un long moment, les yeux plongés dans ceux d'Odette.

— Il dit que je dois vous emmener à la synagogue, me traduit à la fin Odette, en anglais.

J'acquiesce, je n'ai pas envie d'expliquer que nous ne sommes pas religieux.

— Demain, si vous voulez, je demanderai à un ami juif de vous y conduire.

— Oui, dis-je, me souvenant du bienfait de notre visite à la synagogue de l'île Vassilievski.

C'était le dimanche précédent. Comment croire qu'une seule semaine s'est écoulée depuis ? Restera-t-elle comme la plus noire de notre existence ? Ou deviendra-t-elle avec le temps la première pierre, massive et solide, d'une nouvelle vie plus lumineuse ?

Le lendemain, M. Peraria, l'ami d'Odette, passe nous prendre pour nous emmener à la synagogue. C'est un lundi, il n'y a pas beaucoup de monde, me semble-t-il. M. Peraria me remet une sorte d'écharpe dont je dois me couvrir la tête, puis il donne des kipas à Leonid et Artyom. Il doit deviner que nous n'avons pas l'habitude de venir prier parce qu'il entreprend de m'expliquer tout bas, en anglais, que je dois monter à l'étage.

— Mais pourquoi ?

— C'est comme ça, montez, vous ne pouvez pas rester là.

Je monte, et me retrouve en présence de quelques femmes silencieuses tout habillées de noir.

Entre-temps, le rabbin a commencé les prières. Je ne comprends pas un mot de ce qu'il dit mais, à l'instant où je lève les yeux, je vois qu'un rayon de soleil illumine le petit vitrail au-dessus de sa tête, comme si quelqu'un, là-haut, tentait de me faire signe. Est-ce qu'il y aurait un Dieu quelque part ? Est-ce que ce Dieu essaierait me dire quelque chose ? Tout naturellement, je me mets à prier, pour la première fois de ma vie. Et je m'adresse à ce rayon de soleil qui n'était pas là quand nous sommes entrés, qui est apparu quand je levais les yeux, j'en suis certaine.

*Si c'est Toi qui es là, mon Dieu,* lui dis-je, *fais que quelqu'un parmi ces hommes se lève et vienne à notre secours. Nous sommes loin des nôtres, nous sommes complètement perdus, si Tu ne nous viens pas en aide, je crois que nous n'avons plus rien à espérer...*

Ces quelques mots m'ont fait du bien, je me sens plus forte, et je cherche des yeux Leonid et Artyom pour partager ma confiance avec eux. Ça y est, je les aperçois en bas, presque au dernier rang. Mais comment leur faire lever la tête vers moi ? Je me mets à siffler *pfittt, pfittt, pfittt,* exactement comme faisait Leonid sous les fenêtres de la maternité pour que je me penche et lui envoie un baiser. Leonid a entendu, il tord le cou, me voit :

— Mais qu'est-ce que tu fais là-haut ? souffle-t-il. Descends, reviens avec nous !

Je les rejoins, en essayant de faire le moins de bruit possible, parce que déjà mes sifflements ont attiré l'attention.

Néanmoins, à l'instant où je m'assois près d'eux, c'est le tollé. Tous les hommes se retournent, me font signe de partir, et comme je souris pour leur exprimer ma sympathie, je vois grandir leur colère. Certains sortent des rangs pour me fondre dessus, et le rabbin interrompt la prière.

Les premiers s'adressent à nous en français, et nous leur répondons en russe. Plus nous leur sourions, plus leurs yeux lancent des éclairs. Maintenant la prière est complètement désorganisée par notre faute. Où est le rabbin ? Nous ne le voyons plus, cernés par une foule d'hommes terriblement mécontents. Enfin, un monsieur très grand se détache du groupe et s'adresse à nous en anglais.

— Mais qui êtes-vous ? D'où venez-vous ?

— Nous sommes russes, nous arrivons de Leningrad.

— Et vous êtes juifs ?

— Oui, nous sommes juifs. Excusez-nous de vous déranger.

— Non, ça va, laissez-moi leur expliquer.

Il nous présente, et aussitôt les visages se radoucissent. Quelques hommes prennent la parole, et enfin celui qui parle un peu anglais se retourne vers nous :

— Nous allons vous emmener chez un monsieur qui parle russe. C'est l'ancien président de la communauté, Elie Storper.

C'est encore M. Peraria qui nous conduit. En chemin, il nous explique que M. Storper est courtier en pommes de terre. Il se gare devant une grande maison en centre-ville, à quelques rues de la synagogue, il entre, et tout de suite nous nous trouvons dans un bureau. Derrière une batterie de téléphones, en effet, se tient un homme au visage rond qui n'a pas l'air commode. Et cependant, aux premiers mots de russe qu'il prononce, j'ai l'impression de l'avoir toujours connu, toujours aimé.

Il cherche à comprendre par quel enchaînement extraordinaire une famille de Leningrad a pu se retrouver à Nîmes. Je crois deviner qu'en quarante ans il n'a encore jamais croisé un Russe de Russie dans les rues de Nîmes...

Nous essayons d'expliquer, et pendant que Leonid parle, je vois qu'Elie Storper se tient tout de travers derrière son bureau. Alors je m'approche et lui dis doucement :

— Je vais soulager votre dos, laissez-moi faire...

Un petit craquement, et tout de suite il se sent mieux.

— Vous êtes médecin ?

— Oui, et Leonid aussi est médecin.

— Vous ne voulez pas faire la même chose à ma femme ?

— Mais si, bien sûr !

Il ouvre une porte, on se retrouve dans une grande salle à manger, et je découvre Monique. Est-ce parce qu'il flotte dans sa maison un parfum de confitures et de pâtisseries ? Je ne sais pas, mais immédiatement j'associe Monique à cette chaleur, cette douceur que dispensait si bien la maman de Leonid. Et puis le visage de cette femme, qui approche la soixantaine, irradie l'attention, la bienveillance.

— Ce sont des amis russes, dit Elie, montre-lui ton dos, c'est une magicienne...

Enfin, je peux donner quelque chose, depuis tous ces jours où je me sens inutile, à la charge des autres. Sans s'en douter, Elie et Monique Storper me rendent ce jour-là la place que j'avais cru perdre dans l'exil. Ils m'offrent la possibilité de les soigner, et *Vis, continue d'avancer, tu es venue sur la terre pour soigner*, de retrouver ma légitimité parmi les hommes. La pire insulte serait alors de me proposer de l'argent, et je vois que tous les deux l'ont compris.

Je soigne le dos de Monique, puis je lui fais de l'acupuncture pour ses reins qui souffrent également.

Ensuite, elle prépare du thé, nous sert un merveilleux gâteau au coin du feu, et prend soin d'Artyom qui pour la première fois se détend, sourit.

Nous passons ce jour-là deux petites heures avec eux, mais deux heures intenses, où chaque mot, chaque geste, chaque regard nous sauve de la détresse dans laquelle nous nous trouvons dehors. Et, à la fin, au moment de nous quitter, j'entends qu'Elie nous invite à revenir. Il ajoute :

— Vous viendrez passer Shabbat avec nous.

Mais je ne sais pas précisément ce qu'est Shabbat, si bien que dans la crainte que ce Shabbat n'arrive jamais, je m'entends dire cette phrase que je n'ai pas préméditée : *Ne nous abandonnez pas !*

Ce soir-là, nous fêtons Noël chez une des filles des Bossy, Annick, qui est adorable, généreuse et joyeuse. C'est notre premier Noël, nous découvrons la coutume du sapin, la crèche et le petit Jésus, les décorations, le moment des cadeaux... Annick a pensé à nous, des pulls pour Leonid et moi, une voiture pour Artyom.

Il me semble que c'est le lendemain de Noël, le mercredi 26 décembre, qu'Odette Bossy vient nous annoncer qu'elle nous a trouvé un logement.

— Voulez-vous que je vous y amène tout de suite, ou préférez-vous attendre demain ?

— Si ça ne vous dérange pas, tout de suite.

Nous nous sentons tellement gênés d'être chez elle depuis une semaine que nous sommes prêts à partir dans la seconde.

Et Odette nous emmène à la Croix-Rouge. Son fils cadet, Dominique, a tenu à nous accompagner. En découvrant la chambre qui nous est offerte, simplement meublée de deux paires de lits superposés sous une ampoule nue suspendue au plafond, Dominique a un mouvement de recul :

— Mais vous n'allez pas vivre ici ! Avec un enfant, en plus... Non, c'est impossible ! J'appelle ma femme et je vous emmène chez moi, on a une chambre pour vous.

Comment lui faire comprendre, sans être blessant, qu'on préférerait être à la rue plutôt que de nouveau à la charge de quelqu'un ? Il finit par renoncer, mais en remerciant Odette, qui maintenant s'en va, je suis subitement prise d'effroi à l'idée qu'Elie et Monique Storper ne nous retrouvent plus.

— Est-ce que je peux vous demander un dernier service ? Pouvez-vous avertir M. Peraria que nous sommes à la Croix-Rouge et le prier d'en informer les Storper ?

— Très bien, ça sera fait.

Cette première nuit, nous la passons tous les trois blottis sous la même couverture. Nous avons rapproché les lits superposés pour obtenir un lit double, et nous sentons plus que jamais le besoin de nous accrocher l'un à l'autre.

Toutefois, Dominique avait raison, il n'y a pas de place pour un enfant dans cette maison de la Croix-Rouge. Il y a bien une cuisine au rez-de-chaussée, très sombre et délabrée, mais elle est réservée au gardien qui nous en interdit l'accès. Comment nourrir Artyom si nous ne pouvons pas cuisiner le moindre plat chaud ? Et nous n'avons pas d'argent pour aller au restaurant. Deux étranges militaires habitent dans les chambres voisines, mais quand nous cherchons à entrer en contact avec eux, ils ne répondent pas à nos sourires et nous fuient, comme si nous étions des voleurs. Quand nous leur demandons par gestes si nous pouvons regarder la télévision avec eux, dans la petite pièce réservée, ils nous ferment la porte au nez et donnent un tour de clé.

Ce soir-là, nous ressortons faire quelques pas tous les trois sur l'avenue Jean-Jaurès. Elle est triste et froide, elle n'a pas la chaleur du centre-ville, et je me sens à nouveau gagnée par le désespoir.

— Leonid, je crois qu'on ne va pas s'en sortir, je ne sais pas ce qu'on fait ici... On n'a plus le droit d'être médecins, les professeurs qui devaient nous aider voudraient se débarrasser de nous. Rentrons à Leningrad, ce sera peut-être dur, mais jamais ça ne sera aussi dur qu'ici.

Et Leonid, soudain hors de lui :

— Mais tu es folle ! Il y a seulement quinze jours, on aurait tout donné pour être en France. Et tu voudrais rentrer ! Qu'est-ce que tu croyais ? Qu'on nous donnerait tout du jour au lendemain ? On est au pied de la montagne, Nadejda, maintenant il va falloir grimper. Mais même à la Croix-Rouge, même avec notre petit garçon qui n'a rien de chaud à manger, je trouve qu'on a de la chance d'être ici.

Le vendredi, en fin d'après-midi, nous sommes dans cette chambre de la Croix-Rouge quand on frappe à notre porte. Leonid va ouvrir : c'est Elie Storper ! Odette Bossy a donc tenu parole, elle a pris la peine d'avertir Peraria.

— Oh ! Monsieur Storper !

— Je viens vous chercher pour Shabbat.

Il entre, et je crois qu'en une seconde il a tout compris. Artyom est debout contre le mur, il vient de pleurer parce qu'il a faim, et moi je tiens son petit sandwich sur le radiateur.

— C'est pour toi, le sandwich ?

Artyom fait oui de la tête, et moi j'ajoute :

— Je le fais chauffer un peu.

Il regarde le sandwich, puis de nouveau Artyom. Et il pose sa grosse main d'homme sur sa tête d'enfant.

— Petit garçon, dit-il, je te donne ma parole, plus jamais tu ne pleureras de faim !

Je ne peux pas oublier ces mots, ce moment... Quinze années ont passé, Elie Storper est mort aujourd'hui, mais il vivra toujours en nous à travers ces mots-là.

Et nous partons.

Monique a préparé du bouillon avec des boulettes. Il y a un grand feu dans la cheminée, et du monde autour de la table. Il y a Marco, le fils de Monique et d'Elie, et sa fiancée Corinne, dont c'est la première soirée chez ses futurs beaux-parents. Il y a la maman de Monique. Il y a Monique qui se lève aussitôt pour nous ouvrir ses bras. Il y a Elie qui soulève Artyom et l'assoit à table entre nous.

Puis Elie, debout, verse du vin rouge dans un gobelet d'argent, boit une gorgée, et le fait tourner. Chacun boit à son tour, même Artyom, qui est invité à tremper son doigt dedans. Et pour moi, ce verre de vin, c'est comme un serment de partage et d'amitié pour l'éternité ! À partir de cet instant, je sais que ce Dieu que j'ai imploré à la synagogue m'a entendue. Je lui avais demandé de faire qu'un homme se lève, parmi tous ceux qui étaient là, pour nous venir en aide. Tous s'étaient levés et nous avaient conduits à Elie.

Artyom mange les boulettes bien chaudes. Je vois avec quels yeux il regarde maintenant Elie et Monique, les yeux qu'il avait pour la maman de Leonid quand elle arrivait avec la casserole de son petit déjeuner, pour mon père quand il lui ouvrait les bras : *Tiens, voilà mon petit prince consort...* Et le ventre plein, il se lève, va jusqu'à la cheminée, et se met à danser silencieusement.

Monique : « Nous avons deviné qu'il voulait nous dire quelque chose, peut-être nous remercier. Elie m'a fait signe de ne pas bouger. Il s'est levé, est allé mettre un disque, peut-être une musique de Brahms, je ne sais plus, et tous nous nous sommes tus pour admirer le spectacle qu'improvisait cet enfant. Jamais nous n'avions vécu un moment pareil. Nous étions en même temps conquis par sa grâce, et bouleversés par sa confiance. »

Et bien sûr, Elie tient parole. À partir de ce premier Shabbat, il passe chaque soir nous récupérer à la Croix-Rouge pour nous emmener partager la table familiale.

## 10.

*Elie et Monique Storper*

À la fin des vacances de Noël, le professeur Bossy nous conduit à la faculté de médecine de Montpellier. Il nous demande de nous inscrire l'un et l'autre dans une spécialisation de neuro-anatomie qui démarre tout juste. Les cours sont prévus pour une durée de trois mois, à l'issue desquels il nous faudra passer des examens pour obtenir un diplôme.

Nous payons nos inscriptions, et nous sortons de là munis de cartes d'étudiants. Ce sont nos premiers papiers français, et c'est assez réconfortant de les avoir, même si nous ne comprenons pas ce qu'attend de nous le professeur. Pourquoi devons-nous présenter ce diplôme ? Il ne nous l'explique pas. Pourquoi n'évoque-t-il plus mon stage dans son propre laboratoire de recherche ? Il était entendu que je devais poursuivre sous son autorité mes travaux commencés à Leningrad relatifs *aux effets de l'acupuncture sur l'électro-encéphalogramme et les potentiels évoqués*, or il n'y fait plus aucune allusion. Comme j'insiste, il me présente l'équipe de son laboratoire, me dit que je peux y venir quand je veux, et disparaît.

## J'ai choisi la liberté

Mon rêve du Nobel en quelques mois se perd dans les limbes... Après m'avoir fait le cadeau de m'inviter en France, le professeur Bossy ne semble plus savoir que faire de moi. A-t-il lancé cette invitation contre son gré, simplement parce que Heidi Thorer le lui demandait ? A-t-il pensé que jamais je n'y répondrais ? L'ai-je déçu sans en avoir conscience ? L'avons-nous blessé en débarquant en famille ? Leonid et moi nous perdons en suppositions. Nous supporterions tous les sacrifices, y compris celui de vivre à la Croix-Rouge, si nous avions l'espoir de voir aboutir mes recherches. Mais au lieu de ça, nous nous retrouvons face à un défi monumental dont nous ne comprenons pas le sens : présenter dans trois mois un diplôme français alors que nous ne parlons pas un mot de cette langue.

Comment suivre les cours ? Comment prendre des notes ? Comment entrer dans les livres qui nous sont recommandés ? Pourtant, avec cette force qu'ont les naufragés pour s'accrocher à la première planche venue, nous nous accrochons à ce diplôme comme si notre salut en dépendait. Et puisqu'il n'y a pas d'autre solution, nous commençons à apprendre par cœur des pages entières du traité de neuro-anatomie, et à nous les réciter, sans comprendre ce qui se cache derrière les mots.

Que serions-nous devenus, tous les trois dans cette petite chambre vide à déclamer nos pages de neuro-anatomie, si Elie et Monique n'avaient pas été là ? Un jour, peut-être une semaine seulement après ce Shabbat où a dansé Artyom, Elie passe à l'improviste.

— Venez, je vous emmène voir un ami qui a bien réussi dans les affaires.

Paul Benguigui est un petit homme rond et souriant. Chaleureux, accueillant. On devine tout de suite à ses yeux qu'il doit aimer la vie, aimer rire et s'amuser, et on regrette aussitôt de ne partager aucune langue avec lui. Mais tout de même, on parle un peu de la Russie, avec le concours d'Elie. Et puis soudain, il lance :

— Suivez-moi, c'est tout près, on va y aller à pied.

Aller où ? On ne sait pas. Elie ne nous a rien dit, et on n'ose pas poser de questions.

Il nous conduit à deux coins de rue de chez lui, nous fait entrer dans un petit immeuble moderne, et nous montons au premier palier. Il ouvre la porte de gauche et s'efface pour nous laisser passer.

C'est un appartement luxueux, un palais de marbre, un grand salon avec une double baie vitrée donnant sur un balcon baigné de soleil, une cuisine immense, trois chambres... Paul Benguigui a l'air si fier et ravi de nous le montrer que j'imagine qu'il vient de l'acheter pour lui et sa famille. Il parle sans arrêt, et Elie, qui prétend avoir oublié le russe, ne nous traduit qu'une phrase de temps en temps.

— Il demande si ça vous plaît ?

— C'est magnifique !

— En URSS, les appartements modernes sont beaucoup moins luxueux, remarque Leonid.

— Paul va vous faire mettre l'électricité et équiper un peu la cuisine, poursuit Elie.

— Pardon ?

— Il va faire installer l'électricité... C'est pour vous, l'appartement.

— Mais nous, on n'a pas d'argent pour payer ce palais ! dis-je en sentant le rouge me monter aux joues.

— Je sais bien que vous n'avez pas d'argent. Il vous le prête, tout le temps qu'il faudra.

— Il nous le prête !

— Oui, ce soir vous pouvez dormir ici, on va aller chercher vos affaires à la Croix-Rouge. Le seul problème, c'est qu'il n'y a pas de meubles...

On voudrait les embrasser, les remercier, mais Elie a une façon très personnelle de couper court à tout cela, comme s'il avait décidé, lui, et que nous devions obéir sans discuter.

Elie ! Nous commençons à mieux les connaître, lui et Monique. En quelques jours, et autant de dîners chez eux, ils sont devenus notre famille. Ils ont l'âge d'être nos parents, et parfois ils nous observent comme s'ils l'étaient. Je saisis cette lueur d'émotion, ou de tendresse, dans les yeux de Monique, au détour d'un regard. Avec Monique, tout est encore dans le geste ou le regard, puisque nous n'avons pas de mots en commun. Elie, c'est autre chose, il n'a rien raconté de sa vie, mais depuis ce jour où il a posé sa main sur la tête d'Artyom, où il lui a donné sa parole qu'il n'aurait plus faim, je devine qu'il a dû avoir faim, lui aussi, et connaître des moments semblables à ceux que nous connaissons.

— À présent, il faut trouver un ou deux matelas, une table, des chaises, un peu de vaisselle... Bon, laissez-moi un moment pour organiser ça.

Alors ce qui se passe est incroyable. Nous entrons dans cet appartement vide avec notre seul sac, nos bottes et nos chapkas de Russes de Leningrad, et en vingt-quatre heures nous avons de quoi dormir, cuisiner, travailler, nous habiller. Des gens que nous n'avons jamais vus sonnent à notre porte pour nous offrir, celui-ci trois chaises, cet autre une pile d'assiettes et quatre casseroles, cet autre encore une table de camping et une cafetière électrique, ce quatrième une valise de vêtements usagés mais proprement repassés pour Artyom...

Monique : « Pour gagner du temps, quelqu'un de la communauté a également loué un camion et a fait la tournée. Chez chacun, on lui a donné des choses : un lit, une télévision, une gazinière, un vieux canapé, une bibliothèque, un sac de jouets... Les gens avaient à cœur de vous aider, et je crois qu'ils voulaient aussi montrer à Elie, qui avait longtemps dirigé la communauté, combien ils le respectaient. Il n'a eu qu'un mot à dire. »

Désormais, nous avons une maison, et la vie s'organise, presque malgré nous. Il faut aller au secours d'Artyom qui ne mange plus, dont les yeux se sont éteints et creusés depuis notre arrivée en France. Pour lui, pour qu'il grandisse dans la liberté et la dignité, nous avons fui l'URSS, contraint nos parents à l'exil en Israël, et maintenant c'est lui qui semble le plus atteint par tous ces bouleversements. Leonid est confiant, moi je ne peux pas m'empêcher de me sentir coupable de tout, et la tristesse que je lis dans les yeux d'Artyom me coupe le souffle. Où trouver le courage de se battre si notre petit garçon ne nous suit plus ? Et à quoi bon, si lui ne se bat pas avec nous ?

Il faut très vite le réinscrire dans la vie, lui trouver une école, qu'il fréquente des enfants de son âge, qu'il se familiarise avec cette nouvelle langue... Mais comment dénicher une école à Nîmes quand on ne parle pas un mot de français ? Comment expliquer qui nous sommes, et que cet enfant a besoin d'aide ? Nous ne sommes pas les seuls, la France accueille des gens de tous les pays, comment demander à des enseignants qu'ils veuillent bien prendre le temps d'écouter des Russes ? Une fois de plus, j'ai honte d'exiger des autres qu'ils nous tendent la main quand je n'ai rien à leur donner en échange. Leonid et moi passons nos premières nuits à nous débattre ainsi dans les ténèbres.

Et c'est Paul Benguigui, comme s'il avait tout compris, qui résout seul la question de l'école. Il inscrit Artyom dans l'école privée voisine où il a mis ses propres enfants. Je n'apprendrai que bien plus tard, ne sachant pas que l'école n'est pas toujours gratuite en France, qu'il paie à notre place tous les frais de scolarité. Quant à Monique, elle prend Artyom à la sortie de l'école et l'emmène goûter chez elle. *Il ne voulait rien manger que du fromage blanc avec des pommes de terre à l'eau,* me raconte-t-elle aujourd'hui, *alors je l'installais dans le fauteuil devant la télévision, et je lui apportais son fromage blanc bien sucré et ses patates. Et il mangeait ! J'ai toujours beaucoup aimé les enfants, mais lui, je l'aimais particulièrement.*

Monique a été institutrice toute sa vie. Quand nous débarquons à Nîmes, elle est à la retraite depuis le mois de juin. *Ç'a été votre chance, j'ai pu lui consacrer mon temps. Il fallait aussi que je soigne ma mère, qui était pratiquement grabataire. Alors, avoir cet enfant, ça me donnait une bouffée d'oxygène.*

Artyom commence l'école à la mi-janvier, et Monique se rappelle qu'à la fin de l'année scolaire il parle couramment le français. Lui n'a pas le souvenir d'avoir éprouvé des difficultés à communiquer. *Même chez les Bossy,* se souvient-il, *j'avais l'impression de comprendre ce que me disait Odette. Avec Monique, c'était évident, comme si nous parlions depuis toujours la même langue. Très vite,* confirme-t-elle, *il s'est débrouillé avec le français, mais il se remettait à parler russe quand il était triste. C'est comme ça que je devinais que les choses ne s'étaient pas bien passées à l'école, ou que vous lui manquiez.*

C'est vrai qu'on ne voit plus beaucoup notre petit garçon, complètement absorbés dans la préparation de ce diplôme de neuro-anatomie. Ça y est, nous avons assimilé l'alphabet, les sons, et nous comprenons déjà quelques centaines de mots français, ce qui nous permet par moments de deviner ce qu'expliquent les professeurs. Mais les jours passent à une vitesse vertigineuse. Comment parviendrons-nous à rédiger une copie d'examen alors qu'écrire simplement notre adresse, *rue Cordier,* nous réclame un effort ?

Et puis je n'ai pas renoncé à mes recherches. Elles ne semblent plus intéresser le professeur Bossy, je les poursuis donc seule, avec mes petits moyens, et, grâce à l'anglais, je peux entrer en contact avec les autres étudiants de neuro-anatomie. Je leur demande s'ils veulent bien me servir de cobayes pour une série de tests sur *les potentiels évoqués.* L'acupuncture est-elle efficiente sur le système nerveux central ? Ce sont des expériences sans conséquences sur la santé, et qui ne réclament que quelques minutes par sujet.

— D'accord, me disent-ils, mais combien tu vas nous payer ?

— Je ne peux pas vous donner d'argent, mais je peux vous apprendre les premiers gestes d'acupuncture en situation d'urgence, ou vous soigner si vous avez mal quelque part.

La plupart acceptent. Je crée une association informelle des étudiants intéressés par l'acupuncture, et je peux ainsi, dans le même temps, diriger des travaux pratiques, comme je le faisais à Leningrad, et poursuivre mes recherches[1].

Une fois de plus, *soigner* me donne une place. Au début, les étudiants me laissent faire, l'air goguenard, puis, comme ils constatent que je les ai soulagés, ils se mettent à y croire et me regardent différemment. Comme à Leningrad, je soigne bientôt bénévolement les gens les plus divers, des personnes de l'administration, secrétaires, bibliothécaires, des parents d'étudiants, des amis d'amis, et si Leonid ne me faisait pas la leçon – *Arrête de t'excuser d'exister, Nadejda !* – c'est moi qui les remercierai pour le bien qu'ils me font.

À la mi-janvier, nous recevons enfin des nouvelles d'Israël. Et elles sont catastrophiques ! Le pays est débordé – un million de Juifs sont arrivés en Israël en

---

[1]. Elles donneront lieu à une publication, bien des années plus tard : N. Volf, *The Somatotopic of Auricular Points*, J. of the British Medical Acupuncture Society, déc. 2000, vol. XVII, n°12, p. 2-9.

provenance d'URSS durant l'année 1990 – et nos parents n'ont pas été accueillis comme ils l'espéraient. Ils ne parlent que le russe, ils sont âgés, ils ont tout perdu, et les fonctionnaires de l'immigration, plutôt que de les réconforter, leur font sentir qu'ils sont un fardeau. Je crois comprendre entre les lignes que l'un d'eux a insulté et bousculé mon père, de sorte que ma mère l'a insulté à son tour et que le fonctionnaire a appelé la police. Par chance, celle-ci s'est montrée compréhensive et a réconcilié les belligérants plutôt que d'aggraver les choses.

Mais ni mon père ni ma mère n'ont l'espoir de renouer avec l'enseignement et la recherche, leurs deux passions. Le pays, écrivent-ils, ne s'intéresse en aucune façon à leurs compétences. Ils ne se voient plus d'avenir intellectuel, et je les devine très abattus bien qu'ils n'aient pas un mot pour pleurer sur leur sort.

C'est à nous qu'ils pensent, et leurs dernières phrases, qui évoquent le début de la guerre des alliés contre l'Irak, et les alertes permanentes au-dessus de Jérusalem, sont pour nous supplier de ne pas les rejoindre. *Si vous pouvez rester en France, restez-y,* nous écrivent-ils, *Israël risque de ne pas pouvoir vous offrir les moyens de reconstruire votre vie.*

Pour la première fois, nous envisageons de rester en France. Mais comment faire ? À quel titre ? Pour le moment, nous avons le statut le plus précaire qui soit : nous sommes étudiants étrangers, invités pour trois mois par mon intermédiaire à faire un stage de recherche que je ne fais pas vraiment. Notre visa est sans doute renouvelable pour trois mois, mais ensuite ? Rentrer en URSS est inenvisageable, nous nous retrouverions au mieux gardiens de square, au pire en prison.

Si Israël n'a pas de place pour nous, où est donc notre avenir ? Ici même, notre survie ne tient qu'à un fil. Nous étions médecins, nous n'avons plus le droit d'exercer. Nous n'avons pas le droit non plus de travailler pour gagner notre vie. Nous tenons au jour le jour grâce à nos petites économies du départ : les dollars de Pirjo, et les quatre mille francs que nous avons fini par récupérer. Nous nous accordons cent francs par semaine pour manger tous les trois, et si Monique et Elie n'étaient pas là nous serions dans une misère profonde.

C'est encore eux qui voient la solution : demander l'asile politique ! Et vite, très vite, parce que nous n'avons pas les moyens de tenir bien longtemps. Elie va chercher les papiers nécessaires à la préfecture, et Monique se met aussitôt à les remplir. Il faut écrire une longue lettre expliquant pourquoi on ne peut plus retourner dans son propre pays, Monique propose de me l'écrire. C'est à cette occasion que je lui raconte pour la première fois combien il est humiliant, et dangereux, d'être juif en URSS. Les insultes, mon arrestation, le KGB qui force notre porte, le sentiment d'être traqué, et la peur, finalement, la peur nuit et jour.

Je crois que c'est après cette lettre, où je lui ai confié toute ma vie, que Monique se met à son tour à me parler d'elle, comme pour m'ouvrir son cœur, et ne pas me laisser avec le sentiment que j'aurais beaucoup donné sans rien recevoir en retour.

Monique me comprend, parce qu'elle aussi a connu la peur, celle d'être arrêtée et de mourir. Enfant, ses parents l'ont confiée à des paysans du Vercors, qui l'ont cachée jusqu'à la fin de la guerre. Elle se souvient de l'arrestation d'autres enfants juifs, mais elle, la Gestapo ne l'a jamais trouvée. À plusieurs reprises, elle a dû s'échapper par une petite fenêtre, derrière la maison, et courir dans les sous-bois vers les montagnes. Une nuit, la dame n'a eu que le temps de l'enfourner dans la lessiveuse, elle a entendu les voix, les pas, mais ils n'ont pas eu l'idée d'aller voir par là.

Et de fil en aiguille, j'apprends comment elle a rencontré Elie. C'était à Paris, à la fin des années 1950. Elle était jeune institutrice, et lui parlait à peu près le français comme nous. Ils se sont croisés dans un bal, et tout de suite ils se sont plu. La jolie Monique, qui enseignait la langue aux petits écoliers de France, a donné des cours de rattrapage à ce drôle d'homme qui n'avait pas beaucoup fréquenté l'école. Il était de Czernowitz, en Ukraine. Il avait fait toute la guerre dans l'armée Rouge et s'était finalement retrouvé dans le nord de la France avec ceux de sa famille qui avaient survécu au séisme. Il coupait des cols de chemise pour un oncle couturier, il survivait difficilement. Les parents de Monique, eux, s'étaient implantés à Nîmes après avoir fui Paris occupé. Son père était courtier en pommes de terre, et c'est pour se rapprocher de la petite entreprise familiale qu'Elie et Monique avaient rejoint Nîmes. Également en raison de la santé de leur premier fils, Rémy, à qui le climat parisien ne convenait pas.

Rémy, dont Monique se met à me parler pour la première fois. Rémy, le frère aîné de Marco, qui est mort à dix-huit ans renversé par une voiture. C'était le 9 octobre 1978.

À fleur de peau, engagé au Parti socialiste, Rémy avait créé à dix-sept ans une association, l'ERIC (Études, recherches, informations culturelles), au nom de laquelle il organisait des manifestations contre les dictatures. L'une de ses dernières photos le montre haranguant la foule devant un micro contre la tenue du Mondial de football dans l'Argentine des généraux.

Mais sa grande entreprise devait être un colloque sur la dissidence soviétique. Peu avant sa mort, tout était en place : des écrivains et des scientifiques russes en exil en France, dont beaucoup d'ex-*refuzniks*, lui avaient répondu favorablement et ils étaient tous attendus à Nîmes.

Monique :

— Après sa mort, j'ai décidé de mener à terme ce projet. Je ne voulais pas qu'il se soit battu pour rien. J'ai repris contact avec tous les invités, j'ai rassemblé les gens de son association, et nous avons organisé le colloque, ici, à Nîmes. Je ne me sentais pas véritablement concernée par les dissidents d'URSS, tu sais, mais j'ai porté cette histoire par amour pour mon fils, pour supporter le chagrin aussi, sans doute. Les manifestations ont duré une semaine, et nous avons terminé par une grande conférence au Centre Pablo-Neruda. Quand tout a été fini, je me suis dit : Rémy aurait été heureux de voir comme les gens se sont mobilisés ! Mais une autre petite voix me tiraillait en écho : on a brassé beaucoup d'air, me disait-elle, on a énormément parlé, mais qu'est-ce qu'on a fait de concret pour les *refuzniks*, et pour tous ceux qui souffrent de la dictature en URSS ? Qu'est-ce qu'on a fait de concret pour les aider ? Et dix ans plus tard, vous avez débarqué à la maison, Leonid, Artyom et toi...

— Tu pensais à Rémy quand tu nous as vus pour la première fois ?

— Oui, à la seconde où Elie vous a présentés, j'ai pensé : *Tiens, voilà ceux dont Rémy me parlait, voilà ceux pour lesquels il se battait.* Et puis j'ai vu tes yeux, ton enthousiasme, tu venais de soigner le dos d'Elie et tu t'es mise à me soigner avec ce désir de donner, de soulager, et je ne sais pas comment te le dire, mais tu m'as tellement rappelé Rémy ! Il m'a semblé que vous étiez du même sang tous les deux, que vous étiez animés de la même fougue.

— Et tu crois qu'Elie aussi a pensé à Rémy ?

— Elie, c'est autre chose. Il ne s'est pas remis de t'avoir vue réchauffer le petit sandwich d'Artyom sur le radiateur. Cet enfant qui avait faim et ce sandwich sur le radiateur, ça l'a complètement bouleversé. Il est rentré en me disant : *On ne peut pas laisser sans rien faire des gens dans cet état, des gens qui réchauffent un sandwich sur un radiateur pour leur petit, ça, c'est impossible, Monique, c'est impossible...* Et après votre départ, toute la soirée il m'a raconté cette scène du radiateur et du petit qui pleurait, à côté. Plus tard, quand il a écrit ses Mémoires, j'ai deviné entre les lignes qu'il avait dû vivre de tels moments, enfant, et que vous l'aviez replongé dans des souffrances inconsolables[1].

— Je ne sais pas ce qu'on serait devenus si les hommes, à la synagogue, ne nous avaient pas conduits chez vous.

— Oui, c'est un miracle que vous soyez tombés sur notre route. À la synagogue, il n'y avait que des séfarades, ils étaient complètement affolés par votre comportement. Elie était le seul dans toute la communauté à pouvoir vous comprendre. Ensuite, nos deux volontés se sont unies pour dire : *On va faire quelque chose pour eux ! On ne peut pas secourir le monde entier, comme le voulait Rémy, mais en s'y mettant tous, peut-être qu'on arrivera au moins à sauver ces trois-là.*

Progressivement, nous sommes invités à dîner dans d'autres familles amies. Chez les Benguigui, bien sûr, et je découvre la femme de Paul qui est pour moi le symbole de *la beauté française*. Elle est très mince, grande, élégante, les cheveux blonds et les yeux bleus. Et elle nous couvre d'attentions, de cadeaux. Chez les Hirsch, qui n'ont pas d'enfants et nous adopteront bientôt comme les leurs. Chez les Juantini, qui nous offriront notre première voiture. Chez Geneviève Fraisse, l'amie de Monique, qui veille sur Artyom comme sur son fils, et me soignera quand je tomberai malade. Chez Annie Sadoun, qui prendra Artyom au

---

1. Elie Storper, *Je me souviens, c'était là-bas, là-bas !* Éditions Scripta, janvier 2002.

mois d'août dans sa colonie de vacances. Chez beaucoup d'autres encore.

Et, tous les mercredis, nous sommes attendus au Centre communautaire Sarah-et-Aimé-Grumbach, où toute la communauté se retrouve pour le repas de midi. Chacun doit acquitter le prix de son repas, sauf nous, qui sommes les invités de cette grande famille et le resterons jusqu'à notre départ pour Paris, en septembre 1999, près de dix ans après notre arrivée.

Pendant des années, en URSS, quand on me demandait si j'étais bien juive, je répondais *Non, je suis léningradoise !* J'aurais tellement voulu ne pas être juive. Et là, pour la première fois de ma vie, je n'ai plus honte de l'être.

## 11.

### *Réfugiés politiques*

Nous sommes en France depuis seulement trois mois quand vient le jour de passer l'examen de neuro-anatomie. Nous comprenons le français, nous sommes capables de nous exprimer pour les petites choses du quotidien, mais nous avons encore beaucoup de mal à l'écrire. Aucun examen ne m'a jamais demandé autant d'efforts : apprendre par cœur, apprendre une langue, apprendre à l'orthographier... Dans ma langue maternelle, je n'aurais sans doute pas eu besoin de réviser pour présenter ce diplôme, mais ici la forme l'emporte largement sur le fond. Et cependant, j'ai conscience que dans notre situation nous ne pouvons pas nous permettre d'échouer.

J'écris comme je le peux, je fais tout mon possible, espérant que les examinateurs comprendront que, derrière les mots enfantins, les connaissances sont bien réelles. Leonid ne se donne pas ce mal, il rend sa copie blanche, plus lucide que moi sur l'issue.

Et la catastrophe nous tombe dessus : nous sommes l'un et l'autre recalés ! Je ne peux même pas décrire l'ampleur de mon désespoir quand je le découvre. À l'impression de ne plus rien valoir se mêle un sentiment de honte comme je n'en ai jamais ressenti. C'est la première fois de ma vie que je rate un examen, et je le rate au moment justement où toute une communauté d'amis s'est mobilisée pour nous sortir de la misère où nous sommes tombés. Au moment où tous les yeux sont braqués sur nous. C'est comme si nous ne méritions pas qu'on nous tende la main. Que peuvent penser ces gens qui se sacrifient pour nous aider ? Ils vont se dire que de notre côté nous ne faisons pas beaucoup d'efforts...

C'est ce que j'explique à Leonid, en larmes. C'est ce que j'explique à mes parents, eux-mêmes si malmenés en Israël, et qui ne trouvent pas de mots pour me consoler. Et je cesse du jour au lendemain d'appeler Heidi Thorer. Je ne l'avais pas prévenue que nous devions passer cet examen, mais à présent je ne trouve pas la force de lui dire que nous avons échoué. C'est Jean Bossy qui le lui annonce, quand elle lui demande de nos nouvelles, étonnée par mon silence, et alors Heidi pique une colère contre son ami. Comment a-t-il osé nous inscrire à cet examen, sachant que nous ne parlions pas le français ? Que dirait-il s'il devait passer le même examen en russe après seulement trois mois de présence à Leningrad ? Et Heidi m'adresse une des plus gentilles lettres qu'elle m'ait jamais écrites. Elle se moque un peu de son *cher Jean* qui s'exprime en français dans les conférences internationales – *c'est aux autres à faire l'effort de le comprendre, n'est-ce pas ?* – et termine par cet encouragement : *Vous êtes un peu comme ma fille, Nadia, car tout ce que vous vivez, je l'ai vécu avant vous. Parfois, ce sont les moments les plus difficiles qui sont les plus enrichissants.*

*J'ai choisi la liberté*

C'est avec cet échec sur le cœur que nous partons pour Paris, aux premiers jours du printemps 1991, convoqués pour défendre notre demande d'asile politique. Un ami de la communauté, Michel Dajtlich, nous accompagne. Nous faisons la queue durant quelques heures, et là je peux mesurer combien nous sommes nombreux à vouloir rester en France. Puis nous sommes enfin reçus par un monsieur qui nous interroge longuement, et, à la fin, croisant le regard plein de pitié qu'il nous lance, j'ai l'intuition qu'il ne va pas vouloir de nous.

Et je ne me trompe pas : trois semaines plus tard, notre dossier nous est retourné frappé d'un refus.

Il faut sans doute avoir été demandeur d'asile pour mesurer le désastre d'un tel refus. Elie a connu les regroupements de réfugiés, l'attente aux frontières, et lui et Monique prennent aussitôt notre destin en mains. Ils n'ont pas revu Georgina Dufoix depuis la mort de leur fils Rémy, mais ils décident de l'appeler pour lui demander conseil. Georgina avait une grande affection pour Rémy qui militait dans son parti, elle ne les a certainement pas oubliés[1]. C'est dimanche, elle est chez elle.

— Venez tout de suite, dit-elle.

Nous partons habillés comme nous le sommes, précipitamment.

Mme Dufoix a préparé des petits gâteaux pour nous accueillir, et je vois tout de suite le regard qu'elle

---

[1]. Georgina Dufoix, plusieurs fois ministre sous la présidence de François Mitterrand.

lance à Artyom qui n'ose pas s'en approcher. Elle prend l'assiette et la lui tend, puis, tout en écoutant Elie, elle installe Artyom près de la table et lui caresse doucement les cheveux. J'aimerais l'embrasser pour la remercier, c'est drôle comme dans ces moments-là certains gestes comptent. Plus tard, quand elle deviendra une amie très proche, je lui dirai combien je l'ai aimée dès le premier moment pour la beauté de son cœur, et elle me racontera que, découvrant Artyom, elle a eu le sentiment de voir entrer chez elle *un oiseau blessé*.

Ça y est, elle a compris. Elle nous explique que la bonne foi ne suffit pas pour obtenir l'asile politique. Qu'il faut apporter des preuves que nous sommes opprimés dans notre propre pays, et que ces preuves peuvent être des témoignages écrits et signés par des personnes qui nous ont connus à Leningrad. Enfin, elle juge indispensable que nous prenions un avocat spécialisé dans ce genre de dossiers afin de se plier exactement aux lois françaises, et elle promet de nous aider. Elle le fera.

En la quittant, nous avons repris espoir. Le soir même, j'écris aux quelques amis sur lesquels je crois pouvoir compter pour dire la vérité, et dans les deux ou trois semaines qui suivent je reçois les témoignages que j'attendais. Andreï Gagarine, qui vit maintenant à Baltimore, relate cette soirée où nous avons trouvé deux agents du KGB à la maison, emportant tous nos agendas et mes manuscrits. Une de mes patientes, qui travaillait dans le service de Roudin, témoigne de la façon dont on m'a peu à peu exclue du département où j'enseignais. D'autres amis, plus anciens, racontent ma peur d'être juive, et les insultes quotidiennes.

Si sérieux que soient ces témoignages, ils ne rendent pas compte de la terreur dans laquelle nous survivions durant les deux dernières années, ni ne disent ce qui nous arriverait si nous rentrions chez nous. Mais ils donnent un peu de poids à mon propre récit, de nouveau rédigé avec le concours de Monique.

Maintenant, il faut trouver un avocat dont le cabinet soit à Paris et qui aura pour mission de *porter* notre dossier, aux sens propre et figuré. Jeannette Hirsch a justement un cousin, Marc Lévy, qui est avocat à Paris. Nous l'appelons. Il est en vacances, et nous renvoie sur l'un de ses collègues. Ce dernier accepte de réceptionner notre dossier, de voir si tout est bien en ordre, et de le déposer officiellement. Voilà, c'est fini. Il n'y a plus qu'à attendre la réponse en songeant à la petite toupie du rabbin de l'île Vassilievski : le miracle va-t-il s'accomplir ?

Il s'accomplit, oui ! Au début du mois de juillet 1991, le téléphone sonne chez Elie et Monique. Elie décroche, et tout de suite il reconnaît la voix de notre avocat.

— Monsieur Storper ?
— Maître ! Alors ?
— Nous avons gagné ! Je peux vous annoncer que Mme Volf, M. Ferdman et leur petit garçon viennent d'obtenir le statut de réfugiés politiques.
— Mais c'est formidable ! Monique ! Monique ! Leonid et Nadia sont sauvés ! Viens vite ! Attendez un peu, maître, ma femme arrive. Je veux qu'elle l'entende de votre bouche... Tenez, je vous la passe.

Monique prend le téléphone et sent monter les larmes.

Elle repasse l'appareil à Elie.

— Je ne sais pas comment vous remercier, maître. C'est un grand jour, toute la communauté se réjouit. Envoyez-moi votre note d'honoraires, et recevez mes félicitations. C'est tellement formidable !

Sans cette note d'honoraires, et l'émoi qu'elle a provoqué, je n'aurais sans doute jamais connu Sarah, la femme de Marc Lévy. Sarah, qui va devenir plus qu'une amie, une sœur, et que nous allons perdre dix ans plus tard emportée par un cancer.

La facture de notre avocat arrive, et c'est un coup de massue : trente mille francs ! Trente mille francs pour une lettre, quelques coups de tampon et trois coups de fil... Elie est abasourdi, Monique révoltée. Où allons-nous trouver une telle somme ?

Monique appelle aussitôt Jeannette Hirsch.

— Vous nous aviez dit que votre cousin, Marc Lévy, accepterait de nous aider. Savez-vous combien son cabinet nous réclame ?

Jeannette est sidérée.

— Écoutez, dit-elle après un moment, Marc est justement en vacances à La Grande-Motte avec toute sa famille, appelons-le et allons le voir, je suis certaine qu'on doit pouvoir arranger ça.

Marc propose que nous dînions tous ensemble à La Grande-Motte, et Leonid et moi y allons avec Jeannette et Alphonse Hirsch. Nous sommes habillés des vêtements que nous offre la communauté, et quand je regarde aujourd'hui nos photos de l'époque je réalise combien nous faisons pauvres et démunis. Marc le voit sans doute, et avant de passer à table il m'entraîne vers la plage pour faire quelques pas.

— Alors, dites-moi quel est votre problème...

— Mon problème, c'est que je trouve injuste de payer à votre collègue trente mille francs pour ce qu'il a fait.

— Cela vous étonne sans doute parce que vous arrivez de Leningrad, mais vous savez, ici, en France, ça n'a rien d'extraordinaire.

— Je m'en fiche, c'est injuste. C'est nous qui avons préparé le dossier, lui n'a eu qu'à le porter et à nous téléphoner la réponse.

— Bon, je vous ai observée, vous êtes manifestement volontaire et courageuse. Maintenant, vous allez pouvoir travailler, gagner votre vie. Alors disons que vous paierez ces honoraires quand vous le pourrez, dans un an ou deux si vous voulez. Ça va comme ça ?

— Non, sûrement pas ! Si vous pensez vraiment que je dois donner cet argent, je vais me prostituer s'il le faut, je vais travailler nuit et jour, mais je vais vous le donner tout de suite !

— Vous êtes en colère à ce point-là ?

— On n'a rien, on a tout juste de quoi manger, et on se fait voler trente mille francs par un avocat parisien. Vous trouvez qu'il n'y a pas de quoi être en colère ?

Marc Lévy s'arrête, il me regarde droit dans les yeux.

— D'accord, dit-il, je vous donne ma parole que vous n'entendrez plus jamais parler de ces honoraires. Et maintenant, allons dîner.

Je découvre donc Sarah et leurs trois jeunes garçons, Emmanuel, Mickaël et Gabriel. Je suis frappée par la beauté de Sarah, et aussi par sa tendresse avec les enfants. Mais ce soir-là, nous n'échangeons que quelques mots distants.

Marc Lévy a raison, maintenant notre statut de réfugiés politiques nous donne le droit de travailler. Et, encore une fois, c'est Monique qui accomplit le miracle.

Elle tombe sur une petite annonce dans le quotidien *Le Midi libre* : le centre de thalassothérapie de La Grande-Motte cherche d'urgence un kinésithérapeute. Il se trouve qu'à plusieurs reprises, Leonid a obtenu des résultats stupéfiants en massant Elie qui souffre énormément du dos. Et en massant Monique elle-même.

Elle décroche aussitôt son téléphone :

— Avez-vous déjà trouvé quelqu'un pour les massages ?

— Non, madame, mais nous recevons plusieurs candidats aujourd'hui.

— Alors je vous demande une chose, n'engagez personne avant d'avoir vu l'homme que je vous amène. Vous n'allez pas en revenir, c'est un Russe, un phénomène.

— Eh bien, passez en fin de matinée.

Elie est sceptique. Leonid est bien médecin, mais il n'a aucun diplôme français pour l'instant. Et, même en Russie, il n'est pas kinésithérapeute. Mais Elie accepte tout de même de nous accompagner jusqu'à La Grande-Motte.

Nous entrons, lui préfère nous attendre dans la voiture.

Tout de suite, Monique parle à la place de Leonid, qui a encore du mal à s'exprimer en français.

— Il faut le voir masser pour se rendre compte.

On appelle une kinésithérapeute qui va faire office de cobaye, et Leonid se met au travail.

— Voilà, dit-il après un quart d'heure.

Et la jeune femme, un peu groggy :

— C'est extraordinaire ! Assez différent de nos techniques, mais véritablement extraordinaire !

Ils nous prient de patienter, s'enferment dans un bureau et en ressortent un moment plus tard :

— Monsieur Ferdman, vous nous avez convaincus. Il reste à savoir si ce que nous pouvons vous offrir vous conviendra : neuf mille francs par mois.

Il y a un silence. Monique me dira en sortant qu'elle n'en a pas cru ses oreilles. Moi, j'ai immédiatement pensé qu'ils se trompaient : comment pouvaient-ils nous donner pour un seul petit mois la somme sur laquelle nous vivions depuis six mois ? Et j'ai failli leur demander de répéter.

— Vous pouvez réfléchir et ne nous donner votre réponse que demain.

— Non, je crois que ça peut très bien aller, tranche soudain Monique. N'est-ce pas, Leonid, neuf mille francs, ça vous ira ?

— Oui, confirme Leonid.

— Eh bien, dans ce cas, nous vous attendons demain matin à huit heures !

Et brusquement, c'est comme si le destin avait décidé que tout allait nous sourire. Deux mois peut-être avant l'embauche de Leonid, les Dajtlich m'avaient amené un de leurs amis, Jacques Chapellon, un petit homme vif et souriant, qui souffrait du coude depuis longtemps. Ils pensaient que je pourrais peut-être faire quelque chose pour lui. Je l'avais soigné en trois ou quatre séances, et un jour il était tombé par hasard sur mes deux livres publiés en URSS.

— Tiens, c'est quoi ?

— Des choses qui m'ont valu des tas d'ennuis.

— Mais qui racontent quoi ?

— Comment se soigner soi-même par les massages des points d'acupuncture.

— Mais c'est très intéressant ! Pourquoi on ne publierait pas ces livres en France ? Vous savez, moi, je suis éditeur.

— Ah bon !

— Laissez-moi réfléchir et on en reparle.

Trois jours après l'embauche de Leonid, les Dajtlich me rappellent :

— Nadia, un grand éditeur parisien veut vous rencontrer, il faut que vous alliez tout de suite à Paris.

— Mais je n'ai pas d'argent pour payer le train !

— On s'arrangera, allez-y, je crois que ça vaut le coup.

Je pars pour Paris, et Jacques Chapellon m'accueille sur le quai de la gare de Lyon :

— Je vous emmène chez quelqu'un que votre livre intéresse, il s'appelle Bernard Fixot...

Pourquoi est-ce que j'imagine un homme terriblement impressionnant, assis derrière un bureau démesuré, et protégé par un huissier et des doubles portes capitonnées de cuir ? Un peu comme un général du KGB, finalement. Je ne sais pas, mais c'est l'image que je me fais d'un *grand éditeur parisien.*

Chapellon me laisse à l'entrée de l'immeuble pour bavarder avec une jeune femme qu'il connaît, et j'entre toute seule dans une pièce spacieuse où travaille un homme encore jeune que je prends pour un écrivain. Il a les cheveux prématurément blancs, des yeux bleus, et un beau sourire. En m'approchant un peu de son oreille, je vois qu'il souffre du foie, mais je n'ose rien dire pour ne pas le déranger.

Et puis quelqu'un lui apporte un café, et je ne peux pas me retenir :

— Vous ne devriez pas boire du café avec votre foie fragile.

— Comment savez-vous que j'ai le foie fragile ?

— Je l'ai vu dans votre oreille. J'ai vu aussi que vous souffriez du genou.

— Oh !... Mais c'est vrai en plus ! Comment voyez-vous tout ça dans une oreille ?

— Je peux t'apprendre si tu veux.

Alors la jeune femme avec laquelle bavardait Chapellon entre.

— Catherine, s'exclame celui que je prends pour un écrivain, montre-lui ton oreille, elle va te dire où tu as mal.

Catherine sourit, me tend gentiment une oreille, et je commence à regarder quand Jacques Chapellon entre à son tour.

— Bonjour Bernard ! Comment ça va ?

Et là, d'un seul coup, je comprends que l'homme aux yeux bleus est l'éditeur que je viens de tutoyer !

Lui avait déjà compris qui j'étais.

— La médecin russe, bien sûr !

Il appelle l'autre jeune femme qui travaille avec lui, Édith, et pendant un moment tout le monde rit parce que je fais les diagnostics par les oreilles.

— Bon, on va faire un livre ensemble, dit finalement Bernard Fixot, c'est formidable ce que vous faites.

Une heure plus tard, je repars pour la gare de Lyon avec un contrat signé et un chèque de vingt-cinq mille francs.

Nous n'avons jamais été si riches ! Quand Elie m'accompagne à la Caisse d'Épargne pour que j'y dépose mon premier chèque, et que la jeune femme au guichet me dit en souriant : *J'aimerais bien recevoir une somme pareille !* je pense en moi-même : *Tiens, c'est la première fois en France que quelqu'un nous envie...*

Et à mon tour je trouve du travail. Paul Benguigui parvient à m'obtenir un rendez-vous avec le professeur Jean-Paul Bureau, qui dirige le service de cyto-immunologie à l'hôpital de Nîmes et qui est un de ses amis.

Je lui apporte mes travaux et publications, et un projet de recherches : je souhaite vérifier si l'acupuncture serait apte à renforcer la défense de l'organisme contre les cellules cancéreuses en stimulant la sécrétion des endorphines. Le professeur, qui dirige par ailleurs la Ligue contre le cancer à Nîmes, m'offre une bourse de trois mille francs par mois pour mes recherches. Puis, pour compléter mes revenus, il m'engage au laboratoire des analyses médicales de l'hôpital comme *faisant fonction d'interne* pour assurer des gardes de nuit.

Désormais, je suis chercheur le jour, et chimiste la nuit. Ça ne me laisse pas beaucoup de temps pour dormir, mais je suis tellement contente de voler enfin de mes propres ailes que je ne sens pas la fatigue. Et je trouve encore le temps d'écrire à Heidi Thorer pour lui raconter les événements, et surtout lui demander conseil quand je rencontre des difficultés professionnelles.

Toutes ces bonnes nouvelles surviennent durant le mois de juillet 1991, dès l'obtention de notre statut de réfugiés politiques. Il nous rouvre les portes de la vie, ce statut, et dès lors nous pouvons chercher un logement, comme tout le monde, et rendre son bel appartement à Paul Benguigui, qui d'ailleurs ne le réclamait pas.

Au mois d'août, nous emménageons à l'étage d'une maison de ville, rue du Mail, et c'est encore un ami des Storper, Jean Matouk, professeur de droit à l'université de Montpellier, qui se porte caution pour nous. Nous sommes encore trop pauvres pour inspirer confiance.

Cependant, à partir de cet été 1991, notre vie se met à ressembler à un tourbillon qui ne s'arrêterait plus. Nous travaillons tellement que nous ne voyons pratiquement plus Artyom qui, sans Monique, se retrouverait abandonné à lui-même alors qu'il n'a pas encore six ans.

Chaque matin, Leonid a deux heures de transport pour gagner La Grande-Motte, et deux heures pour en revenir le soir. Il n'existe aucune liaison entre Nîmes et La Grande-Motte, il doit donc gagner Montpellier, et de là prendre un des bus qui desservent la station toutes les trois heures. Cela lui fait des journées de douze heures. Quant à moi, il m'arrive de ne pas rentrer à la maison pendant quarante-huit heures du fait de mes gardes de nuit...

Nous n'avons plus le temps de voir personne, et sans doute nos amis s'inquiètent-ils pour notre santé, et pour l'équilibre d'Artyom, parce qu'un matin d'octobre, en sortant de chez nous à six heures du matin, Leonid découvre devant notre porte une chose étrange : une petite Golf Volkswagen blanche entourée d'un gros ruban, comme un paquet-cadeau. Sur la glace arrière, quelqu'un a écrit en grosses lettres : *C'EST LA VOITURE DE NADIA ET LEONID*, et en tout petit, dessous : *Les clés sont dans la boîte aux lettres*. Ce sont les Juantini qui nous font ce cadeau incroyable ! Les Juantini, que nous avons connus par Jean et Marie-Françoise Matouk.

Désormais, Leonid ne met plus qu'une demi-heure pour aller à La Grande-Motte, et du coup il rentre à temps pour récupérer Artyom chez Elie et Monique et dîner avec lui.

Le 1er décembre 1991, qui tombe un dimanche, nous organisons notre première grande fête pour célébrer les six ans d'Artyom et mes trente ans. Voilà une année que nous sommes en France, et c'est évidemment l'occasion d'exprimer notre gratitude, et bien plus que cela encore, à toute cette communauté qui nous a portés, aimés, encouragés durant des mois.

Notre petit appartement de la rue du Mail est encore meublé de tout ce que ces amis nous ont donné, à une exception près : la table de la salle à manger. Nous la voulions très grande, sachant qu'un jour nous réunirions tout le monde, et aucune ne l'étant suffisamment, nous avons finalement opté... pour une table de ping-pong !

Toute la nuit, Leonid et moi avons préparé le festin. Nous avons fait les gâteaux au chou qu'on ne trouve qu'en Russie. D'un côté, vous préparez votre pâte feuilletée, de l'autre, votre chou que vous faites revenir dans une grande poêle avec des oignons coupés fins et de l'huile d'olive. Ensuite, vous mettez une bonne cuiller à soupe de chou dans une coquille de pâte, vous fermez avec un petit chapeau et vous mettez au four. Nous avons fait les salades russes, les vraies salades de Leningrad et de Moscou. Dans l'une, vous coupez en petits morceaux des pommes de terre, vous ajoutez des carottes cuites, des cornichons salés, des œufs, du jambon, tout cela mélangé avec une bonne mayonnaise maison. C'est délicieux ! Dans l'autre, vous mettez des carottes râpées avec beaucoup d'ail, des noix, des raisins, et encore de la mayonnaise pour lier l'ensemble.

Et tous sont arrivés, les bras chargés de fleurs et de cadeaux. Elie et Monique Storper, Marco et sa jolie fiancée Corinne, les Juantini, les Matouk, les Hirsch, les Dajtlich, les Benguigui, les Fraisse... Peut-être une vingtaine de personnes, et notre table était assez grande pour qu'ils s'installent confortablement.

Leonid et moi avions aussi écrit un long poème que nous avons lu ensemble, debout, les yeux embués par l'émotion. Et puis, comme on le fait chez nous, chacun a levé son verre et porté un toast. Jeannette Hirsch a également récité un poème, et Alphonse, son mari, qui est très grand, très beau, avec des sourcils broussailleux qui lui donnent l'air d'un empereur, a dit avec des larmes dans la voix que nous étions les enfants qu'il avait espérés toute sa vie. Monique a exprimé tout l'amour qu'elle portait à Artyom, Corinne a chanté, et nous avons échangé en un soir plus de baisers qu'en une année.

## 12.

### *Le chagrin des Russes*

Maintenant, nous devons redevenir médecins ! Je veux récupérer le droit de soigner, je suis venue au monde pour cela, je le sais. Soigner est ma mission, le sens de ma vie, et j'ai le sentiment d'être en sursis depuis qu'en quittant mon pays j'ai perdu ce droit.

Le lendemain de l'obtention de notre statut de réfugiés politiques, Leonid et moi nous inscrivons pour passer les équivalences qui doivent nous permettre d'exercer la médecine en France.

La première étape est régionale : au mois d'août 1992, nous serons convoqués à la faculté de médecine de Montpellier pour une série d'examens écrits portant sur l'ensemble du programme des études de médecine. Il nous faut donc réviser nos six années de cours, mais surtout acquérir une maîtrise quasiment parfaite de la langue française et de l'orthographe. D'autant plus parfaite que ces examens sont un concours : seul un nombre limité d'étudiants, les meilleurs, seront admis à présenter la deuxième étape.

Celle-ci se déroule à Paris, sous forme de grands oraux portant sur toutes les disciplines médicales, devant quatre professeurs de spécialités différentes.

Chacun note les candidats et, une fois encore, c'est un concours. En dépit de la difficulté, nous partons relativement confiants.

Nos révisions s'ajoutent à des emplois du temps qui ne nous laissent déjà plus beaucoup de temps pour dormir. En rentrant de La Grande-Motte, et après avoir couché Artyom, Leonid se plonge dans les traités en langue française. Moi, je traîne partout mes bouquins, dont je lis quelques pages entre deux expériences.

Je mène donc un lourd programme de recherches concernant les effets des opioïdes endogènes sur la prolifération des cellules cancéreuses, dont les résultats feront l'objet de plusieurs publications. J'ai proposé ce sujet en sachant que l'acupuncture agit dans le corps à travers les opioïdes. En mai 1993, le professeur Bureau m'enverra à Washington présenter notre travail devant un symposium de scientifiques[1].

Les gardes de nuit complètent mon programme quotidien et j'ai le sentiment de ne plus faire que courir. Au mois de mai de cette année 1992, pour ne rien arranger, les autobus de Nîmes se mettent en grève. Or mon laboratoire et l'hôpital où je fais mes gardes sont aux deux extrémités de la ville. Cette fois, je cours donc au sens propre du mot, et sous un ciel caniculaire – certains jours, le thermomètre dépasse

---

[1]. N. Volf, J.-P. Bureau, C. Ginestier, R. Caravano, *Inhibiting Influence of the Opioid Receptor Antagonist – Naloxone – on the Proliferation of the Cancer Cells Lines, Originally Blood,* Rapport in the 12th George Washington University Spring Symposium, Washington, May 1993.

les 40 °C ! Et je tombe en syncope, comme on pouvait s'y attendre...

On m'emmène à l'hôpital, on me fait une série d'examens, et les radios des poumons révèlent une pneumopathie aiguë. Mes poumons sont entièrement voilés. *Ça fait dix ans que je n'ai pas vu un truc pareil !* s'exclame le pneumologue. Je me retrouve immobilisée, sous oxygène, avec une fièvre de cheval. Et j'ai envie de pleurer : comment allons-nous relever tous les défis que nous nous sommes lancés si je ne suis plus bonne à rien ?

Le lendemain de mon entrée à l'hôpital, Marco et Corinne se marient. Ça fait des mois que nous pensons à ce jour, et je m'en veux de jeter une ombre sur leur bonheur.

Une fois de plus, Monique et son amie Geneviève sont là. Elles passent m'embrasser, courent se préoccuper d'Artyom. Monique lui a acheté un petit costume avec un nœud papillon pour la cérémonie à la synagogue. Geneviève va prendre Artyom chez elle jusqu'à ce que je sois rétablie.

— Ne te fais pas de souci, ni Leonid ni lui ne seront abandonnés.

Plus tard, quand on me montrera les photos du mariage, l'une d'entre elles me serrera le cœur : Elie et Artyom, assis côte à côte sur la première marche d'un escalier. Elie semble rattrapé par tous les chagrins de son enfance, et Artyom, livide, a le regard brûlant de fièvre. Ils se tiennent silencieusement par la main.

Artyom : « C'était un moment joyeux pour tout le monde et tellement triste pour moi, ce mariage. Je pensais à toi, papa était très inquiet, il n'avait pas voulu quitter l'hôpital, et moi j'étais là. Je n'avais pas envie de faire la fête. Après le déjeuner, je suis allé vomir dans les toilettes. Plus tard, j'ai aperçu Elie qui était tout seul, assis dans son coin, alors je suis allé m'asseoir près de lui. Je ne sais plus de quoi on a parlé, mais il m'a semblé qu'il était la seule personne à pouvoir partager mon désespoir. »

Je me remets rapidement, et me replonge aussitôt dans la préparation de mes examens d'équivalence dont la date approche. Nous sommes convoqués pour la fin août. Un mois avant, le professeur Bureau, qui est passé me voir à l'hôpital et veille sur ma santé, me dispense de recherches comme de gardes de nuit :

— Maintenant, Nadia, tu bosses tes examens. C'est ça qui compte, le reste attendra.

Leonid n'a pas cette chance, lui. Quand il réclame seulement deux petits jours pour réviser, il s'entend répondre :

— En pleine saison ? N'y pensez pas. Si vous disparaissez deux jours, ce n'est plus la peine de revenir.

Le grand jour arrive. L'estomac noué, Leonid et moi embarquons dans notre petite Golf avec une heure d'avance. Nous connaissons parfaitement l'itinéraire pour rejoindre Montpellier, puis la faculté de médecine. Comment faisons-nous pour nous perdre ? Mais nous nous perdons ! L'épreuve commence à neuf heures, et le règlement stipule que ceux qui se présenteront après l'appel seront considérés comme ayant raté l'examen. Cinq minutes avant, nous sommes encore sur la route. À neuf heures moins une, nous sommes enfin devant les portes de la faculté. Oui, mais où nous garer ? Le temps de trouver une place il sera trop tard. Alors Leonid voit le petit square devant la faculté, les grilles sont ouvertes, il les franchit et immobilise la voiture au pied de la statue.

— Leonid ! Mais on n'a pas le droit !
— Maintenant, on oublie la voiture et on court !
— Ils vont venir la prendre avec un camion...
— Non, les grilles sont trop étroites, un camion ne passerait pas.

Leonid a raison : quatre heures plus tard, notre Golf est toujours là, mais avec une amende équivalente à dix nuits de garde.

Ai-je réussi ? Il m'a semblé que j'avais tout su et les mots me venaient facilement... Bien sûr, il y a l'orthographe, mais, comme le remarque Leonid, les autres candidats aussi viennent de l'étranger...

Il est optimiste pour moi, moins confiant pour lui. Et il ne se trompe pas : je suis admise à poursuivre, lui est recalé. Bon, on se console en se disant que lorsque j'exercerai, lui pourra enfin prendre du temps pour réviser. Il obtiendra cet examen quelques années plus tard.

La deuxième étape est prévue au mois de décembre, à l'Institut Pierre-et-Marie-Curie. Cette fois, Leonid et Artyom m'accompagnent, et pour la première fois nous revenons à Paris en famille, deux ans jour pour jour après notre arrivée en France par l'avion d'Helsinki. Fini les chapkas et les manteaux de fourrure, pour l'occasion je me suis offert un ensemble élégant, pantalon et veste cintrée, et on dirait que plus personne ne se retourne sur notre passage.

Nous arrivons l'avant-veille de l'examen, Jacques Chapellon nous attend sur le quai de la gare de Lyon. Quand je repense à toutes ces années, je n'en reviens pas de tant de générosité. À chaque étape de notre vie en France, des amis se sont présentés pour nous tendre la main et nous aider à franchir l'obstacle. Jacques nous emmène chez lui, où sa femme, Josette, nous accueille avec simplicité et gentillesse. Elle et lui savent parfaitement les enjeux de l'épreuve, et ils font tout pour que nous nous sentions comme chez nous, sans obligations ni cérémonial.

Le lendemain, Jacques nous emmène à Disneyland. Artyom passe une journée comme il n'en a plus vécue depuis nos jeux de cache-cache au jardin d'Été. Ça me remplit de bonheur, et en même temps, par moments, je suis rattrapée par le trac.

— Détends-toi, oublie ton examen, me répètent Jacques et Leonid, c'est le meilleur moyen de le réussir.

Et c'est encore Jacques qui me dépose le lendemain matin devant les portes de l'Institut Pierre-et-Marie-Curie. Leonid, Artyom et lui vont m'attendre dehors, en buvant des chocolats chauds.

Un long moment d'angoisse parmi d'autres candidats aux visages défaits, et c'est enfin mon tour. Le professeur de neurologie m'interroge sur la maladie de Parkinson et j'ai le sentiment d'être un peu laborieuse. L'autre examinateur est un pédiatre, et lui veut m'entendre sur les oreillons, les complications possibles, les traitements. Cette fois, je suis très à l'aise. Son confrère chirurgien m'avertit qu'il va me poser une colle : quelle approche chirurgicale pour le traumatisme du chauffard ? Je sais qu'en cas de choc du front contre le pare-brise, l'hématome va se poser derrière la tête, dans la région occipitale, et que l'intervention se situera donc au niveau des cervicales. Il approuve. Enchaîne sur la tumeur de l'utérus et ses localisations possibles. C'est un sujet que je connais bien et il me semble que je passe l'épreuve sans problème. Ensuite, je tombe sur un spécialiste des maladies infectieuses qui me pose toutes les questions imaginables sur la fièvre jaune. J'ai beaucoup travaillé ces maladies et j'ai pratiquement toutes les réponses à ses colles. Le dernier examinateur est un expert en déontologie médicale et je ne rencontre là non plus aucune difficulté pour lui répondre.

Nous repartons pour Nîmes plutôt confiants, après un détour par la tour Eiffel. Je reçois mes notes par courrier quelques jours plus tard, elles sont très élevées et nous confortent dans l'idée que je l'ai peut-être emporté. Pendant quelques semaines, nous nous rongeons les sangs, puis la lettre arrive enfin : ça y est, je suis admise à exercer la médecine !

Pour la première fois, nous nous accordons trois jours de vacances et partons pour la Vendée partager notre bonheur avec Heidi Thorer, mon ange gardien.

Au retour, le professeur Bureau me propose un poste d'interne en neurologie, et je renoue enfin avec la pratique médicale. Fini la chimie et les gardes de nuit au laboratoire, je retrouve des malades, je peux les écouter, me plonger dans leurs dossiers, les soulager.

Depuis bientôt deux ans, Jean-Paul Bureau m'a prise sous son aile. Il m'a fait confiance, m'a donné les moyens de travailler, et il est devenu au fil des mois, non pas un ami – il a vingt ans de plus que moi et m'intimide –, mais une autorité bienveillante. Cependant, pour Artyom, il est mon *patron*, celui par la faute duquel je travaille nuit et jour, au point de tomber malade.

Un jour, j'invite le professeur à venir déjeuner à la maison. C'est un événement, j'ai passé la moitié de la nuit à préparer des petits plats. Leonid est à La Grande-Motte, je suis seule avec Artyom.

— Bonjour, professeur. Je vous présente mon fils !

Artyom sourit, ils se serrent la main.

— Quel garçon sympathique ! s'exclame le professeur.

— Oui, n'est-ce pas ? Tout le monde aime Artyom, il va au-devant des gens. Je crois qu'il a grandi plus vite que les autres enfants du fait de tout ce qu'il a vécu.

Entre-temps, Artyom est retourné dans sa chambre.

Au moment où nous nous mettons à table, il en revient avec un petit papier plié en huit qu'il tend au professeur.

— Tenez, c'est pour vous !

— Merci, mon chéri. Mais qu'est-ce que c'est ?

— Un secret. Il faut ouvrir.

Le professeur déplie le petit papier en souriant, il lit ce qui est écrit, et je le vois blêmir d'un seul coup.

— C'est très incorrect ce que tu fais là !

— Pardon ? dis-je. Qu'est-ce que tu as fait, Artyom ? Qu'est-ce qu'il vous a écrit ?

Alors le professeur me tend le papier, et je lis : *Connard !*

Comment fait-on pour se sortir d'une telle situation ? J'improvise. Je prétends qu'il a voulu écrire *canard*, parce qu'en Russie on appelle volontiers *canard* les gens pour qui on a de l'affection... Je ne sais pas si je suis très convaincante, mais le professeur a la gentillesse d'avoir l'air de me croire.

Petit à petit, je reprends confiance en moi, et retourne vers mes centres d'intérêt. J'apprends qu'à Montpellier le professeur Baldy-Moulignier travaille sur l'épilepsie, et je trouve l'audace de lui demander un rendez-vous. Il me reçoit, je lui parle de mes travaux sur l'épilepsie, de mes expériences sur les lapins, de ma thèse en langue russe, je lui donne mes différentes publications en langue anglaise, et à la fin de cet entretien il me propose ce dont je n'aurais pas osé rêver : un poste d'attachée hospitalière dans son service.

Je serai au contact de personnes souffrant d'épilepsie, et l'une de mes fonctions, m'explique-t-il, sera de mener des explorations par électro-encéphalogramme pour indiquer au chirurgien la zone du cerveau concernée par la maladie. Cela rejoint et prolonge mes années de recherches à Leningrad.

Je suis folle de joie en rentrant, et en même temps torturée à l'idée de devoir annoncer au professeur Bureau que je m'en vais. Nous sommes en juin 1993, je reviens juste du symposium de Washington où j'ai parlé de nos travaux sur la prolifération des cellules cancéreuses. Comment justifier mon départ ? Il est déçu, je ne trouve pas les mots pour le remercier suffisamment, et nous nous quittons douloureusement, lui dans la tristesse, peut-être même l'amertume, moi dans la culpabilité.

Mais commence alors pour moi une période enthousiasmante. Tous les matins, je pars heureuse pour l'hôpital de Montpellier, et tous les soirs je rentre à la maison comblée par tout ce que j'ai vu, entendu, appris. Je vois que Michel Baldy-Moulignier m'estime et me fait confiance, et du coup je me sens pousser des ailes. Très naturellement, je me mets à pratiquer l'acupuncture au sein de l'équipe hospitalière, qui m'accueille avec une gentillesse exceptionnelle. Je soigne les infirmières, les gens de l'administration, les médecins, tous ceux qui ont mal quelque part et se disent que peut-être je pourrais les soulager. Et, bien sûr, les gens parlent, et Michel Baldy-Moulignier est très étonné par les résultats que j'obtiens.

Nous en discutons à plusieurs reprises en réunion. Michel est un vrai scientifique, curieux, ouvert à tout, il n'a aucun *a priori* contre l'acupuncture. Si bien qu'un matin, c'est lui qui me prend à part.

— Nadia, pourquoi tu n'ouvrirais pas une consultation d'acupuncture ?

— Mais je ne demande que ça !

— Eh bien, mettons-la en place, je la prends sous mon autorité, dans mon service.

Les choses vont très vite, en une dizaine de jours la consultation est lancée, et après seulement deux mois d'exercice il y a foule dans ma salle d'attente.

Alors survient un incident qui, tant d'années après, me reste encore sur le cœur.

Un matin, Michel Baldy-Moulignier me prie de passer d'urgence à son bureau.

— Nadia, je vais être obligé de fermer la consultation d'acupuncture.

— Mais pourquoi ? Qu'est-ce qui s'est passé ?

— Quelqu'un m'a appelé très tard hier soir pour me faire remarquer que tu n'avais pas les équivalences en acupuncture.

— Mais j'ai le droit d'exercer !

— Formellement, oui, mais il serait préférable que tu obtiennes ton diplôme d'équivalence.

— S'il le faut, je vais faire les démarches nécessaires.

— Tu veux savoir qui m'a appelé ?

— C'est quelqu'un qui me veut du mal, n'est-ce pas ? Donc je ne veux pas savoir qui c'est.

— D'accord, ça restera un secret entre lui et moi.

Aujourd'hui, je regrette de ne pas lui avoir demandé. Mais, à l'époque, j'ai eu peur de connaître ce nom, je veux dire dans l'état de fragilité où je me trouvais encore. Qui pouvait vouloir me nuire au point d'appeler mon *patron* au milieu de la nuit, au moment où je sortais à peine la tête de l'eau ?

Bon, je n'ai plus de consultation d'acupuncture, mais j'appelle le soir même le professeur Bossy pour lui demander comment obtenir mon équivalence. Lui connaît ma compétence, il m'a invitée comme conférencière au congrès international de Paris, j'ai donc l'espoir qu'il m'offrira la possibilité de passer un examen global, comme je l'ai fait pour mon équivalence en médecine.

Or, manifestement, le professeur ne souhaite pas me faciliter les choses.

— Si tu veux pratiquer l'acupuncture, me répond-il, il faut que tu suives les trois années de cours.

— Comme quelqu'un qui débute ?

— Oui, je ne vois pas d'autre solution.

Je ne discute pas, et je m'inscris immédiatement en première année du diplôme interuniversitaire d'acupuncture chez Jean Bossy, tout en continuant naturellement à travailler à l'hôpital de Montpellier dans l'équipe du professeur Baldy-Moulignier. Je suis admise sans difficulté à passer en deuxième année, puis en troisième. Alors seulement j'apprends, par Heidi Thorer, que l'université de Lyon organise au mois de septembre un examen de fin de diplôme d'acupuncture qui pourrait me permettre, si je suis reçue, d'éviter de faire ma troisième année. Je m'inscris à cet examen et nous partons en famille pour Lyon, Leonid, Artyom et moi.

C'est une épreuve écrite, et j'ai la certitude en sortant de la salle d'examen d'avoir tout su. Je suis donc euphorique en retrouvant Artyom et Leonid dans le grand hall de l'université. Nous nous embrassons, nous chahutons un peu, quand soudain Leonid s'interrompt :

— Nadia, regarde qui vient...

Je vois un homme petit, très brun, avec de gros sourcils, habillé d'un imperméable beige et flanqué d'un porte-documents noir. Il descend tranquillement le grand escalier, manifestement perdu dans ses pensées.

— Qui est-ce ?
— Tu ne le reconnais pas ? Paul Castro ! L'homme qui t'avait dit que sa maison était la tienne...
— Oh ! Mais bien sûr !
— Viens, on va lui dire bonjour...

Et Leonid m'entraîne.

— Bonjour, monsieur Castro !
— Pardon ? Ah, bonjour ! On se connaît ?
— Mais oui, je suis Nadia Volf ! Je suis russe ! On s'était rencontrés au congrès de Paris, il y a cinq ans, et vous m'aviez invitée à venir faire des conférences...
— Ah, c'est vous ! Eh bien, félicitations ! J'ai vu que vous étiez inscrite au diplôme. Quel parcours !... C'est formidable !
— Oui, merci.
— D'ailleurs, tiens, tant que j'y pense, nous venons d'accueillir ici un couple de médecins polonais. À qui doivent-ils s'adresser pour obtenir l'autorisation d'exercer ?
— Je crois, malheureusement, qu'il n'y a pas d'autre chemin que de repasser tous les examens.
— Ah bon ? Et vous avez fait ça ?
— On a tout repassé, oui. Et vous voyez, même les examens d'acupuncture...
— C'est étonnant parce que, si ma mémoire est bonne, vous étiez professeur, n'est-ce pas ?
— Oui, mais on ne nous a pas fait de cadeaux. C'est comme ça...

Pour finir, Jean Bossy va me faire un petit cadeau, si ! Je suis reçue à l'examen de Lyon, et il me reste à présenter un mémoire pour obtenir mon diplôme d'acupunctrice. J'en ai deux sous la main, écrits au fil de mes travaux en France et scrupuleusement relus et corrigés par Heidi Thorer, ma chère Heidi que je place désormais dans mon cœur tout à côté de Maria Sergéevna : l'un porte sur l'acupuncture dans les troubles du langage, l'autre sur le rôle de l'acupuncture dans le renforcement des barrières immunitaires. Je les présente au professeur Bossy.

— Mais qui vous a donné les sujets ? me dit-il.

— Je pensais avoir l'autorisation de les choisir moi-même.

— Laissez-moi vos travaux, je vais y réfléchir.

Deux mois plus tard, le professeur m'adresse ses félicitations. Cette fois, je suis officiellement habilitée à exercer l'acupuncture en France.

Au début de l'été 1993, alors que je prends ma place dans l'équipe hospitalière du professeur Baldy-Moulignier, la vie m'apporte une autre bonne surprise : mes parents arrivent d'Israël pour passer trois mois en France. C'est une surprise préparée de longue date, en réalité. Après bien des démarches, l'Institut textile de France, qui est installé à Lyon, nous a fait savoir qu'il accueillerait volontiers mon père pour *une collaboration scientifique ponctuelle.*

Depuis près de trois ans qu'ils sont en Israël, mon père et ma mère ont envoyé des dizaines de lettres pour proposer leurs compétences aux industriels, comme aux laboratoires de recherche, et ils n'ont reçu que des réponses négatives. Le pays semble incapable d'intégrer les talents qui lui arrivent alors en trop grand nombre d'URSS. Nous en serons les témoins horrifiés lorsque nous rendrons visite à mes parents à Jérusalem. Un jour, Leonid et moi nous promenons seuls en centre-ville. Soudain, nous sommes intrigués par des notes de violon. Qui peut bien jouer avec tant de force et d'émotion ? Nous levons le nez vers les fenêtres ouvertes, puis nous tournons le coin de la rue, et les musiciens sont là, un homme âgé et l'autre encore jeune, qui peut être son fils. Ils se sont installés sur le trottoir et ont posé un chapeau devant eux. Nous nous approchons, et brusquement nous reconnaissons le plus âgé : il était soliste au Philharmonique de Leningrad et nous l'avions applaudi quelques années plus tôt avec mes parents et nos amis Gagarine.

— Oh non ! Non !...

C'est si violent que nous nous enfuyons, les yeux brouillés par les larmes, après avoir mis dans le chapeau tout ce que nous avions sur nous.

Comment mieux résumer *le chagrin des Russes*, ou plutôt *le chagrin des Juifs de Russie* ?

La télévision israélienne tournera un long documentaire sur mes parents, relatant leurs découvertes, présentant leurs livres, comme pour témoigner du gâchis de ces années-là, mais jamais personne ne leur proposera la moindre collaboration.

C'est dire l'événement que représente pour nous tous l'invitation de l'Institut textile de France.

Mes parents sont logés dans une résidence privée, et mon père retrouve cet enthousiasme qui le faisait vibrer en URSS. Quel bonheur de le revoir entouré de gens qui l'écoutent et le respectent ! La plupart des ingénieurs et chercheurs de l'Institut connaissent ses travaux sur les polymères des textiles, et l'un d'entre eux a même travaillé plusieurs mois à ses côtés à l'Institut de chimie de Leningrad.

Nous savons bien que ça ne peut pas durer, mais nous profitons pendant trois mois de la vie telle que nous la rêvions certains jours à Leningrad : Artyom toute la journée dans les bras de sa grand-mère, papa sur un petit nuage bien loin des affaires du quotidien, et Leonid et moi sereins et rassurés par la présence des patriarches, comme si nous n'avions jamais perdu nos racines.

Moments volés dont je regrette tellement aujourd'hui de ne pas avoir mieux profité. Mon père mourra sept ans plus tard, le 19 février 2000, foudroyé par une péritonite lors d'un de ses voyages en France entrepris pour nous embrasser, pour serrer dans ses bras son petit-fils encore et encore.

C'est étrange comme j'ai l'intuition de ce malheur. C'est un hiver très difficile pour nous, notre premier hiver à Paris. Nous venons de quitter Nîmes pour des raisons que je dirai bientôt, et nous avons de nouveau tout à reconstruire. Papa le voit, il voit que nous ne faisons que courir, et il s'efface. *Travaille, ma petite chérie ! Travaille ! Ne te fais pas de souci pour moi, tout va bien.* Je sens que le temps est précieux, je voudrais suspendre la marche des jours, l'emmener se promener au bois de Boulogne, au parc Monceau, comme nous le faisions autrefois dans les allées du jardin d'Été, mais je n'ai pas une minute.

Ce soir-là, il dort quand je rentre à la maison, je n'ai fait que penser à lui depuis le matin et je me couche avec l'envie de sangloter, en colère contre la vie, ou contre moi, plutôt, qui me laisse emporter par la vie.

Vers six heures du matin, j'entends qu'on gratte à notre porte.

—Je ne voulais pas te réveiller, tu dors déjà si peu...

Je devine qu'il souffre depuis plusieurs heures, plusieurs jours peut-être, sans oser se plaindre, sans oser nous déranger, et je diagnostique une crise d'appendicite.

On appelle le SAMU. Leonid et moi sommes pris par des patients à partir de huit heures, et c'est donc Artyom qui accompagne son grand-père. *Je me suis souvenu qu'il avait une passion pour la tour Eiffel*, me racontera-t-il plus tard, *alors quand on est passé devant à une vitesse folle je lui ai dit*: Regarde, c'est la tour Eiffel ! *Je ne sais pas s'il a eu le temps de l'apercevoir, mais il a trouvé la force de se redresser pour la chercher du regard et ensuite il a gardé le sourire jusqu'à la clinique.*

On l'opère dans la journée, mais l'opération se passe mal et je le découvre en réanimation en fin d'après-midi. Très vite, je comprends qu'il va mourir, et les médecins ne nous le cachent pas. Il fait un choc infectieux contre lequel ils semblent impuissants.

En dépit de la morphine, il souffre de plus en plus.

Leonid est avec moi, nous passons la nuit auprès de lui.

Vers quatre heures du matin, je l'entends me dire très bas qu'il va mourir, et je dis *Non, tu ne vas pas mourir, papa, on a encore tellement de choses à faire ensemble, on a encore tellement besoin de toi...*

Mais lui, dans un souffle :

— Tu sais, comme Pouchkine...

Papa s'en va donc en pensant à Pouchkine qu'il aimait déclamer au volant de sa petite *Jigouli*. Pouchkine, blessé dans un duel à Saint-Pétersbourg, mort quelques jours plus tard d'une péritonite... Quel plus beau compagnon de voyage aurait-il pu imaginer ?

Il me semble tout à coup qu'un rayon lumineux traverse la pièce à l'oblique, et que tissé dans la lumière un petit garçon s'enfuit vers le ciel. Il paraît grimper à la corde lisse et me sourit malicieusement d'en haut avant de disparaître, de ce sourire qu'avait mon père sur ses photos d'enfant. Oui, de ce sourire... Ça n'a duré qu'un centième de seconde, mais j'ai eu tout le temps de le reconnaître : c'était bien lui, avec ce front barré de trois petites rides quand il soulevait les sourcils pour s'extasier devant la vie, c'était bien lui, je le sais, aucun autre n'a jamais souri de cette façon...

*J'aurais voulu vivre et mourir à Paris si Leningrad n'existait pas*, disait-il souvent, paraphrasant Maïakovski (qui, lui, parlait de Moscou, et non de Leningrad). Papa se doutait-il qu'il mourrait à Paris ?

Mais je parlais de nos racines, n'est-ce pas ? C'est à Nîmes que nous allons les planter provisoirement, au tout début de l'année 1995, en ouvrant l'un et l'autre notre premier cabinet. Nîmes, puisque c'est là que le destin nous a conduits, comme il aurait pu nous conduire à Lille ou à Toulouse.

Au même moment sortira mon premier livre en langue française chez Bernard Fixot : *Vos mains sont votre premier médecin*[1].

Ces deux événements, quatre années après notre arrivée en France, vont contribuer à me rendre la confiance en la vie que l'exil avait entamée, et à m'offrir bientôt d'autres défis.

---
1. Éditions Fixot, 1994.

## 13.

### *Vrais Français !*

— Maintenant, pourquoi tu n'aurais pas ton propre cabinet ?

C'est encore une fois Elie et Monique Storper qui nous dessinent l'avenir.

Et c'est Monique qui nous déniche notre première maison, une villa modeste avec un petit jardin, dans le quartier pavillonnaire, derrière la gare. Le rez-de-chaussée sera mon cabinet, et nous habiterons l'étage.

Emménager dans cette maison, après toutes ces années si difficiles, ressemble pour nous à l'épilogue heureux d'un conte de fées. Ça y est, nous sommes libres ! Libres de vivre en France, libres d'exercer la médecine, libres d'habiter où nous le voulons. Ici, tout le monde se fiche apparemment que nous soyons juifs, la police ne me réclame pas de comptes à propos de mon livre, personne ne nous suit dans la rue, personne n'écoute notre téléphone, et les grands professeurs de médecine français ne trouvent plus rien à redire à mon installation.

Au début, nous pensons que la maison est bien assez grande pour accueillir mes patients, mais après trois ou quatre mois seulement les gens doivent patienter dans le jardin en friche. Alors, dans l'urgence, nous entreprenons des aménagements, créons des cabines de soins, installons de nouveaux éclairages, repeignons le tout.

Seul le jardin est encore pitoyable. Mais un matin de printemps, nous sommes réveillés par un bruit de moteur sous nos fenêtres. Qu'est-ce que c'est ? Leonid bondit du lit, ouvre la fenêtre : une dame est en train de tondre nos herbes folles ! En y regardant de plus près, la dame est une de mes premières patientes, une tante de Georgina Dufoix que nous appelons tous *Croc* et dont j'adore l'enthousiasme. À soixante-dix ans passés, elle se déplace en scooter et n'a peur de rien.

— Croc ! Qu'est-ce que tu fais ? Tu es folle, tu vas te blesser, c'est plein de ronces et de bouts de bois !

—J'ai décidé de prendre les choses en main, sinon jamais vous ne le ferez, ce jardin.

Et c'est vrai que le jardin n'est pas encore notre priorité. Leonid a quitté le centre de thalassothérapie de La Grande-Motte pour installer son propre centre de remise en forme à deux cents mètres de la maison, dans une villa minuscule et entièrement de plain-pied. Artyom, à qui l'on a fêté ses dix ans, se bat pour ne pas redoubler son CM2. Il sort de deux années de rêve avec une jeune et jolie institutrice, Gabrielle, qui lui a fait découvrir et aimer la langue française, la vie en France plus généralement, et qui aujourd'hui encore est restée son amie, et il doit affronter une professeur moins compréhensive. Elle est au parti communiste, et les choses s'arrangeront quand elle apprendra qu'Artyom arrive de l'ex-patrie du socialisme...

Mais le jardin, donc. Eh bien, sous l'impulsion de Croc, il prend rapidement tournure. Nous taillons le cerisier sauvage, plantons un palmier, retournons la terre, semons du gazon, et bientôt c'est un plaisir d'entendre les patients bavarder sous le jeune soleil du matin, ou, plus tard dans la journée, à l'ombre du vieux cerisier. Ils ont sorti des chaises sur la pelouse et plaisantent avec Artyom comme s'ils étaient ses oncles et tantes.

Des patients, il y en a partout, jusque dans notre salon, puisque la plupart sont des amis. Je soigne naturellement toute notre famille d'adoption, je veux dire la communauté juive de Nîmes, Elie et Monique en tête, mais également leurs amis, les amis de leurs amis, et bientôt des gens qui viennent d'assez loin pour me consulter. Monique s'amusera en découvrant que certains patients louent un avion privé pour ne pas perdre de temps, dépensant ainsi peut-être cinquante mille francs pour une consultation payée au tarif conventionnel de l'époque.

Mon succès fait-il des jaloux parmi les médecins du quartier ? En tout cas, une lettre anonyme arrive sur le bureau de l'Ordre régional des médecins. Il se trouve que je soigne une personne qui travaille à l'Ordre, et c'est elle qui m'en avertit.

— Une lettre anonyme ! Mais pour dire quoi ?

— Que tu fais du magnétisme, des choses qui n'ont rien à voir avec la médecine, et que tu prends très cher.

— Mais c'est faux !

— Nadia, je le sais bien que c'est faux ! Je te le dis parce que tu vas être convoquée devant l'Ordre pour t'expliquer.

*Convoquée, m'expliquer...* Dès que j'entends ces mots, c'est toute l'angoisse d'autrefois qui me retombe sur les épaules. J'ai beau essayer de me raisonner, me répéter que nous sommes en France, que l'Ordre des médecins n'est pas le KGB, je me sens perdre pied. Comme s'il importait peu d'être innocent, comme si, ici aussi, on pouvait monter de toutes pièces un dossier d'accusation à coups de dénonciations mensongères.

La convocation arrive, en effet, et j'ai peur. Une peur incontrôlable, qui gagne toute la maison. Mes parents et mes beaux-parents sont chez nous pour quelques jours, nous venons de fêter le nouvel an, et cette convocation a sur eux le même effet ravageur. En quelques heures, nous sommes redevenus des Juifs soviétiques traqués par le KGB. Nous n'avons aucun recul, nous sommes perdus, notre avenir est suspendu. Je vois cela dans les yeux révulsés de maman, dans la façon dont mon père se met aussitôt à aller et venir à travers la pièce, dans l'accablement silencieux qui saisit les parents de Leonid. Chacun revit ses propres terreurs, et pour mon père le départ d'Abraham au milieu de la nuit...

Pourquoi l'Ordre me convoque-t-il à vingt et une heures, un soir de janvier ? Sans doute parce que les membres qui composent son conseil travaillent dans la journée. Mais, pour nous, c'est un signe terrible. Je m'en vais donc à la nuit, moi aussi...

D'ailleurs, lorsque je quitte la maison, ma main dans celle de Leonid qui tient à me conduire, nous tombons sur mon père. Il fait les cent pas sur le trottoir, silencieux et tendu, comme si je partais pour ne plus revenir.

J'ai froid. Je porte une robe de laine grise et une grosse écharpe, cadeaux de maman. Et je me répète silencieusement : *S'ils m'interdisent de pratiquer la médecine, je vais mourir. Je vais mourir, je ne le supporterai pas.*

Maintenant je suis seule, assise dans le vestibule, ma convocation à la main. Dehors, la nuit est profonde. Une porte s'ouvre, et un homme que je ne connais pas, sans doute un médecin, se précipite vers moi :

— C'est vous, le docteur Volf ?

— Oui.

— Bonjour !

Il me serre la main et repart.

Un instant plus tard, on me prie d'entrer. Douze hommes sont assis derrière une table, tous plutôt âgés, et je ne croise aucune bienveillance dans leurs regards.

— Asseyez-vous, je vous en prie, dit le président.

Et il se met aussitôt à lire une sorte d'acte d'accusation au fil duquel je suis effectivement soupçonnée de pratiquer le magnétisme, de réclamer des honoraires prohibitifs, de recevoir des patients dans toutes les chambres de ma maison... Bref, de faire du commerce sur le dos d'une *prétendue médecine.*

— Est-ce que je peux savoir qui vous a raconté cela ?

— Non, madame, les accusations nous viennent d'une lettre anonyme.

— Vous savez, je viens d'un pays, la Russie, où on emprisonne les gens sur une simple lettre anonyme, je ne pensais pas que des personnes, en France, pouvaient procéder de la même façon.

— Vous êtes donc russe, mais avez-vous le droit d'exercer en France ?

— J'ai repassé tous mes examens... Oui, j'ai le droit d'exercer en France. Quelqu'un écrit sur moi des mensonges, et aussitôt vous me convoquez comme si j'étais une voleuse. Qu'est-ce que vous me reprochez ?

— Nous nous interrogeons, et nous *vous* interrogeons sur le contenu de cette lettre.

— Alors venez plutôt interroger mes patients. Tout est faux dans cette lettre, je n'ai rien à me reprocher, et je trouve terriblement humiliant d'avoir à me justifier contre une personne qui n'a même pas le courage de dire son nom.

À ce moment-là seulement, je reconnais parmi les douze hommes le radiologue qui m'avait soignée à l'hôpital pour mes poumons. Celui qui m'avait dit qu'il n'avait jamais vu « un truc pareil ». Et je vois qu'il acquiesce et me sourit.

Néanmoins le débat se poursuit, en forme de dialogue de sourds puisqu'il n'y a aucun autre élément à charge contre moi que cette lettre non signée.

Comment ce procès va-t-il se terminer ? Vont-ils me sanctionner avant même d'avoir enquêté ? Je sens la fatigue me gagner, comme durant cet interrogatoire dans les locaux du KGB où j'en étais arrivée à me moquer de tout.

— Bien, tranche le président peu avant minuit, nous allons envoyer votre dossier au Conseil national, ils jugeront eux-mêmes.

Tout le monde est encore debout quand je rentre à la maison. Et mon apparition a au moins le mérite de détendre les visages. Je ne suis pas en prison, je ne suis inculpée de rien, et jusqu'à nouvel ordre j'ai toujours le droit d'exercer la médecine. Chacun peut aller se coucher en se disant que le pire a été évité.

Le lendemain, ou le surlendemain, un monsieur se présente dont je reconnais immédiatement les traits : il était parmi les douze membres du conseil.

— Écoutez, me dit-il avec chaleur, laissez-moi voir ce que vous faites, ça évitera peut-être de transmettre votre dossier à Paris, et je vais vous confier une chose : il vaut mieux que ça soit moi qui vous inspecte que certains autres...

— Entrez, je suis heureuse que le conseil se donne la peine de venir voir par lui-même.

Je lui ouvre mes trois salles de soins, et le laisse bavarder avec les patients qui s'y trouvent. Puis lui montre tous mes équipements.

— Mais vous faites de l'acupuncture ! s'exclame-t-il.

— Oui.

— Pourquoi nous dit-on que vous faites du magnétisme ?

— Je n'ai jamais fait que de l'acupuncture.

Ensuite, il se plonge dans la comptabilité. Entre-temps, dans les dernières quarante-huit heures, nous avons rassemblé plusieurs dizaines d'attestations de patients certifiant qu'ils n'ont jamais payé leur consultation plus du prix conventionnel.

— On nous dit que vous soignez sur les deux étages, dit-il à la fin, puis-je monter voir ?

Je lui montre nos chambres, le petit salon, et finalement la cuisine où il tombe sur la mère de Leonid.

— Nadejda, me dit-elle en russe, propose-lui une tasse de thé.

Et, déjà, elle a sorti les gâteaux, les petites assiettes, les tasses...

Quand le vieux médecin nous quitte, sans doute a-t-il mieux compris qui nous étions, puisque quelques jours plus tard l'Ordre régional me lave de tout soupçon.

Non, la France n'est pas l'Union soviétique, et sa police n'est pas le KGB. Nous avons demandé la nationalité française, on nous a prévenus qu'une enquête allait être ouverte sur nous, sur notre passé, sur notre vie présente, sur nos fréquentations, et nous ne voyons aucun inspecteur rôder autour de notre maison. Mais peut-être est-ce que je deviens un peu paranoïaque après la convocation de l'Ordre, et que mes patients s'en aperçoivent, parce que l'un d'entre eux n'arrête pas de se moquer de moi. *Sois sage, Nadia,* me répète-t-il, *je te surveille !* Il est devenu un ami, comme la plupart de mes patients, et je connais sa femme et ses enfants.

Un jour, nous sommes convoqués à la préfecture de Nîmes pour des *renseignements concernant* [*notre*] *demande de nationalité française.* Leonid et moi partons à ce rendez-vous très angoissés. Ont-ils trouvé des gens pour dire du mal de nous ? Vont-ils, comme les médecins de l'Ordre, nous brandir sous le nez quelques lettres de dénonciation évidemment anonymes ? Nous entrons dans le bureau, et qui voyons-nous se lever en souriant pour nous accueillir ? Le patient qui prétendait me surveiller ! Eh bien, lui, au moins, ne trichait pas, il me surveillait vraiment.

Six mois plus tard, au milieu de l'année 1998, nous recevons cette lettre inoubliable nous indiquant que nous sommes désormais français et qu'il nous appartient de nous faire établir des passeports.

Nos premiers passeports français ! Le soir où nous rentrons avec eux dans nos poches, papa nous a préparé une surprise : il a tapissé toute la maison de rubans bleu-blanc-rouge, et tendu un immense calicot sur lequel il a écrit : VRAIS FRANÇAIS ! Lui, maman et Artyom se tiennent dessous, leurs visages graves et lumineux, et dans l'instant nous mesurons le chemin parcouru : le grand-père arborait l'étoile rouge, le petit-fils chantera *La Marseillaise*...

Pas à pas, nous prenons notre place dans la société française. Et, à l'automne de cette même année 1998, se présente soudain pour Artyom un de ces rendez-vous identitaires incontournables : il a treize ans et doit faire sa *bar-mitsvah*.

Depuis plusieurs mois, le sujet est dans l'air au sein de la communauté. Un an après notre arrivée en France, nous avons inscrit Artyom au Talmud, l'apprentissage de la Torah, mais chacun a bien remarqué qu'il n'y était pas très assidu. Nous savons, nous, que la religion ne l'intéresse pas, mais comment l'avouer sans blesser ces gens qui nous ont si généreusement accueillis ? Notre propre athéisme nous met parfois dans l'embarras, même si personne ne nous fait de réflexions.

Cependant, une chose est de ne pas fréquenter la synagogue, une autre de ne pas faire sa *bar-mitsvah*. Nous le comprenons au cours d'une scène dramatique qui va profondément bouleverser Artyom et nous plonger, nous, ses parents, dans une grande culpabilité.

C'est un dimanche, puisque nous sortons d'un restaurant où Elie et Monique nous ont invités à déjeuner. Et brusquement, alors que nous tournons le coin de la rue, Elie s'inquiète de la *bar-mitsvah* d'Artyom :

— Où en es-tu de ta préparation ? Je ne te vois pas beaucoup travailler...

— C'est vrai, j'ai d'autres soucis.

— Artyom, tu vas avoir treize ans et tu as *d'autres soucis* que ta *bar-mitsvah* ?

— Oui, pour ne rien te cacher, Elie, je crois même que je ne vais pas la faire.

Elie s'arrête net, et je vois que son visage s'empourpre.

— Comment ça, tu ne vas pas la faire ? Qu'est-ce que c'est que cette histoire ?

— Elie, je suis juif, je veux bien être juif, même si je n'ai rien demandé, mais sincèrement, la religion, je n'arrive pas à me sentir concerné...

Pendant quelques secondes, Elie semble en perdre le souffle. Nous nous sommes tous immobilisés sur le trottoir et nous observons ses traits se défaire comme sous le coup d'une émotion insupportable.

— Alors moi, je vais te dire une chose importante, Artyom, commence-t-il solennellement, la voix altérée : si j'avais su, quand vous êtes arrivés de Leningrad, qu'un jour tu me répondrais de cette façon, eh bien jamais je ne vous aurais aidés ! Tu m'entends ? Jamais !

Et sur ces mots, il s'en va, seul, et nous laisse pétrifiés autour de Monique.

Pauvre Monique, abasourdie elle-même par la violence des propos de son mari, mais qui partage son indignation, au fond.

— Artyom, dit-elle après un moment, il ne faut pas prendre au pied de la lettre ce que vient de te dire Elie, il n'est pas comme ça, il est généreux et désintéressé. Mais il faut que tu comprennes que pour toute la communauté, ta *bar-mitsvah* est comme un signe de reconnaissance. Les gens ne comprendraient pas que tu ne la fasses pas.

Artyom est livide, les yeux brouillés par des larmes qu'il ne parvient pas à retenir.

— J'ai compris, Monique. Dis à Elie que je vais faire ma *bar-mitsvah.*

Artyom : « C'est vrai, j'ai compris ce jour-là que j'étais redevable à la communauté de tout ce qu'elle avait fait pour nous. Pas seulement pour moi, mais pour vous aussi, toi et papa. Quoi que vous fassiez, jamais vous ne parviendriez à leur manifester votre reconnaissance à hauteur de ce qu'ils avaient fait pour nous, j'étais le seul à pouvoir m'acquitter de notre dette, et cette reconnaissance tenait tout entière dans ma *bar-mitsvah.* En la faisant, je leur signifiais qu'ils ne nous avaient pas tendu la main en vain, et, plus secrètement, je signifiais aux yeux de tous qu'Elie avait eu raison de nous parrainer. Je crois que sa colère, c'était aussi l'humiliation personnelle d'avoir mobilisé toute la communauté pour de *mauvais Juifs*, des gens qui n'avaient même pas le respect de la Torah...

« Mais j'avais pris un retard terrible. On était en septembre, et je devais faire ma *bar-mitsvah* le 1er décembre de cette année 1998. J'avais deux mois pour rattraper ce que les autres apprenaient depuis l'âge de cinq ou six ans, et en particulier l'hébreu. Au cours de la cérémonie, l'enfant doit en effet lire en hébreu un très long passage de la Torah, cinq ou six pages, prouvant par là qu'il maîtrise la langue de nos textes sacrés et en connaît l'enseignement.

« Je ne savais pas comment j'allais m'en sortir, pendant deux ou trois jours j'ai cru devenir fou. Et puis je suis allé voir le rabbin et je lui ai proposé la seule solution à mes yeux : il allait me désigner à l'avance le passage de la Torah que j'aurais à lire, et j'allais mettre à profit les deux petits mois qu'il me restait pour l'apprendre par cœur.

— Tu veux dire que tu vas apprendre phonétiquement, sans comprendre le sens des mots ? s'étonna-t-il.

— Oui, voilà, je vais apprendre les sons par cœur, et le jour de ma *bar-mitsvah* je les réciterai, tout en faisant semblant de lire le texte.

— Mais c'est impossible ! Comment oses-tu me proposer ce... cette tricherie ?

— Je n'ai pas le choix, je ne peux pas apprendre à lire l'hébreu en deux mois, et toute la communauté a les yeux rivés sur moi.

« Je me demande encore aujourd'hui comment j'ai réussi à le convaincre. Mais je l'ai convaincu, et il est devenu mon allié, contre ses convictions, contre sa foi profonde... Je pense qu'il a mesuré que l'enjeu était énorme, qu'il nous dépassait largement tous les deux, et que nous n'avions pas d'autre solution. Sauf à courir à une catastrophe dont j'allais être la première victime.

« À partir de ce moment, je me suis mis à apprendre mon texte. Nous en avions établi la phonétique avec le rabbin, et chaque jour je répétais. Je répétais en rentrant de l'école, je répétais dans mon bain, je répétais la nuit. Et, petit à petit, j'étais en train de relever le défi : j'arrivais à en déclamer la moitié de mémoire, puis les trois quarts, puis la totalité.

« Quelques jours avant la cérémonie, la famille est arrivée d'Israël. Alors il a fallu expliquer à ton père qu'il allait, lui aussi, devoir dire quelques phrases en hébreu. Il avait souffert toute sa vie d'être juif, alors qu'il était athée, et pour la première fois de sa vie il allait devoir entrer dans une synagogue et dire trois mots de la Torah. Mais il a compris, et il a inscrit sur un petit papier, en phonétique, les phrases qu'il devait dire. Pour le père de papa, qui est religieux, c'était plus facile, il s'était mis à l'hébreu en Israël.

« Enfin, le grand jour est arrivé. Ton père a été magnifique ! Je l'ai vu sortir son petit papier de sa poche et dire avec beaucoup de dignité ces mots qui ne signifiaient rien pour lui.

« Puis mon tour est venu, le rabbin m'a présenté la Torah, et je me suis mis à réciter tout en faisant semblant de lire. Je devais suivre les mots du bout du doigt et, de temps en temps, le rabbin me donnait un léger coup de coude pour me signifier que j'étais en retard sur le texte. Mais je suis arrivé au bout, sans commettre, je crois, plus d'erreurs qu'un élève moyen.

« Alors j'ai improvisé un petit discours pour remercier Elie et Monique, et à travers eux toute la communauté, du fond de mon cœur, et quand tout a été fini je me suis senti soulagé, en paix avec moi-même. Ça y était, j'avais payé ma dette, je pouvais marcher la tête haute au côté d'Elie. »

Aurions-nous pu quitter Nîmes la tête haute, nous aussi, si Artyom n'avait pas donné à notre famille spirituelle ce gage de reconnaissance et de fidélité ? Je ne le crois pas, c'était un rite indispensable, qui nous a permis de partir sans partir, je veux dire en les emportant tous dans notre cœur, et en demeurant dans le leur.

Nous vivions à Paris quand Elie est tombé, et aussitôt Leonid, Artyom et moi avons pris le premier avion pour Montpellier, où il était hospitalisé. Depuis quelque temps, Elie avait des vertiges, il lui arrivait de tomber, mais cette fois sa tête avait heurté le sol et les médecins étaient pessimistes.

Nous le découvrons en réanimation avec Monique et Marco à son chevet.

— Ah, voilà les Parisiens qui débarquent ! dit-il en trouvant la force de sourire. C'est que mes affaires sont mal en point...

Et puis, très vite, il me prend la main, et tout bas :

— Je suis perdu, Nadia.

— Je vais vous emmener à Paris, Elie, je vous soignerai.

— Non, je suis trop vieux, je n'ai plus la force.

Il se tait, comme s'il prenait le temps de réfléchir.

— Tu sais, reprit-il enfin, j'ai fait tout ce que j'ai pu pour vous. Je crois que personne n'aurait pu faire plus.

— Elie, tout notre bonheur aujourd'hui, c'est à vous et à Monique que nous le devons. Il ne se passe pas un jour sans que je pense à vous. Vous le savez, n'est-ce pas ?

Alors il aperçoit Artyom, lui fait signe d'approcher, et comme il l'avait fait à la Croix-Rouge, dix ans plus tôt, il lui pose la main sur la tête.

— Tu étais petit, dit-il, mais tu as toujours été tellement grand !

Et puis il se met à tousser, et il a ce geste autoritaire de vieux seigneur pour dire à Artyom de s'en aller, comme s'il ne voulait pas qu'il le voie dans cet état.

Et Artyom comprend et s'en va.

Il ne le reverra pas vivant, mais il sait qu'Elie est parti en paix avec nous grâce à cette *bar-mitsvah* qu'il n'a faite que pour lui.

## 14.

*Est-ce trop demander au ciel ?*

C'est le cancer de Sarah, et ma volonté de la sauver, qui nous fait nous envoler pour Paris au milieu de l'été 1999. Tout liquider à Nîmes pour partir en guerre contre le cancer. D'un seul coup, aucun autre défi ne me semble à la mesure de celui-ci.

Comment Sarah me devient-elle si proche, au point que j'ai le sentiment de me découvrir une sœur jumelle ?

Au mois de janvier 1998, un soir, elle m'appelle à la maison :

— Bonsoir, je suis Sarah, peut-être vous souvenez-vous de moi, nous avons dîné tous ensemble à La Grande-Motte il y a quelques années...

Sarah, la jolie épouse brune de l'avocat Marc Lévy qui avait effacé notre dette d'un mot : *Je vous donne ma parole que vous n'entendrez plus jamais parler de ces trente mille francs...* Sarah, dont Jeannette Hirsch me parle souvent depuis, comme elle doit sans doute lui parler de moi.

— Bien sûr, je me souviens de vous, de votre mari, de vos trois garçons...

— Ah ! tant mieux... Je voudrais vous demander conseil, mais je vous demande d'être très discrète parce que mes enfants eux-mêmes ne savent rien de ce que je vais vous dire. Voilà, j'ai eu un cancer, on m'a soignée, je crois être guérie, mais je me sens extrêmement fatiguée et Jeannette me dit, et me répète, que vous faites des miracles...

Je l'interroge longuement, nous bavardons, et je lui donne quelques conseils pour sa santé.

Puis je n'ai plus aucune nouvelle d'elle, jusqu'au mois d'octobre de cette même année 1998 où Jeannette Hirsch me fait part de son inquiétude :

— Nadia, Sarah est de nouveau très fatiguée.

Cela m'évoque immédiatement des complications mais, sachant que Sarah n'a parlé de son cancer à personne, et probablement pas à Jeannette, je me tais et m'inquiète silencieusement. Dans les jours qui suivent, je m'enquiers à plusieurs reprises de sa santé auprès de Jeannette, sans oser l'appeler, elle, directement.

Enfin, au début du mois de janvier 1999, Sarah me rappelle. Ce soir-là, nous passons plus de deux heures au téléphone. On lui propose une chimiothérapie qui va lui faire perdre ses cheveux et elle est catastrophée, car alors elle ne pourra plus cacher sa maladie à ses fils.

— Je ne veux pas leur infliger une telle souffrance, dit-elle, ils ont le droit de grandir tranquillement, légèrement, comme tous les enfants de leur âge.

J'essaie de lui expliquer qu'on fabrique parfois soi-même son propre cancer et qu'il faut peut-être que quelque chose se transforme en elle pour qu'elle guérisse. Alors nous parlons de la vie. Sarah est professeur de littérature dans un lycée, mais elle s'investit également dans une école maternelle. Elle me raconte sa passion pour les enfants, pour l'enseignement, sa foi en l'école pour améliorer le monde, et je retrouve à travers ses mots ma propre passion pour la médecine. Nous partageons l'enthousiasme, l'envie de tout donner, le désir de convaincre. Elle évoque la naissance d'Emmanuel, leur premier fils, et le bonheur qu'elle ressentait, au début de leur mariage, dans leur petit deux pièces de trente mètres carrés. Elle se rappelle ses promenades avec Emmanuel au parc Monceau, Emmanuel petit garçon, dans sa poussette, et ses souvenirs me ramènent au jardin d'Été avec Artyom.

Un jour, je l'entendrai me raconter sa colère et son désespoir d'avoir été prise à partie par des jeunes qui l'ont traitée de *sale Juive*. Ils l'ont vue, l'ont insultée, et ont poursuivi leur chemin. C'est ça qu'elle n'a pas pu supporter, qu'ils s'en aillent. Elle leur a couru après : *Arrêtez-vous, on va discuter, je veux comprendre pourquoi vous m'insultez, pourquoi vous me détestez ?* Je l'écoute, et je revis aussitôt cette scène où une femme que je n'avais jamais vue s'était exclamée en croisant Artyom dans sa poussette : *Oh, le bel enfant ! Quel dommage qu'il soit juif...*

— Je n'ai pas eu la force de courir après cette femme, mais moi aussi, tu sais, j'aurais voulu qu'elle m'explique pourquoi elle nous haïssait, quelle idée avait-elle donc des Juifs ?

Le lendemain soir, nous nous rappelons. C'est une évidence : il nous semble à l'une et à l'autre que nous avons tellement de choses à nous dire ! Toute la journée, je n'ai pensé qu'à elle, comme si nous étions des sœurs jumelles issues de la même âme et que nous avions grandi par un malheureux hasard très loin l'une de l'autre, elle à Paris, moi à Leningrad.

Et ce soir-là, Sarah me dit :

— Tu sais, mon plus grand bonheur, ça serait de vivre suffisamment pour voir la *bar-mitsvah* de Gabriel, le bac de Mickaël, le mariage d'Emmanuel, et qu'il me reste encore un peu de temps pour préparer Artyom au baccalauréat. Est-ce trop demander au ciel ?

Sarah n'a que quarante-deux ans, et j'entends qu'elle n'est déjà plus certaine d'être là dans deux petites années seulement, pour la *bar-mitsvah* de Gabriel...

Je crois que ma révolte contre le cancer naît à ce moment-là. Qu'est-ce que c'est, le cancer ? Ça n'est pas une bactérie venue de l'extérieur, non, c'est le corps lui-même qui fabrique sa propre mort. Et si le corps peut s'autodétruire, il peut aussi se sauver. S'il possède le poison, il possède également l'antidote, j'en suis certaine. Toute la difficulté est de découvrir où se cache cet antidote pour aller le chercher et donner à l'organisme les moyens d'y recourir.

C'était déjà le sens de mes recherches lorsque je travaillais avec le professeur Bureau : vérifier si les endorphines produites par l'organisme sont efficaces contre la prolifération exagérée des cellules cancéreuses, sachant que l'acupuncture stimule la production des endorphines.

Écoutant Sarah, les travaux menés avec Jean-Paul Bureau me reviennent à l'esprit. Et aussi mon premier échec contre le cancer : la mort de Brigitte, à l'automne 1993. Je l'avais occultée, et voilà soudain qu'elle ressurgit, avec tout le chagrin et la souffrance qui s'y attachent.

Brigitte était une amie de Monique, une femme merveilleuse, mère de trois enfants. Monique me parle d'elle au début de l'été 1993, alors que je viens de quitter le professeur Bureau pour entrer dans l'équipe du professeur Baldy-Moulignier. Je viens, en somme, d'abandonner la recherche contre le cancer pour reprendre mes travaux sur l'épilepsie, et, par une étrange ironie, Monique, sans le savoir, me ramène vers le cancer...

Au moment où je fais sa connaissance, Brigitte vient d'être opérée d'un cancer du pancréas, et elle souffre épouvantablement du ventre et du dos.

— Crois-tu que tu pourrais la soulager ? me demande Monique.

Le soir même, en rentrant de l'hôpital, je passe la voir.

Et je commence avec elle un double travail : d'abord la soulager, oui, c'est le plus urgent, lui permettre de se reconstruire pour retrouver ses enfants, ensuite aider son organisme à se défendre, à se sauver.

Durant tout l'été, je sacrifie Artyom et Leonid pour être chaque soir au chevet de Brigitte après ma journée à l'hôpital. Et je marque des points sur le premier front : Brigitte ne souffre plus ! *Quel bonheur pour moi d'avoir Nadia*, dit-elle à Monique, qui me le répétera, *elle fait des miracles.*

Mais je ne fais pas de miracles, non, et je perds cette première grande bataille contre le cancer : Brigitte s'éteint, en dépit de tous mes efforts.

C'est à sa disparition que je pense quand Sarah évoque son espoir de survivre encore deux ans pour voir la *bar-mitsvah* de son dernier fils. Et je me dis : *Non, ça n'est pas possible, Sarah ne va pas mourir à son tour ! Cette fois, je vais trouver comment la sauver, j'y perdrai la santé, j'ameuterai la terre entière s'il le faut, mais je découvrirai le moyen de sauver Sarah, d'enrayer son cancer.*

Chaque soir, nous nous appelons, et chaque soir nous devenons un peu plus proches. Sarah est l'amie que j'espérais enfant, celle que je comprends et qui me comprend sans que nous ayons à finir nos phrases, l'amie à laquelle on pense à chaque instant du jour en se disant : *Ah, il faudra que je lui raconte ça !* l'amie à laquelle on achète un cadeau pour le seul plaisir d'imaginer son sourire en recevant le paquet. Oh ! le sourire de Sarah, son rire, ses expressions, sa voix... Je découvre avec elle ce que peut être l'amitié, moi qui n'ai jamais eu une amie de mon âge.

Et je commence à la soigner. Je fais des allers et retours à Paris dans la journée pour lui placer les aiguilles. Nous passons deux ou trois heures ensemble.

— Je vais te guérir, Sarah.
— Je sais, j'ai confiance en toi.

Quand ses enfants sont là, nous nous enfermons dans la cuisine pour qu'ils ne se doutent de rien.

Je mets naturellement Heidi Thorer à contribution. Heidi, qui est la plus brillante acupunctrice que je connaisse et qui est devenue mon professeur, ma référence, depuis que Maria Sergéevna n'est plus là. Depuis mon arrivée en France, il ne se passe pas de semaine sans qu'elle et moi communiquions. Heidi est au courant de toutes les recherches en cours, en Asie, en Europe ou en Amérique, et elle m'adresse chaque nouvelle publication. Nous nous retrouvons dans les congrès internationaux et il m'arrive de venir passer deux ou trois jours auprès d'elle pour découvrir une pratique nouvelle.

C'est Heidi qui me prévient qu'un congrès international d'acupuncture, entièrement consacré au cancer, va se tenir en mai à Paris. On y attend l'intervention d'un vieux maître mondialement reconnu, Nguyên Van Thi, acupuncteur français d'origine vietnamienne dont je lisais déjà les livres sur de pâles photocopies à Leningrad. Je m'inscris aussitôt au congrès avec l'espoir secret de rencontrer le vieux savant.

Et je le rencontre.

À la pause, je vais vers lui, et l'entraîne vers une pièce fermée.

— Monsieur, j'ai besoin de vous. Ma meilleure amie souffre d'un cancer, est-ce que vous accepteriez de la voir ?

Il prend le temps de m'écouter, puis je vois ses yeux s'embuer.

— Ma petite, je vais te dire un secret, mais ne le répète à personne : j'ai moi aussi un cancer, je n'ai plus la force... Tu comprends ? Je regrette beaucoup.

Je ne comprends que trop bien, hélas, et je le quitte désespérée.

Le soir même, je suis de nouveau auprès de Sarah.

À chacune de mes visites, j'essaie différents protocoles. Je sens que le temps presse mais j'ai confiance. À un moment, le corps va réagir.

— Moi, je m'occupe de l'âme, me dit Sarah en souriant.

— Et moi je soigne l'enveloppe, tu vas voir, on va y arriver !

Mais en juillet, son état s'aggrave. Un jour, elle ne m'appelle pas, et je sais que c'est mauvais signe. Alors c'est moi qui téléphone.

— Sarah, comment te sens-tu ?

Elle étouffe, ne peut presque plus me parler.

C'est un dimanche matin, je prends aussitôt l'avion pour Paris.

Je la soigne, elle se sent mieux, respire plus facilement, et recommence à parler. Nous passons l'après-midi ensemble.

En me raccompagnant à l'aéroport, Marc est très abattu.

— Est-ce qu'il y a encore de l'espoir, Nadia ?

— Marc, on va se battre jusqu'au bout.

La première chimiothérapie n'a pas eu l'effet escompté, l'équipe hospitalière qui traite Sarah décide alors de lui appliquer un protocole expérimental, une chimio très forte dont on peut attendre le meilleur, comme le pire.

Les conséquences s'avèrent immédiatement très douloureuses. Sarah ne se plaint pas, mais je devine, et repars aussitôt pour Paris. Alors je n'ai qu'une consolation : j'ai au moins le pouvoir de la soulager. À peine arrivée, je la soigne, et dans les minutes qui suivent je vois ses traits se détendre, elle respire, rouvre les yeux, me sourit...

C'est durant ce mois de juillet que Leonid et moi prenons la décision de venir vivre à Paris. Maintenant, Sarah a besoin de moi quotidiennement pour ne pas souffrir, mais au-delà du réconfort que je peux lui apporter, sa bataille contre le cancer est devenue la mienne. J'en prends conscience à la colère qui ne me quitte plus. Comme si ce mal insaisissable et meurtrier l'emportait à présent sur tous les autres. Ai-je raison de me focaliser sur le cancer quand je parviens à lutter efficacement contre tant d'autres maladies ? Oui, je crois que Sarah n'a pas croisé mon chemin par hasard : notre amitié s'est construite autour de cette maladie, et j'y vois un signe du destin auquel je ne veux pas rester indifférente. J'avais enfoui la mort de Brigitte, la consternation que nous en avions tous éprouvée, je ne veux jamais oublier le calvaire de Sarah, le chagrin de Marc et de leurs enfants. Or, si je veux me donner les chances de vaincre un jour ce fléau, c'est à Paris que nous devons être désormais. À Paris, où je pourrai revenir à la recherche, et en rassembler les moyens.

Très rapidement, nous trouvons un médecin pour reprendre ma clientèle, donnons tout ce que nous possédions à Nîmes, dénichons un appartement à Paris, une école pour Artyom qui entre en classe de troisième, et, dès le mois d'août, nous passons déjà plus de temps à Paris qu'à Nîmes.

Maintenant, je peux être tous les jours au chevet de Sarah. Et vérifier mon impuissance à la guérir, *notre* impuissance, puisque ni la chimiothérapie ni l'acupuncture ne semblent capables d'enrayer la maladie. Je traverse les semaines les plus douloureuses de mon existence, et si je trouve la force de persévérer, c'est que je suis portée par l'espoir de gagner un jour, dans dix ans, dans vingt ans, le combat dans lequel m'a entraînée Sarah.

Au début d'octobre, elle est admise à Villejuif. Entre-temps, nous sommes parvenus avec Leonid à trouver un appartement pour y installer mon nouveau cabinet. L'ouverture est prévue le 20 octobre et, pour l'occasion, nous avons convié nos premiers amis parisiens.

C'est ce jour-là, précisément, que Marc me fait appeler de Villejuif.

Je confie nos invités à Leonid et Artyom, et je repars au chevet de Sarah. Elle est plongée dans le coma. Sa mère me fait signe d'approcher, de m'asseoir.

Alors Sarah gémit, ouvre les yeux, et je ne peux pas oublier la lumière de son regard quand elle m'aperçoit.

— Quel plaisir ! s'exclame-t-elle dans un souffle.

Puis elle repart. Ce seront ses derniers mots en ma présence.

## *Cela nous aurait suffi...*

Finit-on jamais son propre livre ? Je ne l'aurais pas commencé sans la mort de Sarah, et demain je regretterai sans doute d'avoir mis trop tôt le point final. Je porte ce récit depuis cinq ans, le retrouvant parfois la nuit après mon dernier patient, d'autres fois dans l'avion, dans le train... Il m'est arrivé d'en perdre quelques pages, de m'y perdre aussi et de tout recommencer depuis le début, comme si raconter sa vie était finalement plus difficile que de la vivre. Ou plutôt, comme si la vie était un épais brouillon plein de ratures, de rendez-vous manqués et de malentendus, et que l'écrire consistait à la mettre au propre.

On dit en Russie que chaque enfant vient au monde avec un morceau de pain dans une poche, et dans l'autre une petite carte avec son destin secrètement tracé dessus. Toute sa vie, l'enfant devenu grand va chercher à accomplir ce destin qu'il n'a pas les moyens de déchiffrer. Eh bien, ce livre, c'est cela pour moi, l'expression de cette mystérieuse petite carte que j'ai parfois cherchée au fond de ma poche, enfant, en me demandant qui avait pu me la voler.

J'étais en colère en écrivant les premières pages, cherchant désespérément à comprendre ce que j'avais pu faire, ou ne pas faire, pour mériter la mort de Sarah. J'aurais tout donné pour la sauver, nous nous étions engagées ensemble contre son cancer, elle suppliant le ciel de ne pas l'abandonner, moi rassemblant tout ce que la médecine m'avait appris depuis vingt ans. Mais ni le ciel ni la science ne nous ont aidées. Était-il vraiment écrit que j'étais née pour soigner ? Est-ce que je ne m'étais pas trompée de destin ?

Tous ces mois passés à revenir sur mes traces, de l'académie Vaganova aux tournois d'échecs de Moscou, de la faculté de médecine de Leningrad à celle de Nîmes-Montpellier, m'ont rendu confiance en moi-même, en ma vocation. Si j'ai une place dans ce monde, c'est bien celle de me préoccuper des autres. Je l'ai compris à l'écho particulier qu'éveille en moi le mot *patrie*. De mon enfance en URSS, entre des parents scientifiques et désintéressés, j'ai gardé le respect pour le don de soi. Je veux dire le don de ses talents pour le bien commun, pour la *patrie*.

Je suis, et resterai à jamais, la fille unique de deux idéalistes qui croyaient au communisme dans ce qu'il a de plus généreux, en dépit des cruautés que ce même communisme leur a infligées. J'ai hérité cette forme de foi en l'homme qui a maintenu mes parents debout jusqu'à leur crépuscule. D'Abraham et Lisa, de Leonard et Jeanna, j'ai également reçu l'enthousiasme, le désir d'entreprendre, la volonté de convaincre... et la force de survivre. Ou la chance, je ne sais pas. Pour mesurer l'une ou l'autre, mon père s'asseyait sur une caisse de grenades pendant les bombardements, devant Berlin, et il n'en bougeait pas jusqu'à la fin de sa cigarette. Alors il regagnait son abri en songeant qu'il était écrit au fond de sa poche qu'il survivrait à la guerre et ferait encore de grandes choses pour son pays.

J'ai pensé cela en arrivant en France. J'ai pensé que si nous avions survécu à l'antisémitisme et aux pièges du KGB, c'est qu'il était écrit que nous avions de grandes choses à accomplir dans notre nouvelle patrie. Je veux dire ici, en France, puisque du jour au lendemain je me suis voulue française. Sans doute faut-il avoir connu la peur, et l'exil, pour comprendre ce brusque sentiment d'appartenance. Et partager l'élan de reconnaissance que j'éprouve chaque matin envers la France en ouvrant les yeux. *À ce pays qui nous a accueillis, protégés, sauvés,* me dis-je, *je voudrais donner tout ce dont je suis capable.*

Un an après notre arrivée, je me souviens avoir appelé mon amie Heidi pour lui demander comment perdre mon accent russe. Je voulais déjà parler comme les Françaises, marcher comme les Françaises, m'habiller comme les Françaises, être belle comme les Françaises. *Il faut chanter des chansons françaises,* me dit Heidi. Alors il n'y eut plus de voiture ou de douches sans Marie Laforêt, Joe Dassin ou Georges Brassens... Un jour, je me surpris à applaudir en apprenant que la France avait écrasé je ne sais plus quel autre pays sur un terrain de sport, et ce jour-là je sentis, s'il m'en fallait encore une preuve, que j'étais bel et bien devenue française.

*Tu verras, en France, rien n'est impossible !* m'avait prévenu Heidi, elle-même arrivée en France à l'âge de quatorze ans, en 1951, après avoir traversé toute l'Europe sans papiers dans les convois de la Croix-Rouge ou des Alliés. Je n'arrivais pas à croire qu'un tel pays existe, un pays où tout était possible, *réalisable*, pourvu simplement qu'on le veuille. Eh bien si ! J'ai appris en France qu'il était possible d'être heureux sur la terre, ce dont je doutais. J'ai appris petit à petit à ne plus avoir honte d'être juive, à ne plus avoir honte de mon nom, de mon nez, de mes yeux. J'ai appris à ne plus avoir peur des regards que je croise, de la sonnerie du téléphone, des coups de sonnette avant le lever du jour. Enfin, je n'ai pas encore tout à fait fini d'apprendre, puisque l'autre jour je me suis mise à trembler quand un patient m'a demandé si, *par hasard*, Volf ne serait pas un nom juif. Trembler imperceptiblement, jusqu'à ce qu'il ajoute : *Pardonnez-moi, je suis moi-même juif...*

J'ai obtenu mes diplômes de médecine en France, ouvert un premier cabinet à Nîmes, puis un second à Paris. Maintenant, il me reste à découvrir des armes nouvelles pour combattre efficacement le cancer. Si je n'étais pas en France, je ne m'engagerais pas dans cette bataille avec la confiance qui m'anime aujourd'hui. Mais j'ai la certitude que remporter ce combat-là est également possible. Et l'intuition que nous tenons peut-être avec l'acupuncture, discipline encore balbutiante, des solutions qui pourraient faire progresser la médecine.

Comme à Leningrad, l'acupuncture est encore regardée avec suspicion par la communauté scientifique française. On reconnaît ses résultats, mais aucun chercheur n'est parvenu à ce jour à les expliquer scientifiquement, de sorte qu'on les attribue généralement au hasard, au ciel, ou à la magie... Ma conviction est qu'il existe un *système énergétique* du corps, constitué des méridiens repérés en acupuncture, tout comme il existe un système sanguin ou lymphatique, et que sa découverte, lorsqu'elle aura lieu, s'imposera à tous les scientifiques, offrant du même coup à l'acupuncture la place qu'elle mérite. Mon souhait est de parvenir à isoler ce système, à le décrire scientifiquement, car je crois que nous posséderons à travers lui le moyen de stimuler les défenses de l'organisme contre la prolifération des cellules cancéreuses.

Ce ne sont pour le moment que des hypothèses, brièvement résumées ici, mais c'est autour de ces hypothèses que je compte désormais orienter mes recherches. La France m'en donnera-t-elle les moyens, comme elle nous a donné les moyens de nous reconstruire ?

Quand je pense à tout ce que ce pays nous a offert, j'ai envie de reprendre à mon compte le récit de la sortie d'Égypte qu'Elie Storper et les siens récitaient avec tellement de foi au moment de la Pâque :

> *S'Il avait divisé la mer en notre faveur*
> *sans nous la faire traverser à pied sec,*
> *cela nous aurait suffi.*

> *S'Il nous l'avait fait traverser à pied sec,*
> *sans y noyer nos oppresseurs,*
> *cela nous aurait suffi.*

> *S'Il avait noyé nos oppresseurs*
> *sans combler nos besoins dans le désert*

*pendant quarante ans,
cela nous aurait suffi.*

*S'Il nous avait rapprochés du mont Sinaï
sans nous faire don de la Tora,
cela nous aurait suffi.*

*S'Il nous avait fait don de la Tora
sans nous faire entrer en Terre d'Israël,
cela nous aurait suffi.*

**Oui, la France fut pour nous la Terre promise.**

*Relisant ce livre, je suis frappée par l'intensité de ces quarante années.*

*Que seront les prochaines ? Dieu seul le sait.*

*Mais je voudrais que ma vie serve, et qu'elle soit utile à tous les hommes.*

*J'aimerais tant contribuer à une meilleure compréhension scientifique de l'acupuncture, j'aimerais aider les gens à vivre mieux dans leur corps, j'aimerais découvrir les vérités qui nous sont cachées, j'aimerais comprendre, et faire connaître, certains des mécanismes qui entraînent le cancer.*

*Enfin, j'aimerais être capable de mieux aimer, et de mieux comprendre ceux qui m'entourent.*

Paris, printemps 2006

## *Remerciements*

Merci à tous ceux qui nous ont apporté leur aide et nous ont donné leur affection. Sans eux, nous n'aurions pas réussi à trouver notre place en France.

Merci à Bernard Fixot, mon ami et mon éditeur, pour sa confiance et son soutien depuis le premier jour.
Merci à toute ma famille XO, et en particulier à Édith Leblond et Catherine de Larouzière.
Merci à Valérie-Anne Giscard d'Estaing, et à sa famille.
Merci au professeur David Khayat.
Merci à Pirjo Myyrylainen pour les risques considérables qu'elle a pris pour nous, et pour sa fidélité.
Merci au professeur Jean Bossy sans lequel nous ne serions pas venus en France.
Merci au docteur Heidi Thorer pour sa présence et sa générosité de tous les instants.

Merci à toute la communauté juive de Nîmes qui nous a ouvert son cœur sans compter. À Elie et Monique Storper qui nous ont adoptés comme leurs enfants, à Danielle et Paul Benguigui, à Jeannette et Alphonse Hirsch, à Marie-Françoise et Jean Matouk, à Geneviève et Jean-Pierre Bonfils, à leurs enfants Antoine et Virginie, à Salomon Peraria, à Jeannette Tuzet, à Danielle et Alexandre Juantini, à Monique et Michel Dajtlich, à Geneviève et Jean-Pierre Fraisse, à Gabrielle Charbonnelle et à Claude Larribot, à Georgina et Antoine Dufoix, à leurs enfants Perrine et Sébastien, et à Croc.

Merci au professeur Jean-Paul Bureau.
Merci à mes amis parisiens pour leur confiance, leur amitié, et le soutien qu'ils m'apportent inlassablement : Marc Lévy et ses enfants, Anouschka et Christian Thévenet, Josette et Jacques Chapellon, Angélique et Denis Olivennes, Vivien et Aymar de Gunzburg, Arabelle et Kash Madhavi, Alexandre Adler, Inès Reille, Danièle et Gilbert Gross, Dominique Pialat, Georges Pébereau, Ina et Henri Giscard d'Estaing, Florence et Didier Barbelivien, Astrid Thérond, Christophe Nowak, Sophie Weil, Patrick de Bourgues, Yaguel Didier, Jean-Pierre Lablanchi et tous mes amis patients.

Et merci à mon alter ego, Lionel Duroy.

# Table

1. Petite Lisa .................................................... 15
2. Tu n'es pas digne d'être une Volf ! ................ 33
3. Maria Sergéevna ........................................... 57
4. Leonid ........................................................... 85
5. Mais c'est de la magie ! ................................ 105
6. Comme si le monde
nous appartenait enfin ...................................... 123
7. Oh, le bel enfant ! Quel dommage
qu'il soit juif ..................................................... 146
8. Et le miracle va s'accomplir ! ....................... 173
9. Petit garçon, je te donne ma parole,
plus jamais tu ne pleureras de faim ! ................ 193
10. Elie et Monique Storper .............................. 218
11. Réfugiés politiques ..................................... 233
12. Le chagrin des Russes ................................ 249
13. Vrais Français ! .......................................... 268
14. Est-ce trop demander au ciel ? ................... 283
Cela nous aurait suffi ........................................ 293

Remerciements .................................................. 301

*Achevé d'imprimer par N.I.I.A.G.
en juin 2007
pour le compte de France Loisirs, Paris*

N° d'éditeur : 48958
Dépôt légal : Juillet 2007
*Imprimé en Italie*